黑山

일러두기

1. 이 책은 소설이다.

2. 이 소설에 등장하는 정약현, 정약전, 정약종, 정약용, 황사영, 정명련, 황경한, 장창대, 구베아는 18세기 말에서 19세기 초에 살았던 실존 인물의 이름이다. 그러나 이 이름에 많은 허구의 이야기들이 얽혀 있어서, 소설 속의 인물들은 누구도 온전한 실존 인물이 아니다.

3. 그 밖의 등장인물들은 모두 작자가 만들어낸 허구의 인물이다. 그러나 소설이 배경으로 삼고 있는 역사 속의 시간과 공간을 실제로 살아냈던 사람들의 삶과 죽음의 표정과 파편들이 그 허구의 인물들에 뒤섞여 있다. 여러 실존 인물들의 이 구석 저 구석을 뜯어내고 합쳐서 한 명의 허구를 지어내기도 했으니 이 인물들의 허구성 또한 온전하지 못하다.

4. 소설이 배경으로 한 시점은 18세기 말에서 19세기 초이지만 그보다 조금 앞선 시기와 조금 늦은 시기의 정황들을 한 시점으로 몰아넣었다. 그러므로 소설이 배경으로 삼은 시대의 정확성도 온전하지 못하다.

5. 책 뒤에 붙인 연대기는 소설이 아니다. 연대기는 소설과 관련된 시대의 정황을, 기록을 통해서 재구성한 것이다. 기록과 사실에는 많은 편차가 있다. 그러므로 수많은 기록을 재구성한 결과는 온전한 사실이 아닐 것이다.

김훈
장편소설

학고재

선비

초겨울에 남풍이 불어서 흑산행 돛배는 출항하지 못했다. 무안 수군진 판옥선은 백 리 밖 바다를 나가본 적이 없었고 협선들은 바닥이 썩고 노가 부러져서 선창에 묶여 있었다. 무안 포구에 다른 관선官船은 없었다. 장삿배 한 척이 바람을 기다리고 있었다. 곡식을 싣고 나가서 흑산 바다의 여러 섬들을 돌면서 홍어와 간재미, 미역을 매집하는 사선私船이었다. 목선은 길이 마흔 자에, 폭 여덟 발짜리 황포 돛 두 대를 세웠다. 배가 낡아서 목재의 나이테에 허연 골이 드러났다. 고물 쪽 갑판은 사개가 뒤틀린 자리에 꺾쇠를 박았고, 짓무른 뱃전에 청태가 끼어 있었다.

노꾼들이 물막이 바위 뒤쪽에 배를 끌어다 놓고 뱃바닥이 갈라진 틈새에 대나무를 때려 박고 송진을 먹여서 인두질을 했다.

선주는 장삿배 세 척을 부리는 어물 거간이었다. 뱃일을 사공에게 맡기고 영산포 둘째 첩 집에 살면서 갯가 쪽은 내다보지도 않았고, 사공은 바람이 돌아오기를 기다리는 동안 포구의 색줏집 아랫목에서 등을 지졌다.

무안 관아의 장교가 유배 죄인 정약전을 끌고 저녁 무렵에 포구에 당도했다. 장교의 여정은 멀었다. 장교는 정약전을 흑산도까지 압송해서 흑산도 수군진 별장에게 인도하고 다시 물길로 돌아와야 했다. 흑산은 나주목 관할이라지만 물길로 구백 리가 넘었다. 장교는 아전 한 명과 역졸 두 명을 거느렸다. 아전은 가을에 환곡을 갚지 않은 백성의 집을 뒤져서 곡식이나 쇠붙이를 걷어오는 일로 가까운 임자도나 지도를 다녀온 적은 있었지만 구백 리 물길 흑산도는 초행이었다.

포구에서 뱃길이 끊어지자 장교와 아전은 사공에게 빌붙어서 색주가 골방에서 창기를 끼고 교접했다. 나이 든 창기는 아랫도리에 조일 힘이 없어서 헛바람이 샜다. 날이 밝아도 뱃길이 열리지 않자 장교와 아전은 계집을 바꾸어서 뒹굴었는데 별 차이 없었다.

장교는 전직 병조좌랑 정오품 정약전을 '선비'라고 불렀다.

—이보시오 선비, 빨리 가봐야 무슨 좋은 일이 있겠소. 여기서 푹 담갔다가 갑시다. 한번 하실라오?

장교는 국밥집 노파를 윽박질러서 정약전을 그 집 행랑방으로 밀어 넣고 끼니때마다 밥과 국을 가져다주게 했다. 사공은 젊었을 때 선줏집 마름 일을 보았던 인연으로 배를 부리는 일뿐 아니라 어물 장사의 집사를 겸해서 비용과 이문을 관리했다.

뱃길이 끊겨서 색주가에서 뒹구는 동안에도 노꾼들의 품삯은 절반을 쳐주어야 했다. 재수 없게도 흑산도로 유배 죄인을 압송하는 장교 일행을 만나서 뱃삯도 못 받고 공짜 배를 태워주어야 했다. 공밥을 먹이고 오입 화대까지 대주어야 하니 사공은 복장이 터졌지만, 아무리 말직이라 하더라도 관원배를 상대로 시비를 걸 수는 없었고 뱃삯이나 밥값을 요구할 수도 없었다. 사공은 주막집 봉놋방에서 투전판을 벌이던 노꾼들을 물가로 내몰아 배 밑바닥의 구멍을 메우는 일을 시켜서 공으로 주는 품삯을 벌충했다.

무안 포구에서 흑산행 돛배는 사흘 동안 묶여 있었다. 정약전은 지팡이에 기대서 저녁 무렵의 갯가를 어슬렁거렸다. 장교는 몸이 성치 못한 정약전이 도주하지 못할 것을 알고 감시하지 않았다. 장교는 매생이국으로 속을 달래가며 낮술을 마시고 낮거리를 했다.

서울 의금부에서 맞은 매는 전신으로 퍼졌다. 정약전은 심하게 다리를 절었다. 앞다리가 땅을 버티기 전에 뒷다리가 꺾였다. 몸무게가 지팡이 위로 쏟아져서 팔이 후들거렸다. 걸음을 옮길 때마다, 길게 비낀 그림자가 뒤틀리면서 따라왔다.

서울에서 의금부 형틀에 묶여서 심문을 받을 때 곤장 삼십 대 중에서 마지막 몇 대가 엉치뼈를 때렸다. 그때, 캄캄하게 뒤집히는 고통이 척추를 따라서 뇌 속으로 치받쳤다. 고통은 벼락처럼 몸에 꽂혔고, 다시 벼락쳤다. 이 세상과 돌이킬 수 없는 작별로 돌아서는 고통이었다. 모든 말의 길과 생각의 길이 거기서 끊어졌다. 고통은 뒤집히고 또 뒤집히면서 닥쳐왔다. 정약전은 육신으로 태어난 생명을 저주했지만 고통은 맹렬히도 생명을 증거하고 있었다.

그림자가 어둠에 녹을 때까지 정약전은 갯가를 어기죽거리며 걸었다.

오목한 포구 앞에 가까운 섬들이 떠 있어서 난바다는 보이지 않았고 섬과 섬 사이에서 수평선이 끊어져 있었다. 해가 섬 뒤로 내려앉았다. 바다는 붉고 섬은 어두웠다. 바람이 육지 쪽으로 불어와서, 추위는 먼바다에서 밀려오는 듯싶었다. 멀리 나갔던 새들이 어두워지기 전에 섬으로 돌아왔다. 겨울을 맞는 새들은 사납고 빨라져서 꽂히듯이 숲으로 내려박혔다. 하늘과 바다 사이가 투명했다. 추워서, 새들의 울음소리가 멀리 닿았다.

바다는 이 세상 모든 물의 끝이어서 더 이상 갈 곳이 없었는데, 보이지 않는 그 너머에 있다는 흑산도는 믿기지 않았다. 바다는 인간이나 세상의 환란과는 사소한 관련도 없어 보였다. 밀고 써는 파도가 억겁의 시간을 철썩거렸으나, 억겁의 시간이 흘러도 스치고 지나간 시간의 자취는 거기에 남아 있지 않았다. 바다는 가득 차고 또 비어 있었다.

……저것이 바다로구나, 저 막막한 것이, 저 디딜 수 없는 것이…….

……마음은 본래 빈 것이어서 외물에 반응해도 아무런 흔적이 없다 하니, 바다에도 사람의 마음이 포개지는 것인가.

정약전은 삿갓바위를 지나서 선창 쪽으로 걸었다. 저녁 추위에 매 맞은 엉치뼈가 시리고 결렸다. 엉치뼈는 그 주인의 몸뚱이와는 상관없이 홀로 추위를 향해 불거진 것 같았다. 걸음을 옮길 때마다 통증은 삭신으로 퍼졌다. 매를 맞을 때, 고통은 번개와 같았고 매를 맞고 나면 고통은 늪과 같았다.

매 맞는 백성들이 말하기를, 관아에 매를 맞으러 갈 때는 매 맞기 한나절 전에 벌집을 빻아서 소주에 섞어 마시면 매가 고루 퍼져서 덜 아프고 말린 말똥가루를 동치미 국물에 섞어 마셔도 덜 아프다고 했는데, 매 맞은 자들마다 말이 달랐다.

매를 맞고 나온 후에는 뜨거운 두부를 넓게 저며서 매 맞은 자리에 붙이거나 첫애를 낳은 젊은 여자의 젖과 생리혈을 섞어서 바르면 어혈이 풀리고 부서진 뼈에 골수가 다시 고인다는 말도 있었는데 그 또한 동네마다 말이 달랐다. 또, 곤장이 서너 대가 넘어가면 똥구멍이 찢어져서 똥물이 흘러나오는데, 이때 구

11

멍을 오므리지 말고 활짝 열어서 똥물을 많이 쏟아내면 덜 아
프다는 말도 있었다. 똥물이 피와 살점에 섞여서 사방으로 튀어
나가면 매를 든 집장사령이 더러워서 뒤로 물러나니까 매가 멀
어져서 덜 아프다고, 매 맞고 나온 백성이 매 맞으러 가는 백성
에게 말했다.

　유배지 신지도에서 다시 서울 의금부로 끌려갈 때 정약전도
벌집가루를 섞은 소주를 마셨다. 노량나루에서 한강을 건널 때
기찰초소 옆 감자국밥집 노파가 국문 받으러 가는 선비를 알아
보고 벌집소주 사발을 내밀었다.

　—이게 무슨 도움이 될랑가……. 다들 이걸 먹고 가데…….

　노파의 말에 울음기가 배어 있었다. 정약전은 노파가 내민 소
주 사발을 물리칠 수 없었다. 물이 가득 찬 대접을 들듯이, 두 손
으로 조심스레 소주 사발을 받아서 마셨다. 노파는 매 맞은 이
웃 백성들의 말을 빌려서 똥물의 효능도 말해주었다. 먼 산골이
나 섬마을 관아에서 형틀에 묶인 채 제 창자 속의 똥물을 쏟아
내 매를 무디게 하려는 백성들의 터진 엉덩이가 정약전의 눈앞
에 떠올랐다.

　『대학』에도 『근사록』에도 매의 고통은 나와 있지 않았다.

　형틀에 묶이는 순간까지도 매를 알 수는 없었다. 매는 곤장이
몸을 때려야만 무엇인지를 겨우 알 수 있는데, 그 얇은 말로 옮

겨질 수 있는 것은 아니었다. 책은 읽은 자로부터 전해들을 수나 있고, 책과 책 사이를 사념으로 메워나갈 수가 있지만, 매는 말로 전할 수 없었고, 전해 받을 수가 없으며 매와 매 사이를 글이나 생각으로 이을 수가 없었다. 그래서 매는 책이 아니라 밥에 가까웠다.

매를 맞을 때, 노파의 권유대로 똥물을 쏟아냈던 것인지 정약전은 기억할 수 없었다. 살점이 튀었는지 피 냄새가 났는지 똥 냄새가 났는지 아무것도 기억나지 않았다. 함께 매를 맞았던 동생 정약종, 막냇동생 정약용, 젊은 조카사위 황사영이 무어라고 진술을 하는지도 들리지 않았다. 매와 매 사이에서 세상이 뒤집히고 또 뒤집혔다.

그들은 사학죄인邪學罪人이었다.

대국의 정삭正朔을 받들러 북경으로 가는 왕사王使 일행에 밀정을 끼워 넣어 천자의 궁궐 앞에서 양이들과 내통하면서 나라에서 금하는 천주교 서적을 몰래 들여온 죄만으로도 그들은 살아남기 어려웠다.

선왕의 재세 시부터 사학죄인들의 무부무군無父無君한 패륜은 전국 각지에서 보고되었다. 그들은 스스로를 하늘의 백성이라면서 땅 위에 목숨을 부지하고 사는 삶과 땅 위에 세워진 인류을 하찮게 여겼다. 비변사 당상이 임금에게 아뢰면서 울음을 삼켰다. 그들은 조상의 신주를 불살라서 제사를 폐지했고, 죽은 자가 다시 살아나서 여기의 땅이 아닌 곳에 임금 없고 조상 없는 나라를 만든다는 황잡한 요언妖言으로 무민誣民하였다. 남녀가 음습한 소굴에서 한데 뒤엉켜서 아비가 지어준 이름을 버리고 이적의 사호邪號로 서로 부르고 응답하면서 끙끙거렸다. 그 패역한 마음과 무도한 행실을 민간에 퍼뜨려 임금을 능멸하고 국본을 위협하고 강상綱常을 더럽힌 것이 그들의 죄상이었다. 그들이 세상을 부수려 했고, 부수어지지 않는 세상을 버리려 했으므로 그들의 죄는 세상 전체의 무게와 맞먹었다.

정약종은 봄에 서소문에서 참수되었다. 늙은 대비는, 정약종을 좀 더 살려놓고 엄히 추궁해서 그 주변의 요흉妖凶한 무리들을 뿌리 뽑으라고 교시를 내렸다. 늙은 대신들은 속히 형률을 적용해서 추분까지는 기다리지 말고 부대시不待時로 참수해야 한다고 아뢰었다. 정약종은 형륙을 맛있는 음식 먹듯 하므로 주리를 더 조여도 실토하지 않을 것이며, 심문 도중에 지레 죽어버려서 나라의 정법正法을 시행할 수 없게 되는 사태를 당상들은 우려했다. 약종의 목숨이 아직 붙어 있을 때 서둘러 사형을 집행해야 국본이 바로 설 것이라며 대신들은 편전 마루에 이마를 찧었다.

정약종은 위관의 심문에 이끌리지 않았다. 정약종은 자신의
마음과 행동을 스스로 진술했고, 그 이외의 질문에는 대답하지
않았다. 침묵이 매를 불렀고 다시 침묵으로 매에 대답했다.

　……정약종, 너의 사호는 무엇이냐.

　……아우구스티노다. 사호가 아니라 세례명이다.

　……해괴하구나. 네 아비가 지어준 본명을 버린 까닭이 무
엇이냐.

　……본명으로 돌아간 것이다. 새롭게 태어남이다.

　……정약종, 너는 반가의 자식으로 태어나 어려서 『소학』을
배웠고 반듯한 인성을 갖추었을 터인데, 어찌 그리 황잡한 헛것
에 들려 있는가. 너의 이른바 천주가 실재해서 세상을 주관하고
있음을 네가 증명할 수 있느냐?

　……증명할 수 있다. 쉬운 일이다. 어린아이가 웃으면서 걸어
올 때, 나는 천주가 실재함을 안다. 그대들이 국법의 이름으로
백성들을 가두고 때릴 때 저들의 비명과 신음이 천주를 증명한
다. 그대들의 악행을 미워하고 또 가엾이 여기는 내 마음을 통
해서 천주는 당신을 스스로 증명하신다.

　……저 독종을 매달아라. 매달아서 더욱 쳐라.

　나장이 정약종의 팔을 뒤로 비틀어서 묶고 양쪽 죽지에 곤봉
을 끼워서 대들보에 걸었다. 형리들이 양쪽에서 채찍으로 정약
종의 등판을 갈겼다.

……너희 삼형제와 처가, 사돈 족속들은 모두 뱀처럼 뒤엉키고 구더기처럼 뒤섞여서 미신과 패역에 버무려졌다. 너희들은 창자가 서로 들러붙어서 형이 먹은 밥이 동생의 똥으로 나오는 형국이다. 네가 형 정약전과 아우 정약용을 사학으로 끌어들인 경위를 말하라.

들보에 매달린 정약종이 고개를 들어서 위관을 바라보았다.

……나의 형 정약전과 나의 아우 정약용은 심지가 얕고 허약해서 신앙이 자리 잡을 만한 그릇이 못 된다. 내 형제들은 천주학을 한바탕의 신기한 이야깃거리로 알았을 뿐, 그 계명을 준행하지 않았고 타인을 교화시키지도 못했다.

아마도 정약종의 진심이었을 것이다. 그 진심에, 형과 동생을 이 세상의 땅 위에 며칠 더 살려두고 가려는 약종의 뜻이 담겨 있었던 것인지를 정약전은 헤아릴 수 없었다. 정약전은 그 질문을 향해서 생각을 끌고 나갈 수가 없었다. 헤아릴 수 없었지만, 약종의 그 진술 덕에 약전과 약용은 유배로 감형되어서 죽임을 면할 수 있었다. 약전과 약용은 함께 유배지를 향해 남쪽으로 내려오는 동안 정약종의 죽음에 대하여 한마디 말도 하지 않았다. 어느 쪽도 먼저 말을 꺼내지 않았다. 누구도 먼저 말을 꺼낼 수 없으리라는 것을 서로 알고 있었다.

정약종은 칼을 받을 때, 하늘을 바라보며 누워서 죽게 해달라고 요청했다. 형리가 그의 청을 받아들었다. 이승에서의 마지막 사치였다.

 ……주여, 어서 오소서.

정약종은 하늘을 우러르며 웃으면서 칼을 받았다. 도성 쪽으로 날이 저물고 서강 쪽 하늘에 노을이 번져 있었다. 그의 웃음은 평화로웠고 큰 상을 받는 자의 기쁨으로 피어나 있었다. 칼 쥔 망나니는 그 웃음이 무서워서 칼자루를 더듬었다. 망나니는 연거푸 술을 마시고 칼춤을 추며 빙빙 돌았다. 망나니는 한칼에 약종의 목을 끊어내지 못했다. 망나니는 반쯤 잘린 약종의 목에 다시 칼질을 했다. 정약종의 머리는 두 번 칼질에 떨어져나갔다. 잘린 얼굴이 평안했다.

칼을 받을 때, 약종은 형과 동생을 세상의 땅 위에 좀 더 살려놓고 가려는 것이었을까. 약종이 아닌 어느 누구도 그 질문을 감당할 수 없었다. 대답할 수 없는, 난폭한 의문이 약전의 마음에서 떠나지 않았다.

함께 묶여서 매를 맞을 때 형제들은 서로 매 맞는 소리와 신음을 들었지만 한마디도 말을 건넬 수는 없었다. 정약종은 팔다리를 주리틀리고 허벅지 사이를 줄톱질로 썰리면서도 고요한 침묵 속에 좌정했다. 정약종이 숨어버린 주문모 신부와 조카사위 황사영의 이름과 은신처를 대지 않고 매와 더불어 고요할 때, 정약전은 동생 정약종과 헤어지고 있음을 알았다. 나란히 묶여서 매를 맞을 때도 매는 혼자서 맞을 수밖에 없었다. 매는 공유

되지 않았고 소통되지 않았다. 모든 매는 각자의 매였는데, 그 랬기 때문에 매는 더욱 육신에 사무쳤다. 그 캄캄한 단절은 신의 부재 증명이었지만, 다시 캄캄하게 뒤집히는 고통이 생명을 증거하는 사태는 신의 존재 증명인 듯도 했다.

─여보 정 선비, 몸도 성치 않으니 너무 멀리 다니지는 마시오. 당신이 도중에 죽으면, 내가 흑산까지 가기 싫어서 당신을 죽였다고 의금부에서 날 끌어다가 죽일 거요.

장교는 저녁 갯가에서 돌아오는 정약전에게 그렇게 말했다. 역풍으로 출항이 늦어지자 사공은 몸이 달아서 포구의 무당을 찾아가서 길일을 물었지만 장교는 서두르는 기색 없이 공술을 마시고 낮잠을 잤고, 계집을 안았다.

정약전은 선창 옆 너럭바위에 앉아서 캄캄해질 때까지 저무는 바다를 바라보았다. 뱃길 끊긴 포구에서는 그 외에는 할 일이 없었다.

웃으면서 목이 잘린 동생 정약종의 죽음은 몇 달 전의 일이 었지만, 전생의 꿈처럼 멀어졌고 멀수록 더욱 선명했다. 한때의 황홀했던 생각들을 버리고, 남을 끌어들여서 보존한 나의 목숨으로 이 세속의 땅 위에서 좀 더 머무는 것은 천주를 배반하는 것인가. 어째서 배반으로서만 삶은 가능한 것인가. 죽은 약종이 말했듯이, 나에게는 애초에 믿음이 없었으니 배반도 없는 것인

가. 그런가, 아닌가.

바다는 땅 위에서 벌어진 모든 환란과 관련이 없이 만질 수
없는 시간 속으로 펼쳐져 있었고 어두워지는 수평선 너머에서,
움트는 시간의 냄새가 몰려오고 있었다. 그 너머 보이지 않는 어
디인가가 흑산도였다.

……죽지 않기를 잘했구나…… 저렇게 새로운 시간이 산더
미로 밀려오고 있으니…….

저무는 물가에서 정약전은 침을 삼켰다. 추위 속에서도 이마
에 식은땀이 맺혔다.

흑산으로 가는 돛배는 물 빠진 뻘 위에 얹혀 있었다. 날이 저
물어서 돛배는 배의 잔영처럼 보였다. 사공이 노꾼을 데리고 배
로 올라갔다. 노꾼들은 개먹은 돛대 구멍에 아교를 먹였고 찢어
진 돛폭을 부레풀로 때웠다. 사공은 오색실을 매단 닭찜에 어포
와 탁주를 이물 쪽에 진설해놓고 바람과 파도를 향해 치성을 올
렸다. 장교가 아전을 데리고 배로 올라가 술과 안주를 얻어먹고
있었다. 아전이 젓가락 장단으로 잡가를 불렀다.

돛배가 묶여 있는 갯바위 아래쪽 물웅덩이에 바랑을 진 아이
한 명이 엎어져 있었다. 얼굴은 물 쪽에 처박혀 보이지 않았고,
떠꺼머리가 풀어져서 긴 머리카락이 물 위에 흩어졌다. 바람이

물을 흔들어서 물 위에 뜬 머리카락이 길게 너울거렸다. 아이는 죽어 있었다. 떠꺼머리가 풀어진 걸로 봐서 죽은 지 며칠 지난 시체였다. 물은 깊지 않았다. 물에 쓰러지는 순간, 아이는 딛고 일어설 기력이 없었던 모양이었다.

구례에서부터 무안까지 구걸하며 흘러들어온 거지 아이였다. 돛배에서 일하던 노꾼들이 새참 먹는 걸 보고 얻어먹으러 다가오다가 물웅덩이에 빠졌는데, 노꾼들은 아이가 다가오는 걸 보지 못했다.

늙은 노꾼이 시체의 머리카락을 당겨서 물 밖으로 끌어올렸다. 노꾼은 작대기로 시체의 아랫도리를 들추고 사타구니를 들여다보더니 침을 탁 뱉었다. 죽은 거지 아이는 여자였다. 배 타는 사내들은 색주가 골방에서 계집을 감아서 물고 빨다가도 일단 뱃일을 시작하면 여자가 배 가까이 다가오는 것을 꺼렸다. 구백 리 물길의 출항을 기다리는 배 옆에 엎어져 있는 여자아이의 시체를 노꾼은 매우 불길하게 여겼다.

—니미, 처녀귀신은 총각 좆으로도 달랠 수가 없다던데…….

노꾼이 갈고리로 시체를 찍어서 멀리 휙 던졌다. 시체가 질퍽이는 갯벌 위에 떨어졌다. 뻘에 고여 있던 석양이 깨어졌고 게들이 놀라서 달아났다. 잠시 후에, 눈자루를 세운 게들이 시체로 달려들어 사타구니며 겨드랑 밑의 연한 살을 파고들었다. 노꾼은 시체 쪽으로 보리밥 한 덩이를 던져주었다.

죽은 거지 아이의 고향은 구례의 섬진강 상류 쪽 강마을이었다. 작년 가을 늦장마에 구례, 곡성, 보성, 남원, 진양, 하동의 논밭이 쓸려 내려갔다. 비가 닷새 동안 쏟아져서 저수지 뚝방이 무너졌고 개천이 넘쳤다. 마을은 잠기고 나무 꼭대기만 보였다. 임금은 반찬 수를 줄여서 부덕을 뉘우치고 천견天譴을 거두어주기를 종묘에 빌었다. 비는 계속 내렸다. 강마을 백성들이 물이 일찍 빠진 비탈논의 벼 포기를 겨우 세워서 한 집에 서너 가마의 소출을 보았으나 마당질이 다 끝난 곡식 멍석에 또 비가 쏟아졌다. 낟알은 썩었다. 비가 그치고 물이 빠지자 가을은 투명했다. 먼 산이 또렷했고 빈 들판에 새들이 높이 날았다.

아전들이 봄에 빌려준 관곡을 거두어들이느라고 백성들의 집을 뒤져서 감춘 곡식을 걷어갔고 곡식을 찾지 못하면 쇠붙이와 가축을 몰아갔다. 젊은 백성들은 빌어먹으러 마을을 떠났고, 근력 없는 늙은이들은 마을에 남았다. 떠나지 못한 백성들이 관찰사 앞으로 소장을 올렸다. 서당 접장이 글을 썼고, 늙은이 열다섯 명이 연서로 이름을 써넣었다.

우리 마을은 연기 나는 굴뚝이 오십 개가 못 되는 궁벽한 산골이옵고 소인들은 비린내 나는 강가에 엎드린 천한 백성이옵니다. 물이 빠르고 산은 가팔라서 큰물이 지면 앞강이 넘쳐서 마을로 물이 쏟아져 들어오고 뒤는 산으로 막혀 오도 가도 못합니다. 농토는 모두 비탈밭에 다랑논인데, 경사가 가팔라서 마소도 뒷다리를 엉버티며 올라가지 않습니다.

이 작은 마을에 지난 일 년 동안 현감이 네 번 바뀌어서 서너 달에 한 번씩 수령의 행차를 보내고 또 맞느라고 마을은 결딴이 나고 백성들은 두 발로 설 수가 없게 되었습니다. 떠나는 수령의 전별금을 모으고, 돌을 캐고 다듬어서 송덕비를 세우는 사이에 신관 행차가 또 들이닥치니, 전관보다는 신관이 더 두려울 것은 인지상정인지라, 새 현감을 맞느라고 길을 닦고 풀을 뽑고 동헌 지붕 수리하고 서헌에 도배장판 새로 하고 산에 올라가 꿩, 노루 잡고 강에 나가 은어 잡아서 잔치에 대령하고 곡식을 거두어서 예물을 장만하느라고 논에는 멸구가 끓고 피가 가득 올라와도 백성들은 여름내 관아에서 신역을 바쳤습니다.

가을에 또 현감이 바뀌어서, 갈 때 세우는 송덕비를, 갈 사람과 올 사람을 합쳐서 두 개를 한꺼번에 세우게 되니 끼니거리도 없는 마을 어귀에 송덕비 스무 개가 즐비하게 들어섰습니다.

무슨 선정을 베풀었으며 무슨 덕을 칭송해야 하는지는 무식한 소인들이 알 바는 아니오나, 주린 아이들을 시켜서 논밭에 새 쫓던 일을 멈추고 비석에 떨어진 새똥을 닦아내야 하니, 백성들이 버리고 떠난 마을에서 신관 사또는 송덕비를 상대로 수령 노릇을 하시렵니까.

못살아서 떠나간 남정들의 명단을 군적에 옮겨놓고 아직 떠나지 않은 이웃에게 군포를 떠넘겨서 받아내고 곡식을 훑어가니, 남아 있는 자들도 모두 떠날 궁리를 하고 있으나 늙은이와 젖먹이를 끌고 나설 수가 없어서 주저앉아 있습니다.

봄에 꾸어다 먹은 관곡을 가을에 갚는다는 이치는 소인들이 모르지 않거니와 늦장마에 벼 포기가 모조리 떠내려가 마당이 씻은 듯이 비었는데, 아전들이 쇠붙이를 들어내고 마소를 끌어가고 닭과 염소를 몰아가니, 연기 끊긴 굴뚝마다 쥐들이 들끓고 강물 철썩이는 소리 위에 통곡 소리가 낭자할 뿐입니다.

무릇 배고픔을 면하자면 오직 먹어야 하는데, 하고 많은 끼니 중에서도 지금 당장 먹는 밥만이 주린 배를 채워줄 수가 있습니다. 아침에 먹은 밥이 저녁의 허기를 달래줄 수 없으며, 오늘 먹는 밥이 내일의 요기가 될 수 없음은 사농공상과 금수축생이 다 마찬가지인 것입니다. 똥이 되어 나간 밥이 창자를 거슬러서 되돌아올 수 없으므로, 눈앞에 닥친 끼니의 밥과 지금 당장 목구멍을 넘어가는 밥만이 밥이고 지나간 끼니의 밥은 밥이 아니라 똥입니다.

그러하온데 지난봄 보릿고개에 빌린 곡식을 갚으라고 지금 당장 먹을 곡식을 빼앗아가니, 당장의 배를 곯아서 지나간 끼니를 벌충하라는 것입니까. 수령과 관속들은 농사를 지은 적이 없고 현청 사창社倉에 쌓아놓은 관곡도 모두 백성이 지은 쌀일 터인데, 어찌 당장에 먹을 것을 거두어 지나간 끼니의 곡식을 채

우려 하십니까. 바라옵건대 백성의 가냘픈 팔목을 비틀어 손에 쥔 밥을 빼앗지 마시옵고, 선정인지 악정인지는 소인들이 입에 담을 바 못되오니 신관 사또가 오래 머물도록 하여 주십시오. 발바닥이 부르트고 가래톳이 서도록 먼 길을 걸어와서 겨우 글월을 올립니다. 소인들이 글월을 올린 일을 소란스럽다 하여 벌하신다면 가랑잎같이 메마른 소인들은 곤장 한 대에 바스러져 버릴 뿐입니다.

　관찰사는 구례 강마을 백성들의 소장을 비변사로 올렸다. 지방 수령을 갈아치울 때마다 대비 문중이나 대궐 서쪽의 맑은 시냇가에 모여 사는 세도가에 선을 댄 당인黨人의 끄트머리들을 중심으로 비변사에서 낙점을 했다. 관찰사가 뒷배를 봐줘야 할 자들은 번번이 제외되었다. 약관에 급제하고 나서 삼십 년이 지나도록 정직에 임용되지 못한 채 사장詞章과 잡기로 소일하던 늙다리들이나, 스무 번 이상 초시에 낙방하고 오십 줄에 들어서 겨우 칠품의 문턱을 넘은 자들이 세도가의 천거로 품계를 하나 더 올려붙이면서 지방 수령으로 부임해왔고, 서너 달 후에 갈렸다. 관찰사의 천거는 묘당에까지 올라갈 수 없었다. 관찰사의 귀에는 백성들의 신음이 비변사를 저주하고 자신을 두둔하는 함성으로 들렸다.
　함경도, 평안도의 산악 오지와 경상도의 역참 마을과 전라도 나주목에 딸린 먼 섬의 백성들도 그 신음과 원성을 글로 적어서 관아에 올렸다. 마을의 산천과 물산은 달랐으나 신음의 내용은 섬과 산골이 별 차이 없었다. 백성들의 소장은 비변사까지 올라온 경우도 있었지만 대부분은 지방 향청의 관아에 쌓였다. 비변사는 그 천한 글을 임금에게 올릴 수는 없었다.

함경도 육진의 둔전병과 압록강변 칠읍七邑의 초병들이 처서가 지나자 솜바지 저고리를 만들어줄 것을 호소했다. 병마사가 글을 써서 토병들의 추위를 병조에 전했다. 목화 짓던 백성들이 흩어져서 비변사는 솜을 구할 길이 없었다. 비변사는 솜 대신 전국 향청에서 종이를 수거했다. 해마다 향시에 낙방한 자들의 과거 시험 답안지가 지방 관아의 창고마다 가득 쌓여 있었고, 거기에 지방 백성들이 관아에 올린 소장들도 쌓여 있었다. 경세제민의 경륜과 지어지선止於至善의 인성을 논한 문장이며 시가와, 굶주리고 뜯기는 백성들의 신음을 적은 종이 뭉치들이 달구지와 조운선에 실려서 서울 마포나루 창고에 쌓였다. 달구지들이 종이 뭉치를 서북면과 동북면의 군영으로 싣고 갔다. 대비가 갓 등극한 어린 임금의 윤음綸音을 내렸다.

내가 백성의 부모가 되어서 바람 속에서 서리를 맞으며 잠드는 너희들을 덮어주지 못하니, 내 따스한 잠자리의 아픔이 너희들의 추위와 무엇이 다르겠느냐. 이제 나라의 가난이 조이는 듯하여 솜옷을 지어 보내지 못하고 묵은 종이를 거두어 보낸다. 여러 장을 겹쳐서 종이옷을 만들거나 잘게 썰어서 무명천 안쪽에 넣고 누벼서 입어라. 내 간절한 뜻으로 너희들의 몸을 가려라. 임금의 뜻으로 몸을 덮으면 추위도 견딜 만하지 않겠느냐. 견딜 수 있다는 것이 인간이 금수와 다른 점이다. 견디면 또 봄이 올 것이니, 너희들은 종이를 보내는 내 마음을 헤아리고 또 헤아려라.

구례 강마을 백성들의 소장도 폐지가 되어서 서북면으로 갔다. 강마을 백성들은 늙은이와 젖먹이를 들것에 싣고 마을을 떠났다. 서남쪽에 먹을 것이 있다고 해서, 걸식하는 유민들은 무안 쪽으로 길을 잡았고 백성들이 떠난 빈 마을에는 다른 마을 유민들이 들어왔다. 주린 백성들이 걷기도 힘들 터인데, 한사코 노유老幼를 걸머지고 길로 나와 천리를 떠도는 까닭을, 비변사는 괴이하게 여겼다. 유민들은 울면서 따라오는 아이를 나무둥치에 묶어놓고 뒤돌아보면서 떠났는데, 묶인 아이가 숨을 거둘 무렵에 버리고 떠난 어미도 도랑에 쓰러져 죽었다. 여러 고을의 향청들이 양지쪽에 구덩이를 파서 거적을 깔고 새끼로 지붕을 엮어서 유민들을 한 움막으로 몰았다. 겉보리로 죽을 쑤어 아침저녁으로 두 끼를 먹였다.

고향을 버리고 걸식하며 떠도는 백성들을 구휼미를 풀어서 거두어 먹이면 아직 제 고장에 붙어 있는 자들까지도 먹이를 따라서 길로 나서게 될 것이 뻔하고 모든 고을이 텅 비게 되어 나라가 끝장이 날 것이옵니다…… 죽을 쑤어서 구휼을 하려면 관아가 있는 대처가 아니라 백성들의 향리에서 베풀어야 민심이 안정되고 떠돌던 자들도 제 터로 돌아가게 될 것으로 사료되옵니다…… 라고 비변사의 늙은 당상관들은 어전에서 지방 관아들의 사려 없는 구휼 정책을 꾸짖었다.

향리에 죽 솥을 건다 해도, 떠도는 백성들이 고향으로 돌아갈 기력이 남아 있지 않고 이미 산촌과 농촌이 텅 비었는데, 인기척 끊어진 마을에서 죽을 끓이면 누구를 먹이자는 것이냐고, 지방을 다녀온 젊은 당하관들이 대들었다.

늙은 당상관은… 어 참… 나 원… 그거 참… 이거야 원… 하면서 대답하지 못했다.

성인이 말씀하시기를, 머무는 것이 본本이요 거두는 것이 이利라 하시었고 본이 튼실해야 이가 따르는 것이라 하시었는데, 이제 백성들이 근본을 버리고 떠돌면서 어찌 삶이 두터워지기를 바랄 수 있사오리까…….

농사는 천시天時에 따르는 것이며 땅의 기운이 인화人和된 수고로움을 포개면서 이로움이 돌아오는 것이니 사람이 하늘과 땅에 순하는 것이 농사이옵니다……. 임금이 내원內苑에 논을 품어서 벼 포기를 쓰다듬고 맹춘에 교서를 내려 권농함은 오직 천·지·인의 도리를 밝힘일 터이고 이 모든 생산과 교화의 바탕은 오직 터전에 머물면서 근본을 지킴에 있으니…….

봄 비둘기가 울어서 밭 갈기를 재촉하고, 여름 뻐꾸기가 울어서 김매기를 걱정할 때 새들의 울음과 임금의 근심이 무엇이 다르겠사옵니까?

농사를 지으면 그 안에 배부름이 있고, 또 배고픔도 있을 것이 하늘의 이치일 터인데, 백성으로 태어나 터전을 버리고 산소를 버리고 군역과 신역을 팽개치고 이 고을 저 고을로 유리걸식하는 자들은 모두 근본을 배반한 망종亡種들로 하늘이 버린 인종 말자이며 나라가 버린 무용지물이니, 임금의 백성이 아니옵니다……. 저 하천下賤들을 살려내도 인간으로 돌아오지 못할 것이요, 관곡을 풀어서 거두어 먹인다 해도 강물에 좁쌀 한 줌이요 산불에 물 한 바가지니 곡식만 축내다가 결국은 죽을 것이옵니다……. 인피를 쓰고 태어난 것들을 구태여 없애는 것은 왕정王政이 아니로되, 스스로 죽어 없어지려 할 때 그 가랑잎 같은 목숨들을 가엾이 여길 수는 있으나 애써 구할 까닭도 없는 것이옵니다…….

말들이 다들 그럴싸해서, 비변사는 밤늦도록 파하지 못했다.

거지 아이는 먼 길을 흘러와서 무안 갯벌에서 죽었다. 얻어먹고 주워먹으면서 아이는 한사코 서쪽으로 걸었다. 아이가 서쪽으로 가는 까닭은 아무도 묻지 않았고 아무도 알 수 없었다.

아직 벼슬이 붙어 있을 때 정약전은 구례 강마을 백성들이 관아에 올린 글을 읽은 적이 있었다. 늙은 당상관이 그 글을 정약전에게 보여주었다. 문장이 아니라 통곡이었는데, 문장이 아니면 또 어쩌랴 싶었다.

—농사에는 흉풍이 있을 터이니…….

라고, 그때 늙은 당상관은 헛바람 같은 말을 했다.

뻘에 처박힌 거지 아이의 시체를 보면서 정약전은 구례 강마을 백성들의 글을 떠올렸지만, 죽은 거지 아이가 바로 그 마을 백성의 딸이라는 것을 짐작할 수는 없었다. 시체는 머리를 뻘에 처박아 세상을 외면했다. 그 주검은 조용하고 단호해서 신조차 범접할 수 없을 것 같았는데 그 주검을 바라보는 약전의 가슴이 무너져 내리는 고통 속에 신은 강림해 있는 듯도 했다. 정약전이 의금부 감옥에 갇혀 있을 때, 구례 강마을 백성들의 소장은 과거에 낙방한 답안지들에 섞여서 서북면 병졸들의 겨울나기 보온재로 보내졌다.

물이 들어서 거지 아이의 시체가 잠겼다. 몸뚱이는 보이지 않고 머리카락만 물 위에서 흔들렸다. 죽은 거지는 여자의 몸으로 태어난 아이였다. 어려서 죽은 여자 몸이었다. 긴 머리채에 윤기가 나고 경도 때마다 생리통을 앓고 사내를 받아서 아기를 낳

29

아 젖을 먹일 몸이었다.

살아 있는 것이 어째서 죽는가. 이것도 천주의 존재 증명인
가. 정약전은 그 시체의 안쪽으로 몸을 넣어주고 싶은 충동을
견디고 있었다.

배 위에서 술을 마시던 장교가 물가 바위에 걸터앉은 정약전
을 알아보고 소리 질렀다.

—여보 정 선비. 내일 새벽에 출항이오. 들어가 일찍 주무시
오. 몸도 성치 않은 양반이 어쩔라고…….

정약전은 지팡이에 기대서 어기죽거리며 국밥집 행랑방으로
돌아왔다. 노파가 군불을 때서 구들이 뜨거웠다. 정약전은 시린
허리를 지지며 뒤척였다. 물소리에 실려서 정약전의 의식은 먼
바다로 흩어졌다. 정약전은 불려가듯이 잠들었다.

새벽에 흑산항 돛배는 출항했다. 그믐 사리 밀물에 바다는
가득 찼다. 거지 아이의 시체가 던져진 자리는 보이지 않았다.
바람이 돌아와서 황포돛이 부풀었다. 순한 바람은 물결을 일으
키지 않으면서 배를 밀어냈다. 노꾼들은 노를 올려놓고 바람에
배를 맡겼다.

뱃삯을 내고 탄 포목 장수와 심마니들은 가까운 섬에서 내렸
다. 배에는 사공과 노꾼 열 명, 흑산까지 가는 곡물상인 세 명 그

리고 정약전을 압송하는 장교와 아전, 역졸이 타고 있었다.

사공은 몽롱한 먼 섬들을 산가늠으로 짚어가며 내해의 항로를 이어갔다. 비금, 도초 사이의 좁은 수로를 지나서, 돛배는 일출 무렵에 난바다로 나아갔다. 도초도 날뿌리를 돌아나가자 하늘과 물뿐이었다. 사공은 이물에 삶은 돼지 다리를 올려놓고 꽹과리를 때리고 날라리를 불어서 바람을 달랬다. 이물 쪽에서, 사공은 늘 등을 돌리고 수평선 쪽을 향하고 있었다. 사공 앞에서 찢어진 풍향기가 펄럭였다.

정약전은 시선을 멀리 보냈다. 아무것도 눈에 걸리지 않았다. 처음 보는 난바다였다. 바다에서는, 눈을 감으나 뜨나 마찬가지였다. 물과 하늘 사이를 바람이 내달렸다.

……이것이 바다로구나. 이 막막한 것이…… 여기서 끝나고 여기서 또 시작이로구나.

바다에는 시간의 흔적이 묻어 있지 않았고, 그 너머라는 흑산은 보이지 않았다.

사행

북경으로 가는 사행使行은 해마다 초가을에 출발해서 봄에 돌아왔다. 수백 년 동안 사행은 긴 대열을 이루며 눈비 속을 걸어갔다. 사행은 정이품 정사, 정삼품 부사, 정오품 서장관을 사신으로 삼고 사신에 비장과 군관, 경마잡이들이 딸려 있었다. 거기에 물자 수송을 맡은 압물관押物官과 여러 종사관들, 역관, 마부, 짐꾼, 짐말꾼, 의원, 노비를 합쳐서 대열은 삼백 명에서 오백 명에 이르렀다. 마부나 짐꾼을 가장해서 끼어든 상인들도 있었다. 밀상密商들은 은이나 인삼을 숨겨가지고 가서 비단을 사왔다.

압록강을 건너서 봉황성 책문을 지나 사오일을 더 가면 요동의 초입이었다. 땅이 넓고 시선에 걸리는 것이 없어서 사신들은 요동을 육해陸海라고 불렀다. 요동의 겨울은 일렀고 기댈 곳이 없었다. 육해의 겨울에는 깃들일 곳이 없어서 새들이 날지 않았다. 육해의 바람은 풍향이 일정치 않았다. 바람의 갈래들이 서로 부딪쳐 뒤엉키며 회오리쳤고 회오리들이 서로 부딪쳐서 더 큰 회오리를 일으키며 지평선을 건너갔다.

사행의 대열은 눈보라에 뒤덮여 앞뒤가 서로 보이지 않았고 깃발 신호도 이어지지 않았다. 앞에서 가던 서장관이

—뒤가 보이지 않는다. 뒤를 챙겨라.

라고 비장에게 이르면 비장이 뒤쪽을 향해 어이…… 어이…… 어이…… 손나발로 고함쳤다. 중간에 가던 압물관의 마부가 다시 뒤쪽을 향해 소리쳤다. 맨 뒤쪽 짐말꾼의 고함이 거꾸로 대열의 선두로 전달되어왔다. 눈보라 속에서 대열은 그렇게 선두와 후미를 이어갔다.

눈이 멈추고 날이 개면 요동의 추위는 맑고 날카로웠다. 사신들의 콧구멍에서 흰 김이 나왔고 마부, 노비, 짐꾼들의 콧구멍에서도 흰 김이 나왔다. 추워서, 사람과 말은 더 자주 오줌을 내질렀는데, 인마의 똥오줌에서도 허연 김이 피어올랐다. 조선 사신의 일행은 허연 입김의 대열을 이루며 겨울 대륙을 건너갔다. 사행은 중국의 민간 마을이나 관아를 거점으로 이동했는데, 며칠씩 계속되는 무인지경에서는 천막을 치고 노숙했다. 서장관은 말에 곤장을 싣고 가면서 대열을 이탈하거나 게으름을 부리는 마부와 노비들을 매질했다.

조선 사신들은 북경에서 천자의 궁전으로 가 황제를 알현하고 신년을 하례했다. 사신들은 수십 마리의 말에 싣고 간 수달피며 나전칠기, 모시, 명주와 진귀한 토산품들을 공물로 바쳤다.

천자는 답례로 신년 달력을 내려주었다. 입춘, 우수, 경칩……과 태양의 운행 시각을 표시한 달력이었다. 조선 사신은 천자의 달력을 받들고 돌아와 임금에게 올렸다. 천자가 내려주는 시간은 그렇게 해서 조선으로 흘러왔고, 그 시간 속에서 조선은 세계의 질서에 편입될 수 있었다.

대륙에서 새 왕조가 옛 왕조를 몰아내는 풍운의 시절에 조선 사행은 두려움 속에서 한 걸음씩 숨죽이며 걸어갔다. 옛 왕조의 천자를 향해 걸어가면서, 새 왕조의 표정을 더듬느라고 사신들은 뒤통수가 근지러웠다. 청이 심양에 나라를 세우고 명이 아직 북경에 남아 있던 시절에 사행은 북경과 심양을 따로따로 오갔다. 그때 사행의 발걸음은 느리고 고요했다.

사신을 수행한 관원들은 지니고 간 은이나 인삼을 북경 유리창琉璃廠 시장에 풀어서 값비싼 비단이나 모피, 귀금속, 벼루, 종이를 사들였다. 관원들은 노비와 마부를 시켜서 짐바리를 꾸렸고 마부나 짐꾼들도 저마다 꾸러미를 챙겼다. 갈 때의 짐바리보다 올 때의 짐바리가 더 많고 무거웠다.

비가 와서 땅이 질척거리면 짐바리를 실은 말들은 대열에서 처졌다. 처지는 거리는 점점 멀어져서 선두와 이틀이나 사흘거리로 떨어졌다. 돌아올 때 정사, 부사, 서장관 일행이 의주에 먼저 도착해서 닷새를 기다려도 후속 대열이 도착하지 않는 경우도 흔히 있었다. 뒤처진 관원들은 의주에서 사나흘 거리 떨어진 민간 부락에서 여장을 풀고 세월을 뭉갰다. 노비들이 관원과 군관의 팔다리를 주물렀다. 관원들은 발 빠른 구종驅從을 의주로 보내, 지친 말들이 죽어서 짐은 더욱 무거워졌고 짐말꾼 중에 부상자가 많아서 며칠 더 지체한다고 통지했다.

서장관은 의주에서 국경을 넘어 귀국할 때, 일행의 짐 보따리를 검열하고 짐 주인의 신분에 따라서 초과분을 압수하거나 세금을 매기게 되어 있었다. 서울에 가서 복명할 일이 급한 서장관은 뒷일을 의주 관아의 지방관들에게 부탁하고 정사, 부사를 모시고 먼저 출발할 수밖에 없었다.

국경을 넘나들 때 역관, 군관, 종사관 들은 세금이 없거나 헐했고 장삿일로 따라간 자들은 세금이 무거웠다. 상인들은 비단이며 모피 보따리를 사행 관원의 짐바리에 섞어서 세금을 모면했다. 사행 관원은 상인의 짐을 받아주고 상인에게서 돈을 받았다. 의주의 지방관들은 탈세를 눈감아주고 상인과 사행 관원 양쪽에서 돈을 받았고, 상인의 짐은 세금을 내지 않고 국경을 넘어왔다. 이문은 골고루 돌아갔다. 골고루 이로웠기 때문에 탈세와 수뢰는 들통 나지 않았다. 마부와 비장들도 관원에게 돈을 주고 제 물건을 숨겨 들여왔고, 의주부의 관속배들도 곁다리로 한몫씩 차지했다.

관문에 파견된 의주 아전들 중에는 뇌물을 바칠 돈이 없는 마부와 짐꾼, 군관들 물건의 반을 가로채는 자들도 있었고, 뇌물을 바칠 돈을 고리채로 뀌어주는 자들도 있었다.

북경에서 돌아오는 자들한테서 뜯어낸 돈을 북경으로 가는 자들에게 빌려주어 비단과 모피를 사오게 하고 이 물건을 세금 없이 통과시켜 팔아넘긴 자는 떼돈을 벌었다. 큰돈을 번 자들은 몇 탕을 거듭하고 나서 서둘러 의주를 떠났다. 북경을 오가며 자금력을 확보한 역관들은 의주에 도착한 비단이며 모피, 귀금속을 현장에서 모조리 사들여 소달구지에 싣고 왜관으로 끌고 가서 일본인 상인들에게 팔아넘겨 더 큰 돈을 긁어모았다. 물건은 일본으로 건너갔고 돈은 일본어 역관을 거쳐서 중국어 역관의 수중으로 들어갔다.

북경으로 가거나 돌아오는 사행들이 의주에 당도할 즈음에는 압록강가 일곱 고을의 기생들과 강 건너 먼 마을의 여진 창기들이 의주로 몰려들었고 평양 대동강 가 청루의 기생들 중에서 나이 먹은 쭈그렁이들도 의주로 왔다.

평양이 가까워지면 여색 없이 사행하는 사내들은 여색 없는 먼 길을 가야 할 일이 한심해서 아랫도리가 뻐근해왔는데 평양 기생은 화대가 비싸고 저마다 평양 세도가들의 총애를 받고 있어서 범접하기 어려웠다. 사행하는 사내들은 의주에서 교접했다. 사행들은 평양에서 의주까지 급하게 달려갔다. 의주에서는 종사관이나 비장들이 서열도 품계도 없이 밤새도록 불러들여서, 기생들은 하룻밤에도 서너 명씩 사내들을 받아냈다. 많은 사내들을 여색 없는 먼 길로 데리고 가야 하는 서장관은 기생 오입의 북새통을 눈감아주었다. 사내들은 의주에서 탕정蕩精했다. 의주를 떠날 때, 아랫도리가 가벼워진 사내들은 이제 교접을 해도 액즙은 안 나오고 바람만 픽 나온다며 낄낄거렸다.

떠나는 자들보다 대여섯 달 만에 돌아오는 귀국 사행들은 더욱 다급하게 창기들을 파대고 몰아붙였다. 오랫동안 여색에 허기진 데다가 압록강을 건너왔다는 안도감이 겹쳐 있었다. 사내들은 맹렬한 기세로 여자들을 누르고 짰다. 창기들은 떠나는 사내들보다 돌아온 사내들을 받아내기가 더 숨차고 짐승 같았지만, 돌아온 사내들이 일을 더 빨리 끝내주었고 화대를 더 많이 주었다. 창기들은 귀국 사행이 의주에 당도하는 날짜를 대충 짐작하고 있었다.

떠나는 자들과 돌아온 자들의 행렬이 의주에서 마주칠 때, 창기들은 뒷물도 제대로 치지 못한 채 밤새 객사와 주막을 오갔다. 압록강 물가의 밤에 사내와 여자들은 새벽까지 바빴고 숨찼다. 사행이 떠나고 나면 여자들은 제 고향으로 돌아갔고, 의주는 하얀 눈에 덮여 고요했다. 발해만의 밀물이 강물을 밀어붙여서 압록강은 물소리가 사나웠다.

마노리

마노리馬路利는 평안도 정주 역참의 마부였다. 공무로 오가는 지방관들의 고삐를 잡았고 풀을 베어서 말을 먹이고 씻기고 빗기고 이를 잡아주었다. 마노리가 다가오면 마구간의 말들은 대가리를 내밀고 콧바람을 불었다. 마노리는 얼굴이 길고 큰 눈이 깊어서 말상이었다. 큰 키에 뼈마디가 굵었고 허리가 구부정해서, 네 손발로 엎드리면 말처럼 보였다. 말을 끌고 길을 걸어간다고 해서, 동네 노인들이 그의 이름을 마노리라고 지어주었다. 마노리는 그 이름이 싫지 않았다. 마노리가 누구의 아들인지는 마을의 노인들도 알지 못했다. 만경강 건너 남쪽, 쌀농사 짓는 들판에서 일어났던 민란이 진압되고 관군에 쫓기던 잔당 중 한 명이 평안도 땅으로 숨어 들어와서 동네 무당과의 사이에서 난 아이라는 말도 있었고 삼수갑산으로 귀양 가는 홀아비 선비가 업고 가다가 길에 버린 아이라는 말도 있었다. 민란 끝에 숨어 들어왔다는 사내는 주민들의 발고로 잡혀가서 맞아 죽었고 갑산으로 귀양 가는 선비는 배소까지 가지 못하고 도중에 얼어 죽었다는 것이어서 마노리의 아비가 누군지 알 수 없었지만 역참에 딸린 천한 마부의 근본을 캐묻는 사람은 없었다.

큰물이 져서 들이 잠겼다가 물이 빠지면 전에는 없었던 물웅덩이가 패고 거기에 손가락만 한 피라미며 붕어, 개구리가 생겨나고 마름이 피어나는데, 마노리는 사람의 생명도 난데없이 파인 물웅덩이 속에서 저절로 생겨난 물고기나 벌레가 알을 슬듯이 그렇게 빚어지는 것이라고 생각했다. 봄날에, 물고기 새끼들이 수면에서 입질을 하고 수초들이 방울을 내뿜는 물웅덩이를 들여다보면서 마노리는 혼자서 웃었다. 바늘 끝 같은 물고기 새끼들은 신생의 생명으로 반짝거렸다. 물고기는 혈육이 없었다. 마노리는 누군지 알 수 없는 부모를 그리워하거나 궁금해하지도 않았다. 마노리는 서른두 살이었는데, 혼인하지 못했다.

역참은 최하급의 지방 관서였다. 품계가 낮을 뿐 아니라 말똥 냄새가 진동해서 경래관京來官은 말할 것도 없고 지방관들까지 마구간을 깔보고 유세를 부렸다. 책임을 맡은 정주 찰방은 문장이 기름지고 풍류가 흐드러져서 감사의 술벗으로 불려가 평양에서 노닐었고 마구간 쪽으로는 발걸음을 하지 않았다. 압록강가 고을로 부임하거나 임기 중에 갈려서 내려오는 현령들이 종육품 주제에 역참의 마필을 끌어내 기생첩을 태우고 짐바리를 실어서 견마를 부렸고, 호구조사 나가는 아전들도 말을 끌어내서 타고 갔다. 지방관들은 기방 출입하거나 정자에 술 마시러 갈 때도 말을 끌어냈고, 젊고 건강한 고을 원이 저녁 먹고 물가에 바람 쐬러 갈 때도 역졸들을 부려서 가마를 타고 길라잡이를 앞세워 방울을 흔들었다. 경래관들이 타고 온 황해도 말은 정주에서 돌아갔다. 정주에서부터 압록강까지, 험악한 산악과 눈 쌓인 고원은 평안도 말이 감당했다. 평안도 말은 재래종 산골 말이 여진의 호마胡馬와 혼혈된 종자였다. 강인하고 영특한 말이었다. 가시덤불을 뜯어먹고도 차지고 단단한 똥을 내놓았고 적게 먹고도 멀리 갔다. 빨리 달릴 때도 숨을 헐떡이지 않았고 사람의 낯을 가리지 않고 따랐다. 마노리는 평안도 말의 털빛만 보고도 말의 건강 상태를 알았고 걸음걸이를 보면 편자가 박힌 말굽이 편안한지 아닌지를 알았다. 편자가 깨진 말들은 주저앉아서 아픈 말굽을 마노리에게 내밀었다.

마노리는 압록강가로 가는 지방관과 군관들의 말고삐를 잡고 초산이나 강계 같은 국경 마을을 다녀온 적도 있었다. 양반 나리들은 말을 타면 구보로 빠르게 몰아가지 않고 평지에서도 한사코 견마를 부렸다. 말은 경마잡이의 걸음을 따라왔고, 말을 타고 가나 걸어가나 속도는 마찬가지였다. 걷기에 길들여진 말은 네 굽

으로 땅을 차고 달리는 동작을 잊어버려서 옆구리에 박차를 질
러도 알아듣지 못했다. 북경으로 가는 사행도 그렇게 경마잡이
걸음으로 대륙을 건너갔다. 마노리는 말 타고 견마 부리는 까닭
을 알 수가 없었으나 말 탄 나리들에게 물어볼 수도 없었다.

마노리는 길 걷기가 단잠처럼 편안했다. 마노리에게 걸음걸
이는 힘을 쓰는 일이 아니었다. 마노리는 숨을 쉬듯이 걸었다.
말 탄 사람이 지치고 말이 주저앉는 저녁 무렵에도 고삐를 쥐고
걷는 마노리는 힘이 남아 있었다. 길고 가파른 고개를 넘어가면
사람의 마을이 나타났고 다시 바람 센 고원을 건너가면 언덕을
등지고 사람의 마을이 들어서 있었다. 마을과 마을 사이에 길이
있어서, 그 길을 사람이 걸어서 오간다는 것이 마노리는 신기하
고 또 편안했다. 이 마을에서 저 마을로 갈 뿐 아니라, 저 마을에
서 이 마을로도 가면서, 길 위에서 서로 마주치기도 하고 마주
친 사람들이 어긋나게 제 길을 가고 나면 길은 비어 있어서 누
구나 또 지나갈 수 있었다. 길에는 오는 사람과 가는 사람이 있
었고 주인은 없었다.

사람이 사람에게로 간다는 것이 사람살이의 근본이라는 것
을 마노리는 길에서 알았다. 사람이 동쪽 마을에서 서쪽 마을로
갈 때, 동쪽 마을에서는 간다고 해도 서쪽 마을에서는 온다고
하니, 길 위에서는 갈 왕往과 올 래來가 같고, 지나가는 것과 다
가오는 것이 다르지 않음을 마노리는 고삐를 끌고 걸으면서 알

왔다. 마노리는 본래 말수가 적었지만 말 위에 탄 상전들도 주막까지 얼마나 남았느냐, 소피보자, 쉬자, 가자 이외에는 천한 마부에게 말을 걸지 않았다. 길이 말을 걸어오는 것이어서, 길을 걸을 때 마노리의 마음속에는 길에 대답하려는 말들이 피어올랐지만 마노리는 말없이 길을 걸었다. 마노리는 오줌을 참았다가 말 위에 탄 수령이 오줌을 누자고 말을 세울 때, 멀리 가서 돌아서서 누었다.

마노리는 민첩하고 부지런해서 말 탄 관원들에게 욕을 먹거나 매를 맞지 않았다. 말 오줌이 바람에 날려서 말 탄 관원의 도포를 적실 때가 있었다. 관원은 길 위에서 옷을 갈아입었고, 마노리는 말 오줌 묻은 상전의 옷을 개울에서 빨아 장대에 매달아 말리면서 걸었다. 물살 거센 개울을 건널 때 마노리는 말을 먼저 물 건너로 끌어다놓고 넓은 등짝으로 관원을 업어서 건넸다.

먼 길을 데려다주면 관원들은 동전 몇 닢을 행하行下로 주기도 했다. 마노리는 행하로 받은 돈을 모아 공명첩을 사서 면천免賤해보려는 생각도 있었다. 면천하고, 정주에서 압록강 쪽으로 가는 길목 언저리, 말먹이 풀 흔한 개울가에 주막을 차리고, 종자 좋은 말을 길러서 길손을 먹이고 재우고 또 말 태워 실어다주는 장사를 해보고 싶었다. 공명첩으로는 비록 허직虛職이나마 관등을 살 수 있었고, 신역을 모면할 수 있었고, 하천의 신분을 벗어날 수도 있었다. 그러나 팔도에 내려보낸 공명첩이 팔리지 않아서 값이 떨어지기는 했지만, 면천의 공명첩은 어미 소 다섯 마리 값이어서 행하로 받은 돈을 모아서는 될 일이 아니었다.

길은 늘 앞으로 뻗어 있어서 지나온 길들은 쉽게 잊혔지만, 돌아올 때는 지나온 길이 앞으로 뻗었고, 갈 때 앞으로 뻗어 있던 길이 다시 잊혔다. 길은 늘 그 위를 걸음으로 디뎌서 가는 사람의 것이었고 가는 동안만의 것이어서 가고 나면 길의 기억은 가물거려서 돌이켜 생각하기 어려웠다. 먼 길에서 돌아와 역참 마구간의 말똥을 치우고 말먹이 풀을 말릴 때 마노리는 청천강 너머 산악과 고원의 길들과 주막을 차리려고 점찍어둔 정주 변두리 들판의 길이 눈비 속에 풀려서 사라져버린 것이나 아닌지 늘 궁금했다. 그래서 마노리는 다시 말고삐를 잡고 길 떠날 날을 기다렸다.

역참에 딸린 마부는 관할구역을 벗어날 수 없게 되어 있었지만 찰방은 의주에서 서울까지 짐바리를 나르는 일에도 마노리를 부렸다. 사행 마부들이 북경에서 의주까지 실어다놓은 짐바리들 중 상당수는 중간 상인을 거치지 않고 서울 세도가에게 바로 들어가는 물건이었다. 그 짐바리들은 귀국 사행의 대열과 함께 서울로 가는 것이 아니라 의주에서부터 따로 빼돌려 싣고 가야 했다. 북경을 다녀온 말과 마부들이 의주에서 며칠 쉬는 동안, 의주나 정주의 마부들이 먼저 그 지체 높은 짐바리를 싣고 남쪽으로 떠났다.

청명 무렵에 마노리는 서울로 가는 짐바리를 끌고 길을 떠났다. 찰방은 역관들에게 뇌물을 받고 말 세 마리와 마노리를 마부로 내주었다. 마노리는 말 목장에서 풀려나는 여정에 설레었다. 짐바리를 나르는 원행 길에는 말 탄 상전이 없어서 더욱 좋았다. 찰방은 짐바리가 걱정돼서 역졸 한 명을 더 붙였다. 서울이 초행길은 아니었다. 청천강의 거친 물소리와 대동강의 저녁 노을, 임진강 건너 교하 삼거리에서 녹두전, 파전 부치는 집 마당의 매화나무가 마노리의 마음에 떠올랐다. 마노리는 짐말 세 마리를 한 줄로 묶어서 나란히 세우고 앞서서 고삐를 끌었다. 역졸이 뒤에서 따라왔다. 봄 땅이 녹고 흙이 들떠서 말발굽이 자주 흙에 빠졌다. 말들은 봄볕에 노곤해했고, 누런 이빨을 드러내고 하품을 했다.

말에 실린 짐바리는 주인이 여럿이었다. 마노리는 그 짐들이 어느 세도가의 집으로 가는 것인지 알지 못했다.

고양을 지나서 무악재 밑에 당도하면 사대문 안에서 온 세도가의 청지기들이 물표를 대조해서 짐의 행선지를 갈랐다. 의주에서부터 따라온 역졸은 무악재에서 돌아갔다. 마노리는 청지기의 인도를 따라 서울 도성 안으로 짐을 끌고 들어가 물건을 주인의 집으로 가져다주었다.

도성 안에서 두 군데 짐 배달을 마치고 마노리는 동소문 밖으로 나가 성북동으로 향했다. 거기가 마지막 배달처였다. 약방 옆에 탱자나무 울타리를 두르고 마당에 복사꽃 피고 누런 개가 묶여 있는 집이라고 해서 쉽게 찾을 수 있었다. 본채 세 칸에 행랑이 딸린 작은 기와집이었다. 지붕의 골이 가지런했고 하얀 마당에 햇빛이 고왔다. 북경에서 고가품을 들여올 만한 권문세가는 아니었다. 그 집으로 가는 물건은 무게가 열 근 남짓한 꾸러미 하나였다. 비단이나 모피가 아닌 것은 분명했다.

그 꾸러미는 집주인 이한직이 북경으로 가는 역관에게 부탁해서 구입한 서책이었다. 의주에서 미리 떠난 역관이 인편에 통지를 해와서 이한직은 그 물건이 도착할 날짜를 대충 알고 있었다. 역관은 마노리라는 짐꾼 마부의 이름까지도 통지해왔다.

이한직은 젊어서 과거에 급제했으나 조부가 남인 쪽과 어울려 놀았던 연유로 출사하지 못했다. 이한직은 일찌감치 벼슬을 단념하고 의술로 호구했다. 기와집 옆에 붙은 약방을 그가 직접 경영하고 있었다. 앓는 백성들의 병을 고쳐주는 일은 선비의 본분이며 앓던 사람의 병이 조금씩 차도를 보이는 것은 나무가 움트고 싹이 돋는 것처럼 생명의 자생 능력에 따른 것이어서 유의儒醫는 백성의 병치레를 거들어주고 돈을 받지 않는 것이 도리였지만, 이한직은 환자의 돈을 받아 조석을 이어갔고, 스스로 수치스럽게 여겼다.

이한직은 정약종의 문하에 드나들면서 천주교를 배웠다. 그 교리는 아득히 멀고 모호한 것들을 손에 잡힐 듯이 가깝게 끌어다주면서 새로운 세상을 열어주었지만, 살아 있는 동안을 가벼이 알고 조상 제사를 금함으로써 근본을 부수는 그 겁 없음이 이한직은 겁났다. 이한직은 천주교를 봉행하지는 않았다. 중국인 신부 주문모의 밀입국이 탄로 난 뒤로 포도청과 지방 관아들이 숨은 천주교인들을 색출해서 처형하기 시작하자, 이한직은 천주교 서적을 모두 불태워 없애고 제사상을 더욱 크게 차려서 음식을 온 동네에 돌렸고, 송시열 사당에 자주 분향했다. 사행 가는 역관에게 책을 부탁할 때도 산학算學과 지리서, 의학서만을 목록에 넣고 천주학 서적은 빼버렸다.

이한직은 천주교로부터 돌아선 모습을 애써 이웃에 드러내 보였지만, 자신의 영혼이 천주교 교리의 지복의 세계 속으로 편입되기를 소망했다. 그리고 이한직은 그 소망을 버리지 못함을 스스로 수치스럽게 여겼다.

마노리는 하인의 안내로 대문 안으로 들어섰다. 이한직은 모시 적삼에 유건을 쓰고 마루에 앉아 있었다. 강파른 얼굴에 콩나물 같은 수염은 두어 가닥이었다. 하인이 짐을 받아 이한직에게 올렸고, 마노리는 댓돌 아래 마당에 꿇어앉았다. 이한직은 역관한테서 미리 통지받은 이름으로 마노리를 불렀다.

—네가 마노리구나.

어찌 이름을 아시는가. 마노리의 등판에서 식은땀이 흘렀다.

—의주에서 여기까지 왔느냐?

46

—그러하옵니다.

—먼 길 왔구나. 얼굴을 들라.

오랫동안 병자를 관찰해온 이한직은 안색만으로도 남의 오장육부를 들여다볼 수 있었다. 여러 장기들의 힘찬 작동과 편안한 조화가 마노리의 얼굴에 드러나 있었다. 눈알에 잡티가 없었고 붉은 입술은 가장자리가 뚜렷했다. 오랜 걸음걸이가 장기의 운행에 힘을 불어넣고 있었다.

……맑은 몸이다. 구겨진 곳이 없어…….

생명은 저렇게 좋은 것이로구나 싶어서, 이한직은 어흠, 목청을 가다듬었다.

—몇 살이냐?

—서른두 살이옵니다.

—의주가 고향이냐?

—정주 역참 마부이옵니다.

—부모가 정주에 있느냐?

마노리는 대답하지 못했고 이한직은 캐묻지 않았다.

—시장하겠다. 밥 먹고 가거라.

하인이 마당에 가마니를 깔고 상을 차려 내왔다. 고봉밥에 고등어자반과 부침개가 나왔다.

—먹성이 좋겠구나. 많이 먹어라.

이한직은 마루에 앉아서 밥을 먹는 마노리의 모습을 바라보왔다. 마노리는 강파른 선비의 시선이 두려워서 서둘러 밥을 삼키고 일어섰다.

이한직은 마노리가 가져온 짐을 풀어서 살폈다. 이한직은 짐 속에서 벼루 한 개를 꺼내서 무명 보자기에 쌌다.

—이건 내 물건이 아니다. 광교 쪽에 사는 젊은 선비에게 가져다주어라. 귀한 물건이다. 조심해라.

그 젊은 선비의 이름은 황사영이었다. 이한직은 편지를 써서 보따리 속에 넣었다.

자네가 부탁한 벼루가 도착해서 마부 편에 보내네. 마부는 정주 역참 소속이고 이름은 마노리일세. 내 보기에 맑고 힘센 사람인데, 말을 몰기로 어찌 하천이겠는가. 혹시 자네에게 필요한 인물이 아닐까 싶어서 몇 자 적었네.

이한직은 엽전 두 닢을 행하로, 쌀 서 말을 돌아갈 길양식으로 마노리에게 주었다. 마노리는 이마를 땅에 대고 절했다. 마노리는 말고삐를 끌고 광교 황사영의 집으로 향했다. 날이 저물고 있었다. 봄바람에 꽃가루가 날려서 말은 자주 콧바람을 불며 재채기를 했다.

사공

사공은 자주 날라리를 불었다. 날라리 소리는 바람에 쓸려갔다. 가늘어지는 소리의 끝자락이 수평선을 건너갔다. 사공은 날라리를 불어서 표적 없는 바다를 향해 말을 걸었다. 바다는 말을 돌려주지 않았다. 날라리 소리는 날라리를 부는 자에게만 들렸다. 날라리 소리는 소리를 내는 자에게로 돌아오는 자기 위안인 듯싶었다. 도초도 날뿌리를 돌아나가자, 섬도 산도 보이지 않았고 배는 하늘과 물 사이에서 흔들렸다. 해가 구름 속으로 들어가자 하늘색과 물색이 같아서 배는 허공에 뜬 듯했다.

─나는 문풍세文風世요. 바다는 죽을 자리고, 배는 죽을 자리를 넘나드는 널빤지요. 배에서는 사공의 말에 따라야 하오. 귀양 가시는 선비도 장교도 마찬가지요.

무안에서 출항할 때 사공 문풍세는 배 탄 사람들에게 말했다. 아무도 대꾸하지 못했다. 도초도를 돌아서 난바다로 나갈 때 문풍세는 또 말했다.

　—배에서는 여기가 어디냐, 방향이 맞느냐, 언제 도착하느냐, 바람이 어떨 것이냐를 묻지 마시오. 그게 사공을 대접하는 법도요.

　다시, 아무도 대꾸하지 못했다.

　문풍세의 증조부는 초시에 합격해서 양반의 끄트머리에 매달리기는 했으나, 농토는 없고 풍월만 요염했다. 조부는 메말라서 먼지 나는 고향을 버리고 나주로 옮겨와서 어물 장수의 등짐을 졌고, 아버지는 나주목의 아전이 되었다. 문풍세는 어물 거간의 눈에 들어, 어려서부터 나주 갯가에서 배 부리는 일이며 어물을 사고파는 장삿일을 배웠다.

　문풍세는 배를 뭍에 붙이고 나서는 노꾼이며 장사꾼들과 어울려 술을 마시고 투전도 했지만, 일단 배에 오르고 나면 딴사람이 되었다. 줄을 당겨서 닻을 거두거나 줄을 풀어서 닻을 내릴 때, 돛대를 세우거나 접을 때, 파도에 뱃머리를 들이밀 때, 노를 틀어서 방향을 급히 돌릴 때, 사공의 말에 따르지 않는 노꾼들을 문풍세는 채찍으로 때렸다. 동작의 마무리가 깔끔하지 못한 자들을 때렸고, 힘을 쓰지 않고 게으름을 부리는 자들을 때렸고, 마구 힘을 써서 남의 작업에 거치적거리는 자들을 때렸다.

바람과 물이 순할 때 문풍세는 늘 이물 앞쪽에 서서 먼바다를 바라보면서 물의 흐름을 살폈다. 먼바다의 물의 흐름은 보이지 않았지만, 물 위에 내려앉은 햇빛이 반짝이는 대열을 이루며 수평선을 넘어갔다. 문풍세는 그 빛의 대열을 보면서 물과 배의 방향을 가늠했는데, 여름에는 수증기 속에 어른거리는 신기루에 속기도 했다. 흔들리는 물결과 빛을 들여다보느라고 배 위에서 문풍세는 늘 눈알이 쓰렸다. 문풍세는 연잎에 고이는 이슬을 작은 항아리에 담아 가지고 다니면서 쓰린 눈알을 씻어냈다.

정약전은 두 돛대 사이에 널빤지로 엮어놓은 바람막이 뒤에서 어물장수들 옆에 쭈그리고 앉았고 장교와 아전은 고물 쪽에서 도롱이를 뒤집어쓰고 물보라를 막았다.

낮에 바다는 순했다. 배는 잔물결을 하나씩 타고 넘었는데, 정약전은 배가 가고 있는 것인지 멈춘 것인지 가늠할 수 없었다. 이물 쪽에서 수평선을 바라보고 있는 사공이 표적 없는 물 위에서 어떻게 배를 이끌고 가는 것인지, 정약전은 묻지 못했다. 정약전은 부끄러움을 느꼈다.

난바다에서는 새들은 날지 않았다. 바다는 다만 하늘과 닿은 물일 뿐이었는데, 흔들리는 물 위에 햇빛이 내려앉아서 바다에서는 새로운 시간의 가루들이 물 위에서 반짝이며 피어올랐다. 천주가 실재한다면 아마도 저와 같은 모습일 것인가를 정약전은 생각했다. 바다를 볼 때마다 떠오르는 상념이었다. 생각은 바다처럼 넓게 퍼졌으나, 생각은 말에 닿지 못했다. 연안에서는 회색이던 바다가, 도초도를 돌아 나오자 가까이는 푸른색이었고 멀리는 흰색이었다. 검은 바다, 붉은 바다를 모두 건너가야 그 너머가 흑산이라고 늙은 노꾼은 뱃전에 기대서 잠꼬대처럼 중얼거렸다. 건널 수 없는 크나큰 물과 육지에서 떨어진 거리만큼이 유배의 형벌일 테지만, 새롭게 다가오는 시간을 빼앗지 못할진대, 형벌은 없을 것도 같았다. 사공이 배 탄 사람들에게 찰떡 한 덩이와 소주 한 모금씩을 점심으로 나누어주었다.

바다 한복판에서 낮닭이 울었다. 닭은 목청을 세 번 꺾어가면서 울음소리를 높이 솟구쳐 올렸다.

바다에 웬 닭이…….

낮닭 우는 봄날에는 흙냄새가 진했다. 두물머리 고향의 강물 부푸는 봄날 풍경이 정약전의 눈앞에 펼쳐졌다.

수탉은 가로멍에 옆 어리에 갇혀 있었고 어리 안에 흙을 담은 자배기가 놓여 있었다. 고물 쪽에 앉아 있던 장교와 아전이 놀라서 수탉을 들여다보았다. 붉고 우뚝한 수탉이었다. 소리를 내지를 때 몸통이 흔들리고 목털이 곤두섰다.

장교가 고물 쪽 노꾼에게 물었다.

─아니, 배에 웬 닭이오?

노꾼이 대답했다.

─망망대해에서 닭소리가 들리면 덜 무섭소. 우리 문풍세 사

공이 신고 다니는 닭이오.

　—닭이 배에서 견디오?

　—병아리 때부터 단련이 돼서 멀미도 하지 않소.

　울기를 마친 닭은 자배기 안으로 들어가 퍼덕거리며 흙 목욕을 했다. 흑산에도 목청 좋은 닭이 많기를 정약전은 바랐다.

　저녁에 바람이 일어섰다. 풍향기는 서쪽으로 나부꼈지만 바람은 물과 하늘 사이로 가득 몰려와서 배 탄 사람에게는 전방위의 바람이었다. 배는 물결 위에서 치솟고 가라앉았다. 뱃전에 부딪친 파도가 배 안으로 넘어 들어왔다. 어물 장수들이 바가지로 물을 퍼냈다. 닭은 바닥에 엎드렸다. 맞설 수 없고 타고 넘을 수도 없는 바람이었다. 문풍세는 노꾼들을 시켜서 돛을 접었다. 바람과 파도에 배를 대줄 작정이었다. 문풍세는 밧줄에 매달린 돌덩이를 양쪽에 내리고 줄을 길게 풀었다. 돌덩이가 물속에서 끌리면서 배를 잡았다.

　—옆구리를 틀어라. 대가리를 들이밀라.

　좌현 노꾼들이 배를 틀어서 파도가 들이치는 쪽으로 뱃머리를 들이댔다. 옆구리로 파도를 맞으면 배는 바로 뒤집힐 것이었다. 배는 파도 앞에 머리를 조아린 채 파도를 타고 넘으면서 뒤로 밀렸다. 뱃머리가 파도의 방향에서 틀어질 때 문풍세는 채찍으로 노꾼들을 갈겼다.

해가 지자 바람은 더욱 불었다. 배에 탄 사람들이 먹은 것을 토했다. 가라앉았던 배가 치솟아오를 때 사람들의 입에서 토사물이 뿜어져 나왔다.

장교는 제 몸을 아전과 역졸의 몸에 한 줄로 묶고 바닥에서 뒹굴며 울었다.

—여보 사공, 여기가 어디오?

문풍세는 대답하지 않았다. 어둠 속에서 달려드는 파도를 문풍세는 하나씩 타넘으며 배를 부렸다.

아이고 아버지, 어머니, 관세음보살을 부르며 장교는 울부짖었다. 장교의 울음에 어물 장수들이 따라 울었다.

—여보 사공, 이 줄을 묶는 게 좋겠소, 푸는 게 좋겠소?

장교는 소리쳤다. 문풍세는 대답하지 않았다. 장교는 흔들리는 뱃바닥을 기면서 어디론지 가려는 시늉을 하다가 나동그라졌다. 어물 장수들이 내지른 토사물과 똥오줌에 정약전은 뒹굴었다. 배가 치솟고 가라앉을 때마다, 의금부 형틀에서 매를 맞을 때, 하얗게 뒤집히던 고통이 다시 살아났다. 다시 배가 가라앉을 때 정약전은 의식을 잃었다.

일출 직전에 바람이 물러갔다. 어둠이 물러서는 수평선에 먼 섬의 봉우리 몇 개가 떠올랐다. 문풍세는 배가 만재도 근처까지 흘러왔음을 알았다. 문풍세는 다시 돛을 세우고 노를 저어서 흑산 쪽으로 방향을 잡았다. 해가 떠오르자 바람은 흑산 쪽으로 불었다. 수탉이 울어서 아침을 알렸다.

거기, 그렇게 있을 수 없는, 물과 하늘 사이에 흑산은 있었다. 사철나무 숲이 섬을 뒤덮어서 흑산은 검은 산이었다. 멀리서부터 검푸른 숲이 뿜어내는 윤기가 햇빛에 번쩍거렸다. 바람에 숲의 냄새가 끼쳐왔다.

배가 진리 포구 쪽으로 다가갔다. 땅 냄새를 맡았는지, 수탉이 또 목털을 세우고 울었다. 물가에서 미역을 말리던 백성들이 겁에 질려서 낯선 배를 바라보았다. 철릭 입은 장교가 아전과 역졸을 거느리고 선착장에 내리자 백성들은 말리던 미역을 싸들고 산으로 달아났다.

손 싸개

전라도 서망 땅은 들이 서쪽으로 펼쳐져 바다에 닿았다. 날마다, 지평선과 수평선이 포개져서 노을 속으로 함께 저물었는데, 바다는 그 너머였다. 바다에 내린 빛이 물을 덮어서, 서망의 아이들은 노을의 빛과 바다의 물을 구분하지 못했다. 반도를 가로지르는 산세가 들판 동쪽 가장자리에서 숨을 죽이면서 비산비야非山非野에 잔산殘山들이 잇달렸다. 일찍부터 백성들이 등짐으로 흙을 퍼 날라서 작은 골짜기를 막고 물을 가두어 못을 만들었고, 들판의 서쪽 끝까지 농수로를 이었다. 가문 해에도 땅의 소출은 일 년을 견딜 만했고 바다가 가까워서 해물이 넉넉했다. 바닷바람이 내륙 깊숙이 들어와서 가을에는 쌀 익는 냄새에 미역 향기가 섞였다. 땅 기운이 맑고 힘차다고 해서 신기가 떨어진 무당이나 계룡산에서 눈 못 뜬 술사術士들이 서망으로 몰려와 움막을 틀고 걸식했다.

토지와 어염이 대처에서 들어온 돈으로 거래되자 큰돈 쥔 자들이 땅을 사들여 만석지기 몇 명이 들판을 나누어 가졌다. 바닥이 워낙 기름져서 돈으로 사는 향직 벼슬자리 값이 치솟았다.

서망 들 동쪽 산 아랫마을 늙은 소작농의 아내가 동네 과부와 소박데기 몇 명을 모아놓고 천주교 경문을 외우고 십자가에 향을 피우다가 발각이 났다. 소작농의 아내 오동희吳東姬는 달아났고 박가 성 가진 과부가 관아에 끌려갔다. 현령이 박씨 과부를 매달고 치면서 오동희의 행방을 추궁했다. 과부는 오동희의 행방을 알지 못했다. 과부가 알지 못하므로 현령은 알아낼 수가 없었다. 곤장 몇 대가 척추 밑 급소를 쳐서 과부는 형틀에서 죽었다. 현령은 오동희의 스무 살 먹은 딸을 끌어다놓고 어미의 행방을 추궁했다. 딸은 하천의 자식답지 않게 피부가 희고 머리카락에 윤기가 났다. 현령은 묶여서 끌려온 오동희의 딸을 찬찬히 들여다보았다. 이마가 환하고 눈이 맑았다. 하얀 볼기에서 계집의 비린내가 끼쳐왔다. 현령은 형틀을 거두고, 매를 대지 않았다. 현령은 오동희의 딸을 서울 대궐 서쪽 동네에 사는 이조좌랑의 계집종으로 보냈다.

현령이 물 좋고 땅 넓은 서망에 향직을 얻을 때 이조좌랑이 대비전 쪽에 선을 대주었었다. 좌랑은 계집종을 부리기가 아까워서 비첩을 삼았다. 목욕을 시켜서 잠자리에 들이려던 저녁에 계집종은 마당 안 우물에 뛰어들어 목숨을 끊었다. 좌랑은 시체를 건져서 시구문 밖에 버리고 우물을 메웠다. 서망 현령은 부임한 지 넉 달 만에 갈렸는데, 서망의 아낙네들은 서울로 보낸 계집종이 우물에 빠져 죽어버리자 노한 이조좌랑이 서망 현령의 벼슬을 거두고 다른 사람을 내려보낸 것이라고 수군거렸다. 소문에는, 달아난 오동희가 딸이 끌려간 이조좌랑의 집을 알아내 걸인으로 남장하고 가끔씩 그 집에 동냥하러 갔다가 하인배들에게 쫓겨났다고 했다. 서망의 아낙네들이 그 말을 지어냈고 스스로 그 말을 믿었다.

달아난 오동희는 기도문을 직접 지어서 과부들에게 퍼뜨렸다. 오동희는 자신이 지은 기도문을 언문으로 종이에 적어서 나누어주었다. 오동희가 사라진 뒤에도 기도문은 금강을 건너서 충청, 경기까지 퍼져나갔다.

주여, 매 맞아 죽은 우리 아비의 육신을 우리 아들이 거두옵니다.

주여, 당신이 십자가에서 죽었을 때 당신의 주검을 거두신 모친의 마음이 어떠했으리까.

하오니 주여, 우리를 매 맞지 않게 하옵소서. 우리를 매 맞아 죽지 않게 하옵소서. 주여, 우리를 굶어 죽지 않게 하소서.

주여, 우리 어미 아비 자식이 한데 모여 살게 하소서.

주여, 겁 많은 우리를 주님의 나라로 부르지 마시고 우리들의 마을에 주님의 나라를 세우소서.

주여, 주를 배반한 자들을 모두 부르시고 거두시어 당신의 품에 안으소서.

주여, 우리 죄를 묻지 마옵시고 다만 사하여주소서.

주여, 우리를 불쌍히 여기소서.

―얼굴을 보자.

소년이 고개를 들었다. 얼굴에서 빛이 퍼져 나왔다. 소년은 임금의 얼굴을 마주보면서 임금의 시선을 피하진 않았다. 늙은 승지가 민망해서 소년을 꾸짖었다.

―여보게, 진사, 전하를 뵐 때는 눈길을 허리 아래로…….

임금이 승지를 말렸다.

―차차 알 것이다. 나무라지 말라.

진사라고 불린 소년은 열여섯 나이로 급제한 황사영이었다. 붉은 뺨에 엷은 웃음기가 떠올라 있었다. 웃음기는 몸속 깊은 곳에서 피어오르는 기쁨과 자랑인 듯싶었다. 공손하면서도 두려움 없는 얼굴이었다. 한 번도 억눌리거나 비틀린 적이 없는, 타고난 모습 그대로였다. 눈이 맑고, 입술이 단정했다. 소년과 시선이 마주치는 순간, 임금은 번개를 맞듯이 놀랐다. 임금은 그 놀라움의 정체를 스스로 알 수 없었다. 아마도 그 놀라움에는 임금이 되어 옥좌에 앉은 운명에 대한 두려움이 숨어 있을 것이었다.

……내 백성 중에 저런 아이가 있었구나. 아, 평생 내 앞에서 머리를 조아리며 권세를 다투던 자들과는 어찌 저리 다른가. 어찌 저리 다를 수가 있단 말인가? 저 아이는 자라도 저럴 것인가?

임금은 깊은 숨을 내쉬었다.

—그래, 과거 답안에는 무슨 글을 썼느냐?

소년이 제 눈길을 임금의 시선에 부딪치면서 말했다.

—마음이 세상의 근본이며, 세상의 동력이어서, 시간이 세상을 바꾸지 못하고 세상이 저절로 바뀌지 못하며, 마음의 힘이 세상을 바꾸는 것이라고 썼습니다.

아하, 임금이 숨을 죽였다.

—어찌 그것을 알았느냐?

—제 스스로 제 마음을 들여다보았습니다.

—스스로? 스스로라니?

—마음을 들여다보고 물으니, 마음이 답하였습니다.

—아하, 너는 몇 살이냐?

—열여섯이옵니다.

—가까이 오라.

황사영은 세 걸음 앞으로 나아가 절하고 꿇어앉았다. 임금이 다가와서 황사영의 손을 잡았다. 소년의 손은 부드럽고 따스했다. 임금은 소년의 손을 당겨서 손목의 푸른 핏줄을 들여다보았다. 왕국의 앞날로 다가오는 시간이 그 핏줄 속을 흐르고 있었다. 마음이라…… 좋은 말이로구나. 임금이 혼잣말로 중얼거렸다. 소년은 임금에게 손을 맡긴 채 고개를 숙였다. 숙인 사모紗帽에서 햇빛이 어른거렸다.

—어여쁘다.

유복자라고 들었다, 내가 너의 임금이 아니라 네 여염의 아비라면 좋았겠구나, 라는 말을 임금은 삼켰다.

—허나, 아직은 이르다. 공부와 물정은 다른 것이다. 네가 스무 살이 되면 너를 부르겠다. 그때 나와서 힘을 보태라.

—망극하옵니다.

—그때까지, 너의 마음을 더욱 반듯하게 키우라. 바르고 또 굳세야 한다.

황사영은 절하고 물러났다.

임금에게 마음의 자명함을 아뢴 것을 황사영은 지복으로 느꼈다. 제 마음을 임금의 마음에 포개서, 마음의 나라를 인간의 마을에 세울 수 있을 터였다. 임금의 등 뒤쪽에서 피어오르는 광배를 황사영은 사람들에게 말로 전할 수가 없었다.

……그때까지 너의 마음을 더욱 반듯하게 키우라.

임금의 말은 황사영의 마음에 깊이 자리 잡았다. 황사영은 임금의 손이 닿아서, 임금의 악력과 체온이 전해진 제 오른손을 붉은 비단으로 싸서 세상에 드러내놓지 않았다. 제 몸에 와 닿던 임금의 체온을 통해 임금의 마음으로 건너갈 수 있을 듯싶었다. 임금의 말대로 마음이 더욱 자라고, 다시 임금의 부름을 받아 환로에 나아갈 때, 그날 손을 싸맨 비단을 풀어서 임금의 손을 맞으리라, 황사영은 혼자서 기약했다.

황사영의 처가 동네 마재는 강들이 만나는 두물머리였다. 강원도 산협을 돌아나온 북한강과 충주, 여주, 이천의 넓은 들을 지나온 남한강이 마재에서 만났다. 강들은 서로 스미듯이 합쳐져서 물이 날뛰지 않았다. 물은 넓고 깊었으나 사람의 마을을 어려워하듯이 조용히 흘렀고 들에 넘치지 않았다. 마재의 농경지는 물가에 바싹 닿아 있었다. 수면과 농경지가 턱이 지지 않아서 아이들도 동이로 밭에 강물을 퍼 나를 수 있었다. 북한강 물은 차갑고 남한강 물은 따스해서 두물머리 마재에는 아침마다 물안개가 피었다. 해가 떠올라 안개가 걷히면 강은 돌연 빛났고 젖은 산봉우리에 윤기가 흘렀다. 하남 쪽 검단산 위에서 내려다보면, 산협을 굽이치며 다가오는 두 줄기 물길이 푸른 띠처럼 보였다. 서울 도성 쪽으로 향하는 큰 물은 산을 돌아나가면서 보이지 않았는데, 보이지 않는 저쪽 물길에 도성은 펼쳐져 있었다.

황사영은 처가 마을 마재에 올 때마다, 산 위에 올라가서 오랫동안 강물을 들여다보았다. 강은 흐르고 또 흘러서 합쳐지고, 합쳐져서 더 큰 물을 이루어 앞으로 나아가 도성의 들을 적시고 먹이면서 바다에 닿았다. 강은 합쳐져서 스스로 새로워지면서 새로운 들과 새로운 시간 속으로 나아갔다. 흐르는 강물 위에서 시간과 공간이 합쳐져서 앞으로 나아갔고, 그 강물이 황사영의 마음속으로 흘렀다. 마음이 강물과 같아서, 마음이 세상으로 흘러 마음으로 세상을 이룰 때 세상은 새롭게 태어날 것이었다. 그것은 푸른 강물처럼 분명했다.

진사로 급제한 뒤에 황사영의 혼담은 빠르게 익어갔다. 황사영은 처가 마을 마재로 가서 장인 정약현을 만났다. 혼인하기 전에 신랑이 신부 집에 오는 것은 풍속이 아니었으나, 정약현은 사람을 보내 어린 사윗감을 마재로 불렀다. 정약현은 풍속이나 범절에 구애되지 않았으며 풍속과 범절을 해치지 않았다. 정약현은 마흔 살이 못 된 연부역강한 나이에 첫 사위를 맞았다. 젊은 시절부터 그의 심신에는 노성老成한 사려와 처신이 배어 있었다. 정씨 문중의 노인들은 젊은 정약현을 오히려 어렵게 여겨서, 장자長子의 핏줄은 따로 있는 것이라고 말했다.

마재 물가의 세거지에서 정약현은 장성한 남동생 약전, 약종, 약용과 그 권솔들을 거느리며 가부장의 위엄을 문중에 드리웠다. 그의 위엄은 조용했고 평화로워서 이슬비처럼 사람과 마을에 스몄다. 정약현의 울타리 안에서는 닭들이 맨 마당을 쪼아 모이를 다투지 않았고 개들도 사람을 공경해서 흙발로 뛰어오르거나 행인을 보고 짖어대지 않았다. 제삿날 여러 집안의 조카들이 모여서 놀아도 촌수가 분명하면서도 두루 스스럼없어서 모두 다 한집 아들딸처럼 보였다고 마을 사람들은 말했다. 노복을 고함쳐 부르거나 꾸짖는 소리가 정약현의 집 울타리를 넘어온 적은 없었다.

정약현의 큰딸 정명련丁命連이 열일곱 살 되던 해 황사영과 혼담이 오갔는데, 그때 황사영은 급제하기 전이었다. 혼담이 진행되던 중 황사영이 급제해서 정약현은 뜻밖에도 진사 사위를 보게 되었다. 정약현은 문중에 통문을 돌려서 입조심을 당부했다. 정약현은 열여섯 나이에 급제한 어린 사윗감이 세상의 하중과 환란을 어찌 감당할지 위태롭고 안쓰러웠다. 그 어린 진사가 임금의 손이 닿은 제 오른손을 붉은 비단으로 싸매고 있다는 소문도 정약현의 마을에 닿았다.

정약현은 두 줄기 강물이 만나서 더 큰 물을 이루어 흘러가는 물가의 고향 마을을 자랑으로 여기고 있었다. 그 물의 만남과 흐름은 삶의 근본과 지속을 보여주는 산천의 경서經書였다. 그의 세 동생들도, 서로 말없는 중에 그 산천의 경서를 품고 유년과 소년을 물가 마을에서 자랐다. 정약현은 젊은 사윗감을 마재 마을로 불러서 강물이 만나서 새로워지는 흐름을 보여주고 싶었다. 정약현은 그 어린 진사가 경서가 아니라 사물에 접하여 스스로 깨닫는 자득의 인간이기를 원했다.

—소년등고少年登高로구면.

사윗감을 물가 마을로 불러들인 자리에서 정약현은 그렇게 말했다.

어린 나이에 높은 지위에 오르는 일과 재주가 좋아서 문장을 잘 짓는 일高才能文이 인간의 큰 불행이라는 『소학』의 글귀가 황사영의 머리에 스쳤다. 주희가 『소학』을 엮으면서 정이천의 말을 옮겨놓은 문장이었다.

황사영이 고개를 들었다. 정약현은 어린 진사의 얼굴을 빨려 들듯이 들여다보았다. 혼인이나 급제, 출사나 영달 같은 세속잡사들과는 아무 관련도 없을 듯한 얼굴이었다. 저 얼굴이 어찌 소년등고를 하였던가. 소년등고로구면…… 이라고 말할 때 정약현의 어조는 그것이 불행이라는 말인지 축복이라는 말인지를 가늠할 수 없도록 무심했다. 황사영이 말했다.

—말씀하시는 뜻을 꾸지람으로 알겠습니다.

정약현이 껄껄 웃었다.

—이천伊川 선생 말씀이 마음이 지위에 가득 차지 못함을 경계한 것이지, 어찌 꾸지람이기야 하겠는가.

—그 말씀이 필시 꾸지람일 것입니다.

정약현은 아직 혼례를 치르지 않은 사윗감을 후학後學이며 객客으로 대했다. 부인과 딸 정명련은 사랑에 얼굴을 보이지 않았고, 늙은 행랑어멈이 탁주에 날오이와 육포를 차려왔다. 정약현의 사랑에서는 가까운 강물 소리가 들렸고, 강바람이 신록의 향기를 실어왔다. 황사영은 두 손을 포개서 내밀며 정약현의 술을 받았다. 정약현은 비단으로 싸맨 황사영의 오른손을 바라보며 미소 지었다.

—어수御手를 모신 손이구먼. 내 들었네.

정약현의 어조는 건조했다. 황사영은 얼굴을 붉히며 왼손으로 오른손을 가렸다. 정약현이 물었다.

—그것은 드러냄인가?

황사영은 말을 더듬었다.

—감추어…… 간직하려는 것입니다.

—싸개가 내용을 감출 수 있겠는가? 오히려 드러나고 있네. 내 눈엔 말일세.

황사영은 대답하지 못했다. 정약현은 잔을 들어서 천천히 마셨다. 다시 무슨 말을 들을는지, 황사영은 숨을 죽였다. 정약현은 혼잣말로 중얼거렸다.

—소년등고로구먼.

마재에서 돌아온 저녁에 황사영은 오른손의 비단을 풀어버렸다. 황사영은 인편에 글월을 올려 싸개를 풀어버린 전말을 정약현에게 고했다. 정약현은 말을 알아듣는 어린 사위의 총명에 웃음 지었다. 정약현은 딸에게도 『대학』과 『중용』과 의서醫書를 가르쳤고, 아들에게도 밭일과 장 담그는 일을 가르쳤다. 신부 명련은 겨울에는 개밥을 데워서 먹였다. 개에게 먹이를 던져주지 않았고, 밥을 줄 때는 나무그릇이나 깨진 사기그릇에 담지 않고 질그릇에 담아서 주었다. 아무도 보지 않는 뒤란 장독대의 오지항아리 뚜껑을 피마자기름으로 닦아서 윤을 냈고, 여자의 빨래는 그 안쪽에 널었다. 명련은 어린 남편의 밝음을 사랑했고 소매가 넓은 남편의 옷을 귀하게 여겼다. 사랑은 본래 그러한 것인 양 빨래해서 풀 먹일 때와 마당 쓸고 설거지할 때 저절로 솟아났다. 밤중에 어린 부부는 조바심과 놀라움으로 서로의 몸을 더듬었다.

처가 마을에서 신접을 마치고 서울로 살림을 옮긴 후에도 황사영은 마재의 처가에 자주 내왕했다. 장인 정약현은 집안의 대소사에 어린 사위를 불렀고, 부름이 없을 때도 처가 어른들의 생신날을 알아서 황사영이 먼저 인사를 차렸다. 처가에 갈 때는 송파나루를 지나는 강변길을 따라서 걸어가거나 말을 탔고 돌아올 때는 여주 쪽에서 내려오는 장삿배를 타고 두미협을 지나고 광나루를 지나서 마포나루에서 내렸다. 강물 위에서, 황사영은 숨을 깊이 들이쉬어 강의 기운을 몸 안으로 끌어넣었다. 강은 황사영의 몸속 깊이 흘러들어왔다. 그것은 잇닿아 흐르면서 낡은 시간과 헤어지고, 헤어지면서 또 다가오는 시간을 맞아들이는 새로움이었다.

유복자로 태어난 황사영은 젊은 장인 정약현에게서 때때로 부성父性을 느꼈다. 정약현은 책을 읽는 모습을 남에게 보이지 않았고, 붓을 들어서 글을 쓰는 일을 되도록 삼갔다. 정약현은 말을 많이 해서 남을 가르치지 않았고, 스스로 알게 되는 자득의 길을 인도했고, 인도에 따라오지 못하는 후학들은 거두지 않았다. 황사영이

─마을 앞강이 큰 공부이옵니다.

라고 말했을 때 정약현은 웃으면서 사위의 손을 잡았다. 임금이 잡았던, 어린 진사의 오른손이었다. 그때의 웃음이, 아마도, 정약현의 생애에서 가장 큰 웃음이었다.

─자네가 이 마을 강을 알아볼 줄 내 알았네. 마음이 깨어 있지 않으면 경서가 다 쓰레기일세.

황사영은 처가에서 젊은 처숙부 정약전, 정약종, 정약용 들과 함께 어울리는 시간을 기뻐했다. 어린 황사영이 보기에도 처숙부들의 재주와 그릇은 장인보다 뛰어나 보였지만, 처숙부들은 맏형인 정약현의 위엄을 기꺼이 세워나갔다. 처숙부들은 어린 조카사위의 소년등고를 입에 담지 않았고, 경사스런 내색

을 이웃에 드러내지 않았는데, 그 또한 정약현의 위엄에서 나온 것이었다.

황사영이 마을 앞 강물에 대해 이야기할 때, 처숙부 중에 맏이인 정약전은 이 어린 조카사위가 사물로부터 직접 배우고 그 감춰진 뜻을 바로 깨달으니 더 이상 가르칠 필요가 없는 소년이라고 생각했다.

둘째 처숙부 정약종은 황사영의 마음이 쓰임새에 닿지 못함을 안타깝게 여겼다. 아, 저 맑음을 어찌하랴. 저것이 세상의 환란에서 부지될 수 있을런가. 거기에 쓰임새를 마련해준다는 것은 살아 있는 동안의 세상에서 이룰 수 있는 일이 아닐 듯도 싶었다.

셋째 처숙부 정약용은 경전이나 인륜으로 채울 수 없는 아득하고 넓은 땅이 그 소년의 마음에 날것으로 펼쳐져 있음을 알았지만, 정약용의 눈길은 늘 세상의 굴곡에 닿아 있어서 날것이 날개 치는 그 멀고 드넓은 땅이 깊이 들여다보이지는 않았다.

마재 물가 마을에서, 처숙부들은 황사영에게 낮은 목소리로 천주교 교리를 설명해주었다. 황사영에게는 갈 수 없는 먼 나라의 새벽 강물 소리 같기도 했고, 또 다급한 육신의 목마름 같기도 했다.

둘째 처숙부 정약종의 가르침이 가장 뜨겁고 분명했다. 이 세계에는 시공을 초월해서 스스로 근원이 되는 존재가 있으며, 그 존재가 만물을 주재한다는 것은 셋에다 넷을 더하면 일곱이 되는 것과 같아서 증명할 필요가 없고 언설로 다투어야 할 일도 없이 인간의 이성으로 스스로 알 수 있다, 그러므로 선과 사랑은 세계를 주재하는 자의 원리이며 악과 증오는 그 원리에서 벗어난 자의 타락일 뿐이다, 이 확실한 존재에 대한 느낌이 떠오르는 것이 모든 앎과 학문의 시초이다, 라고 정약종은 가르쳤다. 황사영은 처숙부가 말하는 신이란 강물과 같아서 현재를 모두 거느리고 흘러서 미래의 시간으로 생성되는 지속성으로 여겼다. 그때 황사영은 글이나 말을 통하지 않고 사물을 자신의 마음으로 직접 이해했고, 몸으로 받았다.

임금과 조정이 스스로를 세계의 원리로 내세우며 스스로 자기 근원이며 질서의 원천으로 군림하면서 현실을 넘어서는 주재자의 신성을 부정할 때, 인간 세상은 한갓 남루한 왕조일 뿐이며, 창검으로 무장하고 가두고 때리면서 빼앗고 빼앗기는 해골의 골짜기다, 그리고 이 무지몽매가 지상에 창궐하는 모든 악의 원천이라는 것, 이 또한 삼 더하기 사처럼 자명하다, 아 사람들아, 눈을 뜨고 자명한 것의 자명함을 보라…….

말하는 정약종은 목소리를 낮추었고 듣는 황사영은 두려움에 떨었다.

박차돌

우포도대장 이판수는 비장 박차돌을 곤장 열 대를 치고 형틀에서 풀었다. 매질을 멈추라는 명에 형리들은 어리둥절했다. 이판수는 관원들을 물리치고 박차돌을 내실로 불러들였다. 매 맞은 자리에서 피가 흘러서 박차돌은 엉덩이를 바닥에 붙이지 못했다. 박차돌은 두 팔로 바닥을 짚고 엎드렸다. 이판수가 박차돌에게 짚방석을 던져주었다.

이판수가 말했다.

—너는 비록 공명첩으로 발신했으나 포청의 비장이다. 네가 관원의 신분으로 천주학에 물들었으니 너의 죄는 죽어 마땅하고 네 족속에까지 두루 미친다. 아느냐?

박차돌은 포도대장이 매를 거둔 것이 믿기지 않았다. 매를 맞다가, 매가 멈추니까 다시는 매를 맞을 수 없을 것 같았다. 매로 치는 것보다, 치던 매를 멈추는 것이 더 무서웠다. 매를 멈추면, 매를 맞을 때의 아픔이 절벽으로 다가와서 다시는 매를 감당해 낼 기력이 없었다.

—아프냐?

—아이고 나으리…….

—매는 좀 아파야 좋다.

—아이고…….

—너는 관복을 입은 후에도 서캐처럼 천한 근본을 버리지 못 하고 삿된 무리들과 엉겼다. 관부官府가 그리도 시쁘더냐?

—몇 번 얼씬거렸을 뿐, 깊이 물들지는 않았습니다.

이판수가 오미자차로 목을 축이고 박차돌을 찬찬히 바라보 았다. 이름이 차돌이라더니, 이마며 정수리가 단단해 보였다. 천 한 것들만이 해낼 수 있는 음산한 일을 야무지게 해낼 수 있을 것이라고 이판수는 짐작하고 있었다.

—그러냐? 그랬기를 바란다. 너는 천하지만 아깝다. 죽이지 않 겠다. 허나, 맨입에는 안 된다. 오늘은 물러가라. 가서 몸을 추슬 러라. 며칠 뒤에 다시 불러서, 매를 거둔 까닭을 말해주겠다.

충청도 해미에서 다섯 번 형문刑問 받고 옥에 갇혀 있던 천주 학쟁이 접장이 신자 일곱 명을 불고 풀려난 적이 있었는데, 박차돌은 그때 지목되었다. 박차돌은 해미가 고향이었지만 어려서 고향을 떠났다. 이십 년 전에 떠난 고향에 여전히 악연의 눈과 귀가 남아 있어서 박차돌은 포도청 관원 신분에 천주학쟁이로 고발되었다.

박차돌의 아비는 충청도 해미의 소작농이었다. 땅이 짜고 물길이 멀어서 소작료를 제하면 먹을 것이 없었다. 가물어서 들불이 논을 태워버린 가을에 박차돌의 아비는 솔가해서 강원도 인제 아침가리 산속으로 들어가 화전을 일구었다. 마을은 오목하고 잘록했다. 산비탈로 둘러싸여서 마을 이름이 소쿠리마을이었다. 해가 일찍 저물었고 밤은 새카매서 눈이 멀 지경이었다. 박차돌은 열 살 때부터 등짐을 지어서 비탈밭의 돌을 솎아냈다. 박차돌은 소쿠리마을을 혐오했다. 돌밭이 삶의 뿌리를 받아들여줄 리 없다는 것을 열 살 때 알았다. 스물이 넘자, 박차돌은 신혼의 처를 데리고 대처로 나와 영월 관아의 아전이 되었다. 늙은 아비는 소쿠리마을에서 허리가 꼬부라졌고 뱀에 물려서 죽었는데, 박차돌은 아비의 죽음을 알지 못했다. 영월 관아에서 박차돌은 수령 일곱 명을 맞고 보냈다. 박차돌은 아전 노릇 십 년 만에 이방에 올라 좌수座首의 자리를 바라보았다. 새로 부임한 수령들은 박차돌을 불러서 관내 백성들 중 땅이 많고 뜯어먹을 것이 많은 자들의 일가붙이며 연줄과 재산 정도를 보고받았다.

박차돌은 환곡 창고의 쌀가마 수량을 줄여서 허위로 문서를 작성해놓고 줄어든 만큼을 거간꾼에게 빼돌렸다. 갑창甲倉의 곡식을 을창乙倉으로 옮기고 을창의 곡식을 병창丙倉으로 옮겨서 문서를 복잡하게 꾸며 알아보기 어렵게 만들어놓고, 그 틈새를 파먹었다. 관찰사의 종사관들이 내려와서 향청의 창고를 감사할 때는 감영의 아전들이 미리 박차돌에게 알려주었다. 박차돌은 인근 고을에 소달구지를 보내서 쌀가마니를 빌려와 창고의 물량을 맞추어놓았고, 감사가 끝나면 돌려보냈다. 인근 고을에 감사가 내려오면 박차돌이 쌀가마를 빌려주었다. 박차돌의 붓끝에서 창고에 쌓인 곡식이 없는 곡식이 되어 사라졌고, 없는 곡식이 있는 곡식이 되어 창고에 쌓였다. 헛것이 쌓이고 실물은 빠져나갔는데 창고는 비었어도 물량과 문서는 늘 아귀가 맞았다.

이방이 되어서 가을 환곡을 세 번 치르자 박차돌은 백오십 냥을 모았다.

그해에, 조정이 전국 지방에 내려 보냈던 공명첩 중에서 팔할이 팔리지 않았다. 유사당상관이 공명첩을 거두어 갔다가 다시 내려보냈는데, 값은 절반으로 떨어졌다. 박차돌은 현감에게 서른 냥을 바쳐서 공명첩을 구해줄 것을 부탁했다. 현감이 감사에게 선을 대서 공명첩을 구해주었다. 박차돌은 다시 서른 냥을 주고 공명첩을 샀다. 서른 냥짜리 공명첩으로 박차돌은 아전의 신분을 면했고, 향천에서 먹은 밥값으로 다시 서른 냥을 현감에게 바치고서 풀려났다. 박차돌은 오십 냥으로 다시 공명첩을 사서 우포도청의 무관직 관원이 되었다. 공명첩으로는 미관이나마 실직을 얻기는 어려웠지만, 영월 현감이 감사를 통해서 병조의 먼발치에 선을 대주었다.

박차돌은 이방 경력이 있었고 문자를 조금 쓸 줄 알아서 포도청 보임에서 긴히 쓰였다. 박차돌은 초임 때부터 나졸이나 집장을 면했고 군관으로서 병장기를 갖추었고 형문의 자리에서 위의를 보였고 때로는 서원書員 구실을 맡아서 죄인의 공초供招를 기록했다.

형문은 늘 포도청 마당에서 시행되었다. 포도대장은 죄인의 인적 사항과 죄목만을 확인하고 나서 퇴청했고, 심문과 형장은 육품 종사관들이 맡았다.

박차돌은 종사관 옆에 서안을 차려놓고 심문 내용을 받아 적었다. 문장이 엮이지 않으면 언문을 섞어서 썼다. 심문을 받아 적어놓으면, 죄인이 모르는 죄를 종사관들은 모두 알고 있는 것처럼 문맥이 나타났다. 알아야 할 자가 모르는 것을, 몰라야 할 자가 알고 있는 꼴이었는데, 그 앎과 모름 사이마다 매가 날아들었고, 피가 튀고 살점이 흩어졌다. 종사관들은 묶인 자의 신분이 천하면 천함을 죄의 바탕으로 삼았고, 묶인 자가 양반이면 글을 깨쳐서 인의예지를 알고 있는 것을 가중처벌의 근거로 삼았다. 그래서 심문을 받아 적고 나면 죄의 내용은 달라도 죄를 몰아가는 형식은 비슷했다. 천한 것들의 바탕은 서캐나 구더기 같았고 서로 눈짓하고 화답하는 음흉함은 올빼미와 같았고, 서로 뒤엉킨 똬리는 뱀과 같았고 서로 숨기고 감추는 꼴은 두더지와 같았다. 외우고 읽어서 입신의 길에 들어선 자의 죄에는 국은國恩과 선유先儒를 저버린 더 큰 죄가 따라붙었다.

……자백이 늦은 죄를 스스로 아옵니다. 더 이상은 아뢸 말씀이 없습니다. 살펴서 처결하여 주시옵소서.

라는 죄인의 진술로 끝났는데, 법이 정하는 형벌은 그때부터 시작되었다.

이 세상은 애초부터 때리는 자와 맞는 자, 추궁하는 자와 추궁당하는 자, 벌주는 자와 벌 받는 자로 운명 지워졌겠거니 하고 공초를 기록하면서 박차돌은 생각했다. 지방 향청에서 아전 노릇을 할 때도, 관아에 끌려와 매 맞는 백성을 볼 때마다 박차돌은 세상이 무서워서 벌벌 떨면서 매 맞지 말아야겠다고 다짐하고 있었다. 박차돌은 관아의 창고를 파먹은 돈으로 공명첩을 사서 대처로 나올 수는 있었지만 때리고 가두는 자들의 세상을 피할 수는 없었고, 때리고 가두는 자들 옆에서 때리고 가두는 일을 기록하고 있었다.

사학죄인으로 끌려온, 삼각산 아래 사기막골의 젊은 숯쟁이는 아비가 연루되어 있었다. 아비는 사기막골에서 삼 대째 숯가마를 이어오고 있었다. 아비는 천주교인들의 연락책을 맡고 있어서 아비가 잡히면 덩굴이 클 것이었다.

두 번째로 형문에 끌려나온 숯쟁이는 지난번에 맞은 자리에 열 대를 더 맞고 나서 말했다.

—아비가 간 곳을 알지 못하옵고, 안다 한들 죄인도 부자유친이 있을진대 어찌 아비를 불 수가 있으리까?

박차돌이 죄인의 말을 받아 적었다. 종사관이 죄인에게 말했다.

—좋은 말이다. 허나 부자유친은 부자가 죄를 씻은 다음에 할 수 있는 말이다. 나라는 형벌을 없애기 위해서 형벌을 쓰는 것이다. 이 말이 어려우냐?

숯쟁이는 숯가마에 일이 없을 때는 따스한 가마 속에 메주를 띄웠다. 메주에 흙냄새와 불 냄새가 스며서 장맛이 깊었다. 숯가마 아궁이에서 사위면서 헐떡거리던 잉걸불과 마른 장작의 향기, 발정해서 싸질러 다니다가 며칠 만에 돌아와서 우물가에서 물을 먹던 수캐의 비린내, 청포묵을 쑤는 냄새, 햇볕 쪼이는 여름날의 마을 흙담 냄새가 형틀에 묶인 젊은 숯쟁이의 기억에 어른거렸다. 살점이 흩어진 자리에서, 흘러내린 피의 냄새 속에서 기억 속의 마을의 냄새가 살아났다. 냄새가 어째서 물건처럼 기억되는 것인지, 지나간 냄새가 피 냄새를 밀어내며 콧구멍 속을 흘러들어왔다.

젊은 숯쟁이는 아비의 행방을 추궁받지 않는 조건으로 배교했다. 종사관은 이미 다른 통로로 숯쟁이 아비의 은신처를 파악하고 있었다. 숯쟁이는 배교의 동기가 냄새 때문이 아닌가 하고 자문했다. 대답은 떠오르지 않았는데 아니라고 할 수도 없었다. 옹기장이 마을에서 천주교 교리에 처음 물들 때 느꼈던, 먼 천국의 냄새도 거기에 섞여 있을 것 같았다. 대답은 역시 떠오르지 않았다.

젊은 숯쟁이는 배교의 담보로 옹기장이 마을 뒷산 토굴에 모여 있는 신자들을 불었다. 포졸들이 들이닥쳤는데, 신자들은 모두 달아나서 없었고 토굴 안에는 아무런 물증도 남아 있지 않았다. 인기척이 사라진 지 오래되었는지 토굴 안에는 박쥐가 날았다. 포졸들이 박쥐를 증거로 잡아와서 종사관에게 바쳤다.

—박쥐가 사는 걸로 봐서, 애초부터 사람이 없었던 것 같습니다. 숯쟁이가 지어낸 거짓말이거나, 이미 무리들이 떠난 것을 알고서 밀고한 것입니다.

숯쟁이의 배교는 진정성을 인정받지 못했다. 숯쟁이는 배교를 맹약하고도 풀려나지 못했다.

박차돌은 숯쟁이의 공초를 기록하면서, 사람들끼리 가두고 때리지 않는 세상을 숯쟁이가 알고 있으리라는 생각이 들었다. 형틀에 묶인 숯쟁이에게 말을 걸 수는 없었고 옥으로 찾아가서 물어보기에는 이목이 두려웠다. 박차돌은 세상이 무서울수록 그 세상에서 벗어나려는 저 자신의 마음이 무서웠다. 냄새는 심문에 들어 있지 않았으므로 박차돌은 숯쟁이의 기억 속의 냄새를 알지 못했다. 숯쟁이는 배교했지만 배교의 대가로 살아서 옥문을 나갈 수는 없으리라는 것을, 공초를 기록하면서 박차돌은 예감했다.

숯쟁이는 형이 정해지기 전에 옥에서 죽었다. 죽기 전에 숯쟁이는 옥졸들에게 말했다.

—야소를 개돼지라고 부르겠소. 야소를 악마라고 부르겠소. 나는 야소가 아니라 숯가마를 믿소. 나는 살아서 옥을 나가고 싶소.

옥졸들이 숯쟁이의 말을 박차돌에게 전했고, 박차돌이 종사관에게 전했다. 숯쟁이가 발고한 토굴에서 박쥐가 나왔으므로, 숯쟁이의 배교는 인정받지 못했다. 나졸들이 숯쟁이의 시체를 지게에 져서 서소문 밖 모래밭에 내다버렸다. 박차돌은 숯쟁이가 장폐杖斃된 것으로 문서를 작성했다. 박차돌은 숯쟁이의 혼백이 어디로 간 것인지 알 수 없었지만, 숯쟁이가 믿던 천주가 정말로 있다면 좋은 곳으로 갔겠지 싶었다.

숯쟁이가 죽은 뒤에 박차돌은 보직이 바뀌어 비장이 되었다. 박차돌은 형문장을 면하고 포청 고위직을 수행하거나 심부름을 했다.

섬

돛배가 접안했다. 바람이 다시 불었다. 먼바다에서 일어서는
물결이 포구 안쪽을 흔들었다. 밀려나던 배는 비스듬히 돌아서
면서 옆구리를 바위에 붙였다. 사공 문풍세가 바위 뿔에 밧줄을
던져서 배를 묶었다.

흑산 수군진 별장 오칠구吳七九가 선착장에 나와서 배에서
내리는 자들을 검문했다. 오칠구는 사령 두 명을 거느리고 있었
다. 넓은 철릭 소매가 바람에 펄럭였다. 배가 날뿌리를 돌아서
다가올 때, 오칠구는 문풍세의 배를 알아보았다. 멀리서 문풍세
의 닭이 울었다. 문풍세는 일 년에 두어 번씩 흑산을 다녀갔고,
문풍세가 오는 날이 별장의 대목이었다. 문풍세가 먼저 배에서
내려 오칠구에게 허리를 꺾어서 절했다.

─자네 올 때가 되었는데 하고 있었네, 물길이 어려웠겠구먼. 여기도 바람이 심했어.

─다 내맡기고 삽니다. 뻗대면 바로 죽지요. 바다나 뭍이나 마찬가지지요.

문풍세는 접안료로 엽전 열 냥을 오칠구에게 주었다. 배가 커서 접안료도 많았다. 오칠구의 사령이 승객들의 짐 보따리를 뒤졌고, 고향과 이름, 섬에 온 목적과 함께 섬에 머무는 기간을 캐물었다. 심문이 끝난 승객들이 입도료로 엽전 몇 닢씩을 사령에게 주었다. 정약전을 압송해온 무안 장교는 고물 쪽에 앉아서 내릴 차례를 기다리고 있었다. 오칠구가 문풍세에게 물었다.

─저자들은 누구요?

─무안 관원인데, 유배 죄인을 끌고 왔습니다. 정약전이라고, 천주학쟁이랍니다. 오품짜리라던가…….

오칠구가 버럭 고함을 질렀다.

─아, 니미럴 또야? 저것들을 왜 싣고 오나? 바다에 처박아버리지. 뭐 먹을 게 있다고 이리루 자꾸 보내는 건가. 니미.

─글을 많이 읽은 선비라고 들었습니다.

─그럴 테지. 역적 치고 공맹퇴율孔孟退栗 못 외우는 놈이 있던가.

무안 장교가 배에서 내렸다. 보따리를 짊어진 정약전이 비틀거리며 따라왔다. 장교는 오칠구에게 정약전의 죄명과 내력을

적은 문서를 넘겼다. 오칠구가 정약전의 얼굴을 살피며 용모파
기와 대조했다. 오칠구가 말했다.

—흑산은 초행이겠구려.

하나 마나 한 말에 가시가 박혀 있었다. 오칠구가 사령을 시
켜서 정약전의 짐 보따리를 풀었다. 두루마기, 덧저고리, 솜바지
한 벌에, 버선 한 죽, 짚신 다섯 켤레, 벼루 한 개, 붓 다섯 자루, 미
숫가루 두 되, 볶은 콩 석 되였다. 오칠구가 또 말했다.

—옥골선풍玉骨仙風에 고생이 아주…… 아주 많으시겠구려.
내 잘 모시리다.

별장 오칠구는 정약전을 사리마을 조씨 어부에게 떠넘기고
색리를 붙여서 감시했다. 어부는 관절염이 심해서 궂은 날에는
바다에 나가지 못했다. 혼자서 심심풀이로 문자를 깨쳐서 마을
의 풍헌風憲 일을 보았다. 조 풍헌은 유배 죄인 정약전을 우물 옆
별채에 들였다. 조 풍헌은 정약전의 한 입 양식을 대느라고 마을
에서 곡식과 어물을 거두었고, 별장이 허락했다. 별채는 띠 지붕
두 칸 방에 툇마루 한 쪽과 아궁이와 굴뚝뿐이었다. 흙벽에 싸리
발을 둘렀고 바닥에 멍석자리를 깔았다. 돌담장이 수평선에 닿
아서 검은 바다와 붉은 바다가 마당으로 쏟아져 들어왔다. 마을
백성들은 그 언저리가 땅이 끝나고 하늘이 시작되는 자리라고
말했다. 바다를 달리는 물의 소리가 공간에 가득 찼고, 높이 나
는 새들의 울음소리가 들렸다. 맑고 고요한 날 물 위에 뜬 달무

리가 흔들릴 때 별이 스칠 듯이 가까웠다. 흑산에 들어온 첫날, 정약전은 넋 빠진 입을 벌리고 오랫동안 바다를 바라보고 있었다. 서울에서 흑산이 없었듯이 흑산에서는 서울이 없었다. 돌아간다는 것은 있을 수 없는 일이었지만, 돌아가려는 마음의 찌꺼기가 남아 있어서 바다 너머 쪽으로 눈길을 끌어갔는데, 그 너머에서는 아무것도 보이지 않았다.

사공 문풍세는 흑산에서 승객들을 내려놓고 배를 돌려 가까운 대둔도와 영산도로 향했다. 곡식을 풀어서 홍어와 간재미를 거두고 사나흘 후에 다시 흑산을 거쳐서 무안으로 돌아갈 예정이었다. 무안 장교는 그 사나흘 동안 흑산에 머물면서 흑산진 수군 별장의 진관에서 기식했다. 무안 장교는 낮에는 마을을 돌면서 월해채越海債를 뜯어냈다. 월해채는 원악도로 출장 온 육지의 관리들이 바다를 건너온 수고의 보상으로 섬 백성들에게 뜯어내는 위로금이자 여비였다. 유배 죄인을 호송하는 관원들의 노용은 모두 유배 죄인이나 도중의 역참의 부담이었고 별도의 출장비는 없었다. 섬의 수군 별장과 만호들은 육지에서 온 관리들의 월해채 징수를 묵인했다.

문풍세의 배가 다가올 때, 산으로 달아났던 백성들은 날이 저물어도 마을로 내려오지 않았다. 무안 장교는 역졸을 데리고 산으로 들어갔다. 장교는 섬의 산길을 알 수가 없었다. 칡넝쿨 속이나 바위틈에 숨은 백성들을 찾을 수는 없었다. 장교는 수군진 별장에게 부탁해서 사령 한 명을 붙였다. 흑산진 사령이 앞장서서 산길을 인도했다. 한나절이 지나도 소득이 없자 무안 장교는 마을로 내려와 물가에 널어놓은 미역을 걷었다. 누구네 집 미역인지 구분할 수 없었다. 흑산진 사령이 별장의 명령이라며 여러 부락의 풍헌을 한자리에 모아 월해채를 분담시켰다. 물가에서 거둔 미역은 미역대로 가져가고, 마을에 분담된 몫을 풍헌들이 우선 대납하고 나중에 백성들에게 받으라는 것이었다. 바다를 건너온 육지 관원의 노고를 작으나마 위로하는 것이 섬의 오래된 미풍양속이라는 별장의 말을 사령이 전했다.

무안 장교는 말린 미역 다섯 뭇을 훑었고, 풍헌들이 돈 서른 냥을 모아왔다. 장교는 말린 미역을 풍헌들에게 다시 팔아서 스무 냥을 더 받았다.

문풍세의 배는 약속대로 사흘 후에 흑산진 포구에 돌아왔다. 문풍세는 선착장에 나와 있던 오칠구의 사령에게 접안료로 다섯 냥을 다시 뜯겼다. 무안 장교는 돌아가는 배편으로 귀임했다. 배가 떠날 때 흑산진 사령이 선착장에 나와 전송했다. 무안 장교는 별장 오칠구에게 전하라면서 돈 다섯 냥을 사령에게 주었고 사령 몫으로 한 냥을 따로 주었다. 무안 장교가 말했다.

—극변極邊 해도海島에 인심이 남아 있으니, 별장의 덕을 알겠소. 내, 본진에 가면 전하리다.

배에서 문풍세의 닭이 목털을 세우고 울었다. 배가 떠나자 산으로 달아났던 백성들이 마을로 돌아왔다. 미역밭은 비어 있었다. 어두워지는 물가에서 부녀와 모자가 끌어안고 울다가 보릿대밭에 말라붙은 미역 쪼가리를 뜯어서 돌아갔다. 밤이 되고 아침이 되어, 굴뚝에서 연기가 올랐다.

흑산의 노인들은 섬이 하늘에서 바다로 떨어진 땅 조각으로 알았는데, 세금과 공물은 육지에서 걷어갔고 백성들은 수군진에 신역을 바쳤다. 물 위를 몰려가는 바람이 봄에는 남쪽에서 불어왔고 하지가 지나면서 동쪽으로 방향을 틀었다. 초겨울부터 바람은 거꾸로 돌아서서 이듬해 봄까지 북에서 남으로 몰려왔다. 겨울에는 날선 북풍이 바다를 덮었다. 바람을 피하느라고 마을은 남향하지 못했다. 마을은 산과 언덕에 기대고 동쪽 물가를 따라서 들어섰고 백성들은 돌담을 높이 쌓아서 집을 감추었다. 담 구멍 틈새마다 수평선이 지나갔다. 포구 쪽에서 바라보면 돌담 위로 초가지붕들이 잇달아서 마을은 물고기 비늘 같았다.

백성들은 바람과 바람 사이에 바다로 나아갔다. 늙은이들은 아침마다 마루에 앉아서 새벽빛이 퍼지는 바다를 바라보며 하늘의 날씨를 살폈다. 해가 물 밑에서 솟아오를 때, 불타듯이 빨간빛이 부챗살 모양으로 중천까지 뻗치고 구름 가장자리가 보랏빛에서 자줏빛으로 변해가면, 그날은 비가 왔다. 마을마다 말이 조금씩 달랐고, 구름이 낄 뿐 비가 오지 않을 때도 있었지만 아주 틀리지는 않았다. 물에서 죽을 고비를 많이 넘긴 노인일수록 날씨 보는 솜씨가 영험했는데, 비 오고 개는 것은 잘 맞힐 수 있었지만 갑자기 닥치는 바람은 종잡기 어려웠다.

아침에 순하던 바람이 한낮에 갑자기 뒤집혀서 멀리 나갔던 배들이 허다히 돌아오지 못했다. 갑자기 먼바다에서 바람이 일어서면 수평선 쪽의 물빛이 들끓었다. 그런 날, 날이 저물어도 배들은 돌아오지 않았다. 마을 사람들이 물가에 나와 모닥불을 피우고 징을 때리면서 밤을 새웠다. 봄에는 남풍에 데워진 바닷물이 습기를 내뿜어 짙은 안개가 끼었다. 안개가 바람에 밀려올 때는 바다도 하늘도 보이지 않았고, 구름에 갇혀 눈먼 세상에 물소리만 들렸다. 서둘러 돌아오던 배들이 길을 찾지 못해서 포구를 지척에 두고도 접안하지 못했다. 사람들이 산꼭대기로 올라가 징을 때려서 배를 유도했으나, 소리만으로 물길을 잡기는 어려웠다. 배들은 하루 내내 물 위에 떠 있다가 안개가 걷힌 뒤에야 돌아오거나 안개 속으로 영영 사라져버리기도 했다. 물에 쓸려 나간 배들이 먼바다에서 깨져서 물에 불은 시체나 나무토막이 며칠 후에 물가에 밀려오는 일도 있었다. 날이 밝아도 배가 돌아오지 않고, 다시 날이 저물어도 배가 돌아오지 않는 저녁에 물가에서 기다리던 사람들은 제가끔 흩어져서 집으로 돌아갔다. 굴뚝에서 저녁연기가 오르지 않았고 마을은 어둠 속에서 고요했다. 그러다가, 어느 한 집에서 눌렸던 울음소리가 터져 나오면, 울음은 이 집 저 집으로 번져갔다. 여인네들의 울음소리는 어둠을 찢었고 늙은이의 울음은 메말라서 버석거렸다. 마을은 밤새 울었고, 놀란 개들이 짖어댔다.

슬픔은 비빌 곳이 없어서 지층처럼 사람들의 마음 밑바닥에 쌓였고, 사람들은 다시 바다로 나아갔다.

살아남은 사람들은 돌아오지 않는 사내들이 먹던 밥그릇과 숟가락을 간직해서 시렁 위에 얹어놓았다. 무당이 돌아오지 않는 사내들의 넋을 건질 때 물가에 그 밥그릇을 들고 나가 숟가락으로 두드리며 넋을 불렀다. 떠난 지 오래지 않은 넋은 더러 돌아왔다. 돌아온 넋은 대나무 끝에 붙어서 끽끽 울었고 떠난 지 오랜 넋은 밥그릇을 때려도 돌아오지 않았다.

섬사람들은 물가에 밀려와 바위를 끌어안고 모래 바닥을 핥는 물결을 바다에서 죽은 사내들의 넋이라고 여겼다. 넋이 아니고서야, 그렇게 먼바다를 건너와서 살던 마을의 가장자리에 매달리고 그 물가를 핥아먹을 수가 없을 것이었다. 고기를 많이 잡아서 돌아오는 저녁에 사내들은 뱃전을 두들기며 노래했다.

넋이야 넋이야 넋이로구나
밥이야 밥이야 밥이로구나
고기야 고기야 고기로구나
저 물결은 뉘 넋이며 저 고기는 뉘 밥이냐

넋이야 넋이야 넋이로구나
밥이야 밥이야 밥이로구나

유배 죄인 정약전을 떠맡은 조 풍헌은 바다에 나가서 돌아
오지 않는 사내들의 이름과 출어 날짜를 책력에 적어놓기를 삼
십 년을 계속했다. 대체로 사내들은 북풍 오는 겨울 사리 때 많
이 죽었다.

보름달이 뜨는 밤에 조 풍헌은 물가에 나가 물결에 말을 걸
면서 밥 덩이를 던졌다.

—이 사람 장쇠 왔는가. 동수도 왔구먼. 동수 조카는 안 왔는
가? 자네들 추웠지? 그래, 그래 알았어. 물속에서 떨지 말고 나
와. 나와서 옷 말리고 밥 먹어. 밥 먹고 따순 데로 가.

바다로 나간 사내들도 난데없는 물결이 뱃전을 넘어들면 돌
아온 자들의 넋으로 알았다. 사내들은 물결에 찐 감자를 던지며
넋들의 이름을 고함쳐 불렀다.

—장쇠야, 구만아, 자네들 왔는가. 넋이야 넋이로구나.

논이 없어서 물고기를 잡아 곡식과 바꾸는 섬에 세금과 신역
이 쌓여서 땅에 코를 박은 백성들은 주려 있었다. 섬의 땅은 훈
련도감의 둔전으로 흑산진이 지세地稅를 거두어 본감으로 보냈
다. 배와 미역에 부과하는 세금은 흑산진의 본영인 우수영으로

올라갔고 물고기 세금은 목민 관할인 나주목으로 올라갔다. 섬에 닥나무가 자생해서 백성들은 종이를 만들어 도감에 올려 보내야 했는데, 할당량 일천육백 속을 채우지 못하면 돈으로 걷어갔다. 사람마다 몫이 정해져서 어린아이까지 지역紙役이 매겨졌다. 보리밭과 대밭에는 소출에 관계없이 면적에 따라 세금을 매겨서 우수영에서 가져갔다. 보리밭 두렁에 심은 콩은 모종 수를 헤아려 세금을 매겨서 흑산진에서 가져갔는데, 본영인 우수영도 모르게 흑산 별장이 정한 세금이었다.

공물을 실은 배가 떠날 때, 선박 운항비와 선원들의 수고비를 흑산 백성들이 내야 했고 육지에서 건너온 관원들은 월해채를 뜯어갔다. 태풍 때마다 표류해서 밀려오는 상국上國 배의 선원들을 먹이고 재우고 양식을 주어서 뒤탈이 없도록 돌려보내는 일도 섬 백성들의 몫이었고 갑자기 들이닥치는 유배 죄인들을 받아서 기약 없는 세월을 먹이고 거두는 일도 섬의 몫이었다. 고기 잡던 사내들이 망군望軍으로 불려가 물가 바위에 올라가 바다를 바라보며 파수했고, 작대군作隊軍 순번이 돌아오면 수군진에서 노역했다.

아침을 굶은 사내들이 바람을 마시면서 배를 몰아 바다로 나갔고 부녀들이 산으로 올라가 칡이나 더덕을 캘 때 더덕을 파먹는 산개들과 다투었다.

나주목은 흑산에 따로 지방관을 보내지 않았고 우수영에 딸린 종오품 별장이 흑산을 다스렸다. 별장은 무관직이었지만 흑산진 별장은 섬의 수령과 다름없었다. 종오품 신분에 흡창吸唱을 둔 자들도 있었다. 당산堂山 밑에 진관이 들어섰고, 판옥선 한 척, 협선 두 척에 군관 사령과 진졸, 진노津奴들이 배치되어 있었다. 흑산은 별장의 섬이었다.

밀물이 달려들어 파도가 섬을 부수는 새벽에 흑산의 부부들은 낮게 엎드려서 교접했다. 흑산의 여자들은 자주 잉태했고, 쉽게 출산했다. 여자들은 늘 배가 불러 있었다. 만삭의 여자들이 물동이를 이고 산을 넘어 다녔고, 바위에 기어 올라가 미역을 뜯었다. 흑산 미역은 국물을 마시면 아이 낳은 여자의 아랫도리가 금방 아물어서 좁아졌고 피가 맑아졌다. 흑산 여자들은 낳고 바로 배었다. 사내들이 집 안에 머물 때 여자들은 잉태했고 바다에 나간 사내들이 돌아오지 않아도 여자들은 계속 사내를 낳았다.

부부가 교접할 때, 바다에서 죽은 사내들의 넋이 여자의 몸속으로 들어가서 또 다른 사내로 세상에 태어나는 것이라고 조 풍헌이 동네 아이들에게 말했다가 여자들한테 삿대질을 당했다.

육손이

    스무 살이 넘으면 부르겠다던 임금은 황사영을 잊었는지, 부르지 않았다. 황사영은 임금의 기억이 돌아와서 자신을 부르는 일이 없기를 바랐다. 임금을 속일 수는 없을 것이고, 품계와 관직을 받았다 하더라도 불려갔더라면 더 큰 죄목으로 죽었을 것이었다. 몇 년 후 임금은 약속을 지키지 못한 채 세상을 떠났다. 그때 황사영은 손을 잡아준 임금의 손에 죽지 않게 된 것을 다행으로 여겼다.

    혼인 후에 황사영은 처가 동네 마재에 신접을 차렸다. 장인 정약현이 강가 쪽 탱자나무 숲 속에 세 칸짜리 집 한 채를 장만해주고 양식을 대주었다. 황사영은 처를 데리고 처가에 가서 밥 먹기를 좋아했다. 장인댁네 노비들이 황사영의 신접살림을 거들어서 담장을 손질하고 기와를 고쳤다. 장인댁 개가 새끼를 낳아서 강아지 한 마리를 황사영의 집으로 보냈다. 어미 개와 새끼 개가 두 집 사이를 오가며 놀았다.

황사영은 처숙부 정약종에게 천주 교리를 배운 뒤로 출사를 단념했다. 장인 정약현은 어린 사위에게 출사를 권하지 않았다. 정약현은 사위에게 줄 집 한 채와 양식이 있는 것을 복으로 여겼고 사위가 물가 마을에 터를 잡고 고요히 늙어가도 좋을 것이라고 생각했다. 정씨네 집과 새로 들어서는 황씨네 집이 한마을에 오래 살아서 노란 무덤이 돋아난 언덕 앞으로 푸른 강물이 흐르는 풍경을 정약현은 마음속에 그렸다.

황사영은 말과 글로 엮인 생각의 구조를 버렸고, 말의 형식으로 존재하는 인의예지를 떠났다. 황사영은 흐르는 강물의 저쪽 끝을 생각했고, 다가와서 새롭게 태어나는 시간을 느꼈다. 그것들을 맞이하는 일은 매우 다급했고, 목숨과 세상을 다 뒤집어놓아야 이룰 수 있는 일이었는데, 정약현은 젊은 사위의 마음속을 알 수는 없었다.

흐르는 강물 옆에서, 밤에는 어린 아내의 몸을 아내보다 더 어린 남편이 안았다. 남자는 놀랍고 겁나서 겨우 더듬었고, 명련은 어깨를 움츠리고 허리를 꼬부렸다. 남자가 손을 물리려 했으나 더 깊이 닿으려는 마음에 부딪혔다. 부딪혀서 조바심치다가 어느 쪽이 먼저인지 알 수 없이 더 깊이 다가갔다. 몸은 한이 없었다. 황사영이 명련의 겨드랑이며 머리카락에 코를 박았다. 달고 비린 냄새가 황사영의 몸속으로 흘러들어왔다. 냄새는 황사영의 내장 속으로 스몄는데도, 멀어서 아득했다. 제 몸속으로 들어온 명련의 몸 냄새가 손에 잡히지 않아서 황사영은 더욱 코를 들이밀었고, 명련이 남자의 머리를 안았다.

명련의 몸이 젖어서 열리고 제 몸의 기쁨으로 남자의 기쁨을 빨아들였다. 교접은 목마름과 같았다. 숨을 고르면서 명련의 얼굴은 웃음 지었는데 웃음에 울음기 같은 것이 번져 있었다.

아침에 일찍 깬 황사영은 잠든 명련의 얼굴을 들여다보았다. 잠든 얼굴에 새벽이 오고 있었고, 머리카락에 윤기가 흘렀다. 새벽 강물의 비린내가 방 안에 가득 찼다. 새벽에 명련의 숨은 깊어졌고 몸 냄새가 진했다. 날이 더 밝아서 물안개가 피고 투망꾼들의 배 젓는 소리가 삐거덕거릴 때, 명련은 잠에서 깨어났다. 먼저 깬 남자의 눈이 제 얼굴을 들여다보고 있었다. 명련이 눈을 뜨자 눈과 눈이 서로 마주쳤다. 아, 이 사람…… 명련이 남자를 안았다.

사람이 사람을 안을 때, 마음의 기쁨과 몸의 기쁨이 합쳐져서 조바심치는 일은 꽃이 피고 해가 뜨고 강물이 흐르는 것과 같을 것이라고, 먼저 잠든 명련 곁에서 황사영은 생각했다. 그것이 처숙부 정약종이 가르쳐준 대로, 천주의 증명이며, 그 증명이 사람이 사는 세상에서 드러나는 것이 천주의 권능일 터였다. 황사영은 산과 강에서 두루 천주를 느꼈는데, 명련에게서 느끼는 천주는 제 몸처럼 분명했다. 황사영은 그 분명함을 명련에게 전할 수가 없어서 명련을 더 깊이 안았다.

봄에 황사영은 서울로 살림을 옮겼다. 정약현은 딸 내외를 곁에 두고 싶지만, 사위가 처가 옆에서 너무 오래 살면 어른이 되기가 더딜 것을 걱정했다. 정약현은 그 걱정을

—자네 처가 친정에 가까이 있으니 게을러질까 걱정이네.

라고 말했다.

황사영은 조안나루에서 떠나는 삯배에 처와 짐을 실었다. 기르던 개가 따라와 배에 올라탔다. 배가 두미협을 지날 때 신록의 산이 강물에 비쳤다. 서울은 물길로 한나절이었다.

딸 내외가 살림을 옮길 때 정약현은 집안의 남자 종 육손이를 딸려 보냈다. 육손이는 정약현의 선친 대에 사온 매득노賣得奴였다. 육손이의 아비는 전라도 홍양 천석지기 최씨 집안 삼대 전래비傳來婢의 자식이었다. 전라도에 흉년이 들자 상전들이 노비를 팔려고 내놓았다. 먹일 것이 없어서 노비는 팔리지 않았다. 양식이 모자라는 상전들은 제 발로 나가는 노비들을 붙잡지 않았다. 풀려난 노비들은 농토 있는 집을 찾아가서 자매自賣하였으나 팔리기 어려웠다. 그때 육손이 아비는 열 살이었다. 노비 값이 떨어져서 육손이 아비는 쌀 한 가마에 팔렸다. 그 뒤 삼십여 년 동안 세 번 전매돼서 두물머리 강 건너 말 목장의 목노牧

奴로 팔려왔다.

조안나루 마을의 오씨는 일 년에 오륙백 석을 했는데, 무던한 상전이었다. 오씨는 흉년에도 노비들을 내다 팔지 않았고 달아난 노비를 발고하지 않았다. 오씨네 며느리가 시집올 때 열일곱 살 난 교전비轎前婢가 산 닭을 안고 가마를 따라왔다. 그때 교전비의 몸속에 아이가 들어 있었는데, 아직 배가 부르지 않아서 상전들은 눈치채지 못했다. 아이는 딸이었고 교전비는 아이를 낳고 산독이 번져서 죽었다. 딸아이가 자라자 냄새가 달았고 계집티가 도드라졌다. 오씨는 늙고 근력이 없어서 비첩을 들일 수 없었다. 오씨는 교전비의 딸을 강 건너 말 목장의 목노에게 붙여주었다.

육손이는 어미 아비가 한 번 교접해서 생겼다. 오른손 새끼손가락 옆에 작은 손가락이 하나 더 붙어 있어서 이름이 저절로 육손이가 되었다.

육손이는 어미에게 딸려 있다가 열두 살 때 이웃 마을 정씨 집안에 팔려왔다. 노적奴籍에는 전래노에서 매득노로 바뀌었고, 상전은 정약현, 마을은 마재로 등재되었다. 정약현은 육손이가 가끔씩 오씨 집에 매여 있는 어미나 강 건너 말 목장의 아비를 찾아가는 일을 허락했다. 육손이 아비는 이름이 이두二斗였다. 이두는 말 목장에서 늙어 죽었다. 이두가 죽었을 때 정약현은 육손이에게 열흘 말미와 노자를 주어서 아비를 곡하고 묻게 했다. 육손이는 혼자서 아비의 무덤을 팠다. 이두는 물가에 묻혔다.

육손이는 뼛심으로 일했다. 삽 등을 한번 밟으면 삽날이 두 뼘씩 땅에 박혔고 허리를 돌려서 흙을 던졌다. 육손이는 오감이 날카로웠다. 강 건너 물가에 사람 지나다니는 기척을 알아보았고 먼 데서 암탉이 알 낳고 구구거리는 소리가 육손이 귀에는 들렸다. 사십이 넘어도 육손이는 오감이 무디어지지 않았다.

사위 내외가 서울로 살림을 옮길 때 정약현은 나루터에 나와 전송했다. 배에 오르기 전에 육손이가 땅에 엎드려 정약현에게 절하면서 울었다. 정약현이 사위에게 말했다.

—육손이는 제 부모가 낳은 자식일세. 그걸 잊지 말게.

서울로 가는 강선에서 황사영은 그 말의 단순성에 놀랐다. 육손이는 노꾼도 아니면서 노를 저었다.

중국인 신부 주문모周文謨가 국내로 잠입한 것이 이미 오 년 전이라는 사실에 비변사는 경악했다. 오 년이 아니라 육 년 전이라는 말도 있었다. 놀라움보다는 두려움이 더 컸다. 전라도 농사짓는 마을에서 『소학』을 배우고 유건을 쓴 자들이 삿된 망령에 들려 제사를 폐하고 신주를 불태웠다. 모조리 붙잡아 곤장을 쳐 죽인 것이 바로 주문모가 국경을 넘기 몇 달 전이었다. 서울로 끌고 와서 비틀고 지져서 죽이면 선왕들이 이룩한 도성에 피 냄새와 누린내가 배어서 상서롭지 못하고, 산 것을 살리려는 군왕의 뜻에 맞지 않을 것이므로, 되도록이면 향청에서 처단하고 그 결과만을 문서로 보고하라고 조정은 지방 수령들에게 시달했었다. 너덜거리는 시체를 향리에 조리돌려서 국금國禁을 보여도 패려悖戾한 무리들은 점점 늘어났다. 맞아죽은 시체가 신기를 내뿜어서 오히려 무리가 늘어나는 것이라고 수령들이 수군거렸다. 대국으로 가는 왕사 일행에 밀정을 심어서 주문모를 국내로 끌어들여 숨겨놓고 이리저리 빼돌리는 그 음험한 내막을 조정은 알 길이 없었다. 저것들은 대체 누구인가. 저것들은 왜 저러는가. 왜 죽여도 또 번지는가. 저것들은 어째서 삶을 하찮게 여기고 한사코 죽을 자리로 나아가는가……. 임금은 그것을 물었으나 신료들은 대답하지 못했다. 대답 받지 못한 의문은 두려움이 되어 번져나갔다. 당상관이나 당하관이나 금위영 나장들까지도 주문모의 이름 석 자와 용모파기를 알았다. 포도청이 희미한 냄새라도 맡고 다가가면 주문모는 바로 종적을 감추었다. 따르는 무리들이 골짜기마다 서캐처럼 깔려 있고, 부엉이가 울면 올빼미가 화답하듯이 무리들끼리 서로 눈짓 손짓으로 주문모를 빼돌리고 있다고 비변사는 임금에게 고했다. 포도대장이 빈손으로 돌아온 군관들을 매질했다.

부산 앞바다에 서양 나라의 기선氣船이 들어와서 닷새를 머물렀다. 바닷가 백성들이 마을을 비우고 달아났다. 수령은 서양 배 쪽으로 다가가지 못했고 수군만호는 협선 몇 척을 섬 뒤쪽으로 감추었다. 서양 배는 태산이 떠내려온 것 같았다. 깃발이 펄럭였고, 쇠붙이가 일출에 번쩍거렸다. 사람은 내리지 않았고, 아침저녁으로 나팔 소리가 들렸다. 닷새 뒤에 서양 배는 돌아갔고, 백성들은 마을로 돌아왔다.

서양 배가 머무는 동안에, 그 배로 건너가서 내부를 구경했다는 자들이 여기저기서 나타났다. 배 옆구리에 물레방아 같은 바퀴가 여럿 달려 있고, 증기로 바퀴를 돌려서 바람 불고 물결 높은 날에도 순식간에 천리를 달리고, 이만 근짜리 대포 수십 문이 붙어 있는데, 해안에서 쏘면 먼 산성까지 부술 수 있다는 것이었다. 또 배 안에는 방이 수십 개가 있어서 크기가 궁궐 같고 조선의 한 해 곡식을 모두 실어도 가라앉지 않는다고 했다. 서양 배는 아무런 말도 걸지 않고 스스로 물러갔다. 서양 배가 온 까닭을 놓고 말들이 들끓었다. 말없이 협박을 가해서 교역을 하려는 의도라는 자들도 있었고, 나라에 본래 아무런 재화가 없으므로 저들이 교역을 원해서 왔다면 겁낼 필요가 없다는 자들도 있었다.

서양 배가 온 까닭은 조선을 청으로부터 떼어내서 서양에 복속시키자는 것인데, 대포를 쏠 필요 없이 보여주는 것만으로 우선 겁을 주고 간 것이라고 말하는 자들도 있었다. 서양 배는 동양 나라들을 돌아다니면서 천주학을 퍼뜨리는데, 그 목적은 모든 나라의 백성들을 천주학으로 끌어들여서 왕조를 무너뜨리는 데 있으며, 이번에 온 배가 말없이 돌아간 것은 대포를 쏜 것보다 더 무서운 뜻이 숨어 있는 거라는 말은 주로 서울 남산 쪽에서 떠돌았다.

포도청이 요언을 퍼뜨린 자들을 붙잡아 곤장으로 물고했다. 모여서 함께 수군거린 자들을 붙잡았고 말을 전해준 자들과 또 그자에게 전해준 자들이 차례로 끌려왔다. 한동네 사랑에 모여 있던 이웃들과 부모 자식이 함께 형틀에 묶였는데 애초에 요언을 지어낸 자는 잡을 수 없었다. 요언은 누가 지어내는 것이 아니고 바람이 불듯이 저절로 일어나서 산불처럼 번지는 것이라고 떠들던 자도 끌려와서 매 맞았다. 부산 앞바다뿐 아니라 충청도, 전라도 해안에도 서양 배가 나타났고, 경기도 안산 풍도 서쪽 먼바다로 산더미 같은 배가 지나갔는데 물거품이 일어서 강처럼 뻗쳤고 연기가 해안 쪽으로 흘러왔다고 수령들이 조정에 보고했다. 그믐밤에 수평선 쪽에 낮게 내려앉은 구름을 보고 서양 배라고 보고한 수령들도 있었다.

임금이 말했다.

—만고에 없던 일이다. 경들의 생각을 말하라.

신료들이 이마를 마룻바닥에 붙였다.

—신들의 불충이옵니다.

영의정이 말했다.

—군왕의 정심正心은 만화의 근원이옵니다. 전하, 수신에 더

99

욱 힘쓰시고 경연을 자주 베푸소서.

참언에, 천주의 아들 야소가 신유辛酉 생으로 닭띠인데 갑년이 서른 번 돌아서 다시 닭띠가 되는 삼 년 후에 큰 배들이 바다를 건너와서 강화, 인천, 부평, 소사, 남양에 정박하고 도성을 향해 대포를 쏘아대니 이성계의 운수는 임술년에 끝난다고 하였다.

임술년에 먼 섬에서 진인眞人이 태어나서 강장한 군사를 거느리고 육지로 건너와 빗자루로 쓸어내고 새 세상을 세우는데, 그때 천하 만민의 원통함이 풀리리라. 그때, 하늘에서 내려온 신유년의 닭이 울어서 계명산천鷄鳴山川이 밝아온다. 새 들이 펼쳐지고 새 목숨들이 움터서 마을을 이루리라. 사람이 움트고 마소가 움트고 풀이 움터서 세상이 움터오는구나. 말세의 환란에는 마음만이 피난처니 신유 닭이 울 때까지 마음 밭을 잘 가꾸라.

밭 전田 자 가운데 들어 있는 십자가가 새 세상의 깃발로 펄럭이고 밭 전 자 속에 숨어 있던 하느님이 세상으로 건너와서 새 밭을 이루니 사람들의 밭이 하느님의 마당이 되니라.

밭이여 밭이여 밭이로구나. 논이여 논이여 논이로구나.

하느님이 소가 되어 착한 사람들의 밭에 강림하시니, 어미 소가 새끼 소를 부르는 소리가 하느님의 소리요, 마음 밭에 소 울음소리가 퍼지니 아름답다. 우성牛性은 하늘의 도이며 땅의 이로움이라, 우성이 들에 노닐어서, 소 울음소리 퍼지는 들에 목숨이 움트는구나. 밭이여 밭이여 밭이로구나.

그때 하느님의 마당에 사람의 자식이 태어나 첫돌이 지나서 걸음마를 하는데

도리 도리 도리에 세상을 돌아보고
섬마 섬마 섬마로 혼자 일어서서
따로 따로 따로에 첫걸음을 떼니
사람의 자식들이 아장걸음을 걸어서 바른 길로 들어오는구나
따로 따로 따로에 섬마 섬마 섬마로구나
밭이여 밭이여 밭이로구나

야소는 신유년 생 닭띠가 아니라 그보다 사 년 앞선 정사丁巳 생 뱀띠이므로 큰 배들이 들이닥치는 때는 삼 년 후가 아니라 바로 내년이라는 말이 충청도 계룡산 아래서 퍼져나갔다. 참언은 더욱 다급하게 번졌다.

포도청 군관들이 이 마을 저 마을을 뒤지고 다녔다.

—큰 배가 온다는 말을 지껄인 자를 대라. 해도진인海島眞人을 말한 자가 누구냐?

추궁의 말로, 큰 배가 온다는 말은 더욱 퍼져나갔다. 청나라 신부 주문모는 섬나라 진인이 군사를 거느리고 육지로 건너오

기 전에 진인의 길을 평탄케 하려고 먼저 온 중국 장수라는 말
이 충청도 바닷가 마을에서 퍼졌다.

서울에서, 황사영은 생업이 없었다. 황사영은 날마다 바빠서
밥벌이에 시간을 허비할 수 없었다. 육손이가 한강 뱃길로 두물
머리 마재를 오가며 장인댁에서 양식을 가져왔다. 육손이는 마
재에 갈 때마다 물가에 묻힌 아비의 묘에 절했고, 오가네 집의 종
으로 매여 있는 어미를 찾아가서 어미의 궂은일을 거들었다.

주문모는 신원과 용모파기가 모두 드러난 채 서울 사대문 안
의 신도의 집을 숨어 다니면서 성사를 베풀고 미사를 올렸다. 포
도청은 군사를 풀어서 강원도 산골과 전라도 바닷가를 뒤졌다.
황사영 부부는 주문모에게 세례 받았다.

세례를 받은 날 저녁에 황사영 부부는 등잔불 앞에 앉아서 기
도했다. 육손이가 집 안을 구석구석 비질하고 걸레로 닦았다.

날마다 반드시 새로워진다必日新, 백성을 새롭게 하고新民 지
극한 선에 머문다止於至善는 경서의 구절이 문장이 아니라 몸을
때리는 몽둥이질처럼 느껴졌다. 온몸의 세포가 하나씩 눈을 뜨
는 듯싶었다. 바삐 가야 할 길이 끝도 없이 펼쳐져 있었다. 세례
는 보이지 않던 그 길을 살아서 가야 할 땅 위의 길로 바꾸어놓
았고, 보이지 않던 길과 땅 위의 길이 만나는 언저리의 두려움
을 없애주었다.

—부인, 당신이 마리아로 다시 태어났으니 고통 후에 지복至
福이 있겠구려.

　—빨래해서 풀 먹이는 일에도 복은 가득합니다.

　참언이 전하는 섬마 섬마 섬마의 노래가 황사영의 기도 속
에 떠올랐다.

　주여, 이제 섬마 섬마 섬마로 혼자 서서, 따로 따로 따로 걸음
으로 주님께 걸어가옵니다. 주여 손을 잡아주소서.

　황사영의 기도 속에서, 커다란 배들이 동트는 바다를 건너오
고 있었다. 새벽 바다에 깃발이 펄럭였고 구릿빛 대포가 아침 햇
살에 번쩍거렸다. 배들은 바다를 열어젖히며 다가왔다. 푸른 연
기가 흘렀다. 배들은 강화, 인천, 부천, 안산, 남양의 해안에 가
득 찼다. 배들이 포신을 일으켜 세웠다. 세례를 받은 날 밤에 황
사영 부부는 깊이 안았다. 명련의 몸 안에서 새벽이 동트고 있
었다. 물안개가 피어오르고 나무들이 풋내를 풍겼다. 황사영은
새벽안개를 들이마셨다. 그 새벽에, 처갓집 앞을 흐르는 강물이
명련의 몸속으로 흐르고 있었다.

　전라도 서망 과부 오동희의 기도문은 조안나루에까지 퍼졌
다. 기도문은 종이에 언문으로 적혀서 퍼지기도 했지만 입에서

입으로 전해졌고 그중 몇 구절이 노래가 되어서 여주 쪽에서 내려오는 남한강 물길을 따라 번져왔다.

노비들은 상전이 없는 밭이나 들에서 소리 죽여 노래했다.

주여, 주여 하고 부를 때 노비들은 부를 수 있는 제 편이 있다는 것만으로도 눈물겨웠다. 호격에는 신통력이 있어서 부르고 또 부르면 대상에게로 건너갈 수 있을 듯싶었다. 들판에 퍼지는 소 울음소리도 호격으로 울고 호격으로 부르고 있었다. 주여, 주여 부를 때 주는 응답하지 않았지만 그 호격 안에는 부르는 자가 예비한 응답이 들어 있었다.

마재에 심부름 다녀온 육손이가 조안나루 오가네 집 종으로 묶여 있는 제 어미한테서 오동희의 기도문을 얻어왔다. 창호지에 언문으로 쓴 기도문이었다. 육손이는 정씨네 집에 매여 있을 때 언문을 배웠다. 정약현이 강 건너 마을에서 총기 있는 마름을 불러와서 노비들에게 언문을 가르쳤다. 육손이는 쓰지는 못했지만 읽을 수는 있었다.

밤중에 황사영은 행랑 쪽에서 육손이가 가끔씩 뭐라고 중얼거리는 소리를 들었다. 소리가 곡조에 실리는 것 같기도 했다. 황사영은 직감했다. 그 소리는 먼 것을 부르고 있었다. 중얼거림이 여러 날 계속되자 황사영이 육손이를 불렀다.

—요즘 밤에 노래를 하는가?

육손이는 마흔 살이 넘어 있었다. 육손이는 어린 상전을 귀하게 여겼고 어려워했다. 육손이는 너무 맑아서 세상 물정 모르고 힘든 짐을 들지 못하는 어린 상전을 이 세상에 두고 먼저 나이 들어서 죽어야 할 일을 걱정했다. 육손이는 상전보다 더 오래 살아서, 상전의 무덤을 제 손으로 마련해주고 싶었다. 명련이 옷을 빨아서 빨랫줄에 널어놓으면 육손이는 상전의 흰 빨래를 쳐다보지 못했다.

육손이는 대답을 하지 못했다. 황사영이 다시 물었다.

—밤에 중얼거리는 소리가 무슨 뜻인가?

육손이는 제 어미한테서 기도문을 얻어온 일을 말하고 기도문이 적힌 창호지 조각을 내밀었다.

—제 어미가 나리 마님들께는 보이지 말라 하였사오나…….

언문 글씨는 획이 비틀어졌고 굵기가 들쭉날쭉했다. 언문을 갓 배운 자가 내버린 몽당붓을 주워서 겨우 쓴 글자였다.

주여 우리를 매 맞아 죽지 않게 하소서.
주여 우리를 굶어 죽지 않게 하소서.
주여 우리 어미 아비 자식이 한데 모여 살게 하소서.
주여 겁 많은 우리를 주님의 나라로 부르지 마시고
우리들의 마음에 주님의 나라를 세우소서.
주여 주를 배반한 자들을 모두 부르시고
거두시어 당신의 품에 안으소서.

주여 우리를 불쌍히 여기소서.

아, 황사영은 기도하는 자세로 꿇어앉았다. 육손이가 놀라서 상전을 바라보았다. 황사영의 마음속에, 들판과 산골의 구석구석이 펼쳐졌다. 땡볕 아래 먼지 나는 황톳길로 유리걸식하는 백성들과 허연 수염에 실눈을 뜨고 세상을 들여다보는 지방 수령들과 담장이 무너지고 기왓장이 떨어져 내린 관아들과 송덕비 늘어선 거리들이 흘러갔다. 그 들판 어디선가 소 울음소리가 들려왔는데 소는 보이지 않았다.

아, 바쁘구나……. 그 들판에 세워진 것들은 이제 낡고 무력해서 곧 무너져버릴 것이었으므로 황사영은 다급했다.

황사영은 비뚤비뚤한 언문 글씨를 다시 들여다보았다. 언문은 무섭구나……. 백성들은 언문으로 울고 소도 언문으로 우는구나. 언문으로 우는 울음이 온 들판에 넘쳐서 새날을 부르는구나…….

—이 종이를 너의 어미가 주더냐?

황사영의 목소리에 울음이 섞여 있었다.

—그러하옵니다.

—너의 어미는 누구냐?

—조안나루 오씨 댁 며느리가 시집올 때 따라온 교전비가 낳은 딸이라고 들었사옵니다. 지금도 그 댁에서…….

—너의 어미는 천주교를 믿느냐?

육손이는 무슨 말인지 알지 못했다.

—저의 어미는 오씨댁 종이옵니다.

—기도문을 외우니까 어떠하더냐?

육손이가 말을 더듬거렸다.

—부르니까…… 좋았고, 부르니까 올 것 같았습니다. 저의 어미도 그랬습니다.

—금방 올 것이다. 오래지 않는다.

황사영은 육손이를 데리고 올 때 조안나루에서 장인 정약현이 한 말을 떠올렸다. …… 육손이는 제 부모가 낳은 자식일세, 그걸 잊지 말게……. 그때, 황사영은 그 말의 단순성에 놀랐으나 이제는 그 말의 깊이에 놀라고 있었다.

황사영이 말했다.

—육손아, 너는 몇 살이냐?

—마흔셋이옵니다.

—오래되었구나, 고생이 많았다.

꿇어앉은 육손이가 눈을 치떠서 상전의 안색을 살폈다. 황사영이 말했다.

—너를 풀겠다. 면천하고 나가거라.

—나리 마님, 어찌 그런…….

—나가거라, 육손아. 자매하지 마라.

―무슨 말씀이시온지?

―너를 스스로 팔아서 종이 되지 말라는 뜻이다.

―나리 마님…….

―나가거라. 가서 처음부터 다시 살아라. 올 것은 앉아서 기
다리지 말고 달려 나가서 맞아라. 한 달 뒤에 나가거라. 그때까
지 말미를 주겠다.

육손이는 한 달 후에 떠났다. 육손이는 면천된 앞날에 살아갈
방도를 황사영에게 말했다.

육손이가 어렸을 때 정씨네 집에서 함께 종살이를 하던 노복
중에 김개동金介東이라는 자가 있었다. 김개동은 육손이보다 다
섯 살이 위였다. 눈썰미가 날카롭고 손재주가 좋아서 무슨 일이
든지 한 번 보면 따라서 해냈다.

목공일도 하고 질그릇도 구울 줄 알았다. 김개동은 면천하고
충청도 제천의 산골로 들어가서 산비탈에 옹기가마를 들여앉
히고 질그릇을 구워서 팔았다. 김개동은 산골 과부에게 장가들
어서 제힘으로 살아갔다. 육손이는 김개동한테 가서 나무하고
흙 퍼오는 일로 드난을 살아주고 품삯으로 옹기를 받아서 오일
장에 내다팔 작정이었다. 그렇게 해서 돈이 서른 냥쯤 모이면 조
안나루 오씨네 집에 매인 어머니를 속량贖良시켜서 함께 살 날
을 육손이는 그렸다. 어미가 준 기도문에도, '주여 우리 아비 어

108

미 자식이 함께 살게 하소서'라는 구절이 있었다.

육손이가 떠나는 날, 황사영은 엽전 다섯 냥과 길양식 한 말을 주었다. 육손이는 마당에 꿇어앉아 오랫동안 울었다. 한 생애가 끓어오르는 울음은 깊고 길었다. 황사영은 울음을 막지 않았다. 육손이가 울음을 추슬렀을 때 황사영이 물었다.

―가는 곳이 충청도 어디냐?

―제천에서 꼬불꼬불한 산길을 삼십 리 들어가는 배론이라는 마을입니다. 흙이 찰지고 땔나무가 흔해서 옹기 굽기 알맞은 곳이옵니다.

황사영은 꼬불꼬불하다는 삼십 리 산길이 떠오르지 않았다.

하얀 바다

　상록수림으로 덮인 섬은 안쪽이 들여다보이지 않았다. 산이
검다고 이름이 흑산黑山이었다. 섬들을 옮겨 다니는 새들은 홍
도 쪽으로 날아가다가 흑산에 내려앉았다. 새들은 늘 뭐라고 외
치고 있었다.

　바다는 물가에서부터 수심이 깊었다. 햇빛이 깊이 닿지 못해
서 물색이 어두웠고, 먼바다 쪽은 더 검었다.

　바다가 무서운 외지인들은, 산이 아니라 바다가 검어서 흑산
인가보다고 말했다. 검은 바다를 다 건너가려면 한평생으로도
모자라지만 검은 바다가 끝나면 푸른 바다가 열리고 푸른 바다
를 건너가면 붉은 바다가 열리고 붉은 바다를 건너가면 하얀 바
다가 열리는데, 하얀 바다는 바람의 나라라고 섬 노인들은 아이

들에게 말했다.

바람은 하얀 바다에서 일어나서 온 세상을 휩쓸다가 다시 하얀 바다로 돌아가서 잠드는데, 바람에게 치성을 드릴 때는 방울 소리, 날라리 소리가 그 많은 바다를 다 건너가서 하얀 바다에 닿아야 한다고 무당들은 말했다. 바다에서 죽은 사내들의 넋도 바람에 불려가서 그 하얀 바다를 떠도는 것이라고 무당들은 믿었다.

포구에서 수군진 선창을 지나 언덕길로 들어서면 돌담집 마당에 빨래가 널리고 개들이 짖고 아기 울음소리가 들려서 사람 사는 마을이었다. 산이 물가에서 주춤거리는 오목한 구석마다 집들은 바람 앞에 엎드려 있었다. 집들은 안방과 건넌방 사이에 부엌을 들여서 한 부엌에서 두 방에 불을 땠다.

유배 죄인이 또 들어왔다는 소문은 삽시간에 섬에 퍼졌다. 섬 사람들은 유배 죄인의 죄의 내용이 무엇인지를 알지 못했고, 묻지도 않았다. 수군진 별장은 알고 있었지만 섬사람들에게 설명해줄 필요는 없었다. 섬의 죄가 따로 있을 터인데, 육지의 죄인을 왜 섬으로 몰아 보내는지 섬사람들은 궁금했지만 별장에게 물어볼 수는 없었다.

정약전이 물가를 걸어가면 미역 캐던 여자들이 바위 뒤로 숨었고 마을길을 걸어가면 집 안에서 대문을 닫았다. 조 풍헌은 사람들이 놀라니, 당분간 외출하지 말아달라고 일렀으나 정약전은 듣지 않았다. 사람들이 자신을 익숙하게 여길 때까지 정약전은 일삼아 마을과 물가를 쏘다녔다.

—섬에 글 읽는 사람이 없어서 답답하시겠구려. 창대昌大라는 아이가 글을 좀 읽는데, 정 선비한테 말벗이 될는지는 모르겠소.

조 풍헌이 말했다. 여기도 글 읽는 자가 있구나 싶었다. 섬에는 양지쪽에 고인돌 무덤이 있었고 산 위에는 언제 쌓았는지 알수 없는 석성石城이 무너져 있었다. 수만 년 동안, 거기서 사람이 살았고, 육지에서 사람을 끌어와서 산 위에 성을 쌓았다. 정약전은 섬에 쌓인 세월의 무게에 숨이 막혔다. 그 섬에 글 읽는자가 있었다.

정약전은 창대를 물가에서 만났다. 창대는 물가 바위에 앉아서 물 밑바닥을 들여다보고 있었다. 아이라고 했지만 창대는 열여덟 살이었다. 얼굴에 청년의 홍조가 피어 있었다. 정약전이 다가가자 창대가 먼저 일어서서 인사를 건넸다.

—서울에서 오신 선비님이라고 들었습니다.

창대는 크고 맑은 눈으로 상대방을 깊이 들여다보았다. 그 표정이 조카사위 황사영과 닮아 있어서 정약전은 흠칫 놀랐다. 정약전은 황사영이 체포된 후의 소식을 알지 못한 채 흑산으로 떠났으나 황사영은 필시 살아남지 못했으리라고 짐작하고 있었다. 그 조카사위와 닮은 청년이 먼 섬에서 글을 읽고 있었다. 사람은 피가 섞이지 않아도 닮을 수가 있구나. 맑음의 바탕은 같은 것이로구나, 아마도 『대학』은 그런 가르침이 아니었을까, 창대의 얼굴은 그렇게 말하는 듯했다.

—귀양 온 죄인이오. 조 풍헌 집에 머물고 있소. 풍헌이 젊은 이가 글 읽는다는 얘기를 합디다.

창대가 얼굴을 붉혔다.

—혼자서 조금…… 섬 밖을 나가보지 못하고…….

가르쳐주십사는 말을 창대는 꺼내지 못했다.

—섬에 책이 있는가?

—사공에게 부탁해서 『소학』과 『두시언해』를 얻었습니다. 책력은 베낀 것을 해마다 가져다줍니다. 그 외는 없습니다.

창대의 집안은 조부 때 입도入島했다. 섬으로 들어올 때 조부는 사십대의 장년이었고 노모와 처자를 거느리고 있었다. 그가 왜 솔가해서 흑산으로 들어왔는지 섬사람들은 알지 못했다. 다만 육지에서 벌어졌을 불운과 신산을 막연히 짐작할 뿐이었다. 섬사람들에게 육지는 하얀 바다 너머였다.

창대의 조부는 뱃일을 몰랐다. 남의 배에서 허드렛일로 밥을 먹다가 입도한 지 삼 년 만에 바다에서 죽었다. 그때 창대의 아버지 장팔수張八壽는 열 살이었다. 장팔수도 집안이 왜 섬으로 들어왔는지 알지 못했다. 장팔수는 어려서부터 남의 배에서 뱃일을 배웠다. 주낙을 써서 홍어, 간재미를 잡았고 멸치나 조기처럼 떼를 지어 몰려가는 생선을 몰아서 건질 줄 알았다. 배가 나가지 못하는 날에 장팔수는 소나무를 잘라서 배 만드는 일을 거들었다. 장팔수는 봄가을로 약초를 캐러 섬에 들어오는 심마니의 딸과 혼인했다. 육지에서 색시가 오던 날 섬사람들은 닭을 잡고 개를 잡아서 잔치했다. 장팔수는 서른다섯 살에 창대를 낳았다. 이 섬 저 섬을 옮겨 다니는 새들이 흑산에 내려앉듯이, 목숨이 흑산에서 점지된 것이라고 장팔수는 생각하고 있었다. 섬의 무당은 창대네 집안을 오래전에 불려간 넋들이 하얀 바다에서 떠돌다가 환생해서 섬으로 돌아온 것이라고 여겼다.

창대는 배를 타지는 않았고, 고깃배가 포구에 닿으면 그 뒷일을 거들었다. 장팔수는 아들이 뱃일을 할 깜냥이 못 됨을 알고 다그치지 않았다.

창대는 물가에 나무 기둥을 박고 날마다 달라지는 바닷물의 높이와 들고 나는 시간을 측정해서 책력에 기록했다. 나무 기둥 끝에 긴 무명천을 매달아 바람의 방향을 적었고 바람이 남동에서 북서로 바뀌는 가을날에 새들이 어느 쪽으로 날아가는지를 살폈다.

고깃배가 포구에 닿으면 실려 온 물고기들 중에는 아직 살아서 아가미를 벌컥거리는 것도 있었고, 이미 숨이 끊어진 것도 있었다. 살아 있는 것들 중에도, 뒤척이고 퍼덕거리는 것이 있었고 눈만 끔벅이는 것도 있었다. 창대는 물고기들의 성질을 적었고 아가미를 열어서 그 안쪽의 분홍색 빗살들을 들여다보았다. 창대는 물고기 비늘을 뜯어서 햇빛에 비추어 비늘 위에 퍼지는 무지개를 살폈다. 창대는 밤중에 바닷가에 나와서 물고기 떼들이 몰려가면서 욱욱거리는 소리를 들었다.

창대는 말수가 적었다. 물고기나 나무를 들여다볼 때, 창대는 오랫동안 고요했다.

섬에서 정약전은 술이 늘었다. 술이 하얀 바다까지의 거리를 가려주었다. 술을 마시면 서울이 오히려 하얀 바다였고, 섬이 오히려 제자리인 듯 느껴졌다. 사람보다 먼저 살 자리가 정해져 있는 것은 아닐 터였다. 그렇지는 않을 거다, 라고 정약전은 혼자서 중얼거렸다.

조 풍헌이 가끔씩 마을에서 조껍데기 술을 얻어와 귀양 온 선비를 대접했다. 조 풍헌은 양식이 넉넉하지는 않았으나 제집에 기식하는 정약전을 자랑으로 여겼다. 조 풍헌은 정약전의 식성이며 하루 일과를 이웃에게 말하기를 좋아했다.

조껍데기 술은 한 잔에 취기가 올랐고 찡하게 퍼졌다. 정약전은 가끔씩 창대를 불렀다. 마루에 마주앉으면 수평선이 허리에 걸렸다. 창대는 두 손으로 술잔을 받았다.

창대는 섬에서 태어나 섬 밖을 나가보지 못했으나 서울에서 온 정약전에게 대궐이며 임금, 권세와 파당에 관해서 묻지 않았

고 대처의 풍속을 알려고 하지 않았다. 창대가 묻지 않으므로 정
약전이 먼저 말을 꺼낼 수는 없었다. 창대는 정약전이 섬으로 내
몰린 연유가 '사학죄인'이라는 걸 알고 있었지만 그 자세한 내
용을 묻지 않았다.

정약전은 묻지 않는 창대를 편하게 여겼다. 창대는 섬의 사람
이었고, 여기의 사람이었다. 서울과 권세를 묻지 않더라도, 삶은
가능할 것이었다. 창대의 얼굴이 그렇게 말하고 있었다.

저녁의 적막은 힘들었고 마주 앉은 침묵은 더욱 어려웠다.
정약전이 말했다.

─『소학』을 늘 읽는가?

─가진 책이 그뿐이라서…….

─『소학』은 어떻던가?

─글이 아니라 몸과 같았습니다. 스스로 능히 알 수 있는 것
들이었습니다.

─그렇지. 그랬겠어.

─그랬습니다. 물 뿌려 마당 쓸고 부르면 대답하는 일이 근본
이라고 했는데, 그 분명함이 두려웠습니다.

─아, 그랬겠구나. 그토록 쉬운 말이었구나.

─쉬워서 겁이 났습니다.

정약전은 잔을 들어서 깊이 마셨다. 술이 몸을 찔렀다. 마주
앉은 창대의 얼굴에서 또 조카사위 황사영의 모습이 어른거렸

다. 섬에도 황사영이 있었구나.

서울의 황사영은 죽었을까. 참수였을까 교수였을까, 효수였을까 능지처참이었을까, 기시棄市되었을까 달아났을까…… 처자식도 죽었을까…….

황사영을 떨쳐내려고 정약전은 거푸 마셨다.

─늘 물고기를 들여다보느냐?

창대가 웃었다.

─세상을 직접 대하라고 『소학』에서 배웠습니다. 섬에 책이 따로 없으니…….

맑은 소년이로구나. 황사영이구나. 황사영처럼 소년등고는 못 했어도 근본이 같은 인간이로구나…….

창대를 부르는 날 밤에 정약전은 늘 취했다.

방울 세 개

대비는 삼대 선왕先王의 계비繼妃였다. 열다섯 살에 책봉되어 대궐에 들어왔다. 그때 왕은 예순다섯 살이었다.

백성들이 어리고 잔약하여 내 어찌 먼저 갈 수 있겠느냐······ 늙은 나는 잠 못 이룬다······ 이토록 늙어서도 상소문을 더 읽어야 하느냐······.

늙은 왕은 그렇게 신료들을 꾸짖었다. 삼대 선왕은 기침이 잦았다. 묵은 기침은 소리가 깊었다. 창자가 떨리는 진동음이 몸속에서 끓다가 토해졌다. 기침과 기침 사이에 왕의 숨이 막히면 신료들의 얼굴이 파랗게 질렸다. 지밀상궁이 타구를 받들고 다가왔다. 군왕의 기침을 문자로 적으려고 사관이 전적을 뒤졌으나 찾지 못했다.

어린 계비는 임금의 몸을 받지 못했다. 계비는 소생이 없었고 금상今上은 선비先妃의 핏줄이었다.

선왕이 세상을 떠난 후에 계비는 대비의 자리로 올라갔다. 올라가면서 멀리 밀려났다. 대비는 오십여 년을 대궐에서 혼자 살았다. 선왕의 추억은 창자가 흔들리는 기침 소리뿐이었고, 대궐은 남의 집이었다. 세자가 기침병을 앓는 부왕의 손에 죽고, 세자의 아들이 보위에 올라 제 부왕을 살해한 자들을 걸어내는 세월에 대비전은 적막했다. 대비는 세자와 두 임금의 죽음을 치렀다.

어린 임금이 보위에 오르자 대비는 왕실의 어른으로 섭정했다. 세월은 사람을 밀쳐내고 스스로 바뀌는 것이지 싶었다. 대비는 스스로 바뀌는 세월의 힘을 느꼈다. 섭정의 자리에 오르자 대비의 침묵은 말과 문자로 바뀌었다. 몸속에서 쏟아져 나오는 말이 권세를 향한 욕망이라는 것을 대비는 처음에는 몰랐다. 삼대 선왕이 죽은 후 대궐 한켠에서 보낸 오십여 년의 침묵의 세월에서 그 욕망은 숨 쉬고 있었다. 어린 임금은 대비의 핏줄이 아니었다. 임금과 혈연이 닿지 않았으므로, 대비의 욕망은 더욱 다급했다. 대궐 서쪽 맑은 개울가에 모여 사는 세도가들이 대비 쪽으로 선을 대서 몰려들었다.

대비는 비변사와 포도청의 보고를 받아서 민정을 들었다. 대비는 어린 임금을 대신해서 윤음을 내렸고 대비 자신의 자교慈教

를 문서로 적게 해서 지방 관아에 보냈다. 대비는 자신의 말대로 받아 적게 했다. 문장이 다급하고 모서리가 거칠다고 신료들이 간하였지만, 대비는 듣지 않았다. 세상에 말을 내리면 세상은 말을 따라오는 것이라고 대비는 믿었다.

아아, 팔도의 감사들과 유수들아, 북쪽 변방의 병마사들과 남쪽 물가의 수사들아.

너희는 내 마음의 아픔을 너희의 아픔으로 삼아서 백성들의 간고를 살피고 살길을 찾아주어라. 백성을 수탈한 관장에게 문서를 내려 꾸짖으면, 관장이 발고한 백성을 붙잡아서 가두고 때린다는 말을 들었을 때 나의 마음이 어떠했겠느냐. 여러 향청의 아전들이 서류로 농간해서 창고에 쌓인 곡식을 없는 것으로 만들고, 빈 창고를 쌀이 가득 찬 것처럼 꾸미는 짓거리를 나는 보고 있다. 아전이 붓대를 놀려서 있는 쌀을 없는 쌀로 만들고 없는 쌀을 있는 쌀로 만들어서 백성의 껍질을 벗기고 기름을 짜고 피를 빨고 뼈를 부수고 살점을 발라내는데, 고을의 원이 비단 자리에 누워서 아전이 긁어오는 재물을 거두고 있는 짓거리를 내가 보고 있음을 너희는 보느냐. 해악이 온 나라에 번져 일상이 되어 있는데, 어찌하여 아뢰는 자가 없고 나서는 자가 없고 거드는 자가 없느냐. 날마다 올라오는 상소가 전날과 같고 또 그 전날의 전날과 같으니, 일신日新을 말씀하신 성인의 뜻을 어찌하려느냐.

    팔도의 감사와 유수들아, 병마사와 수사들아, 너희가 나의 아픔을 너희의 아픔으로 삼는다면 너희 백성들의 아픔을 스스로 알 것이다. 스스로 알면 스스로 취할 방도를 또한 알 것이다. 내 무슨 말을 더하랴. 너희는 헤아리고 또 헤아려라.

    아, 저 먹을 것 없이 떠도는 백성들을 어찌할 것인가. 하늘이 부모 없는 백성을 내놓지 않는데 어찌 먹을 것 없는 백성을 나의 땅에 점지하시는가. 내가 백성의 부모가 되어 품어주고 닦아주고 먹여주지 못하니, 나는 잠들지 못한다.

    아, 백성들아, 떠도는 지아비와 지어미들아, 그 어린 자식들아, 너희들은 나에 의지해서 고향으로 돌아가라. 너희는 군왕의 간절한 뜻을 따름으로써 백성의 착함을 보여라. 돌아가라. 가서 땅에 붙어서 살아라. 큰물이 지면 지아비는 도랑을 파서 물을 빼고 가물면 물을 가두어서 논밭을 축여라. 지어미는 천을 짜서 늙은이를 덮어주고 밤에는 아이에게 젖을 물리면 아름답지 않겠느냐. 해와 달의 운행이 곡식을 빚어내니, 모자라면 또 다음 해에 갚아주는 이치는 어찌 모르느냐. 떠도는 길은 죽을 길이고 돌아가서 서로 거두고 돌보는 것만이 살길임을 알아라.

    아, 팔도의 역참들아, 나의 이 뜻을 먼 섬에까지 전하라. 날랜 기발騎撥들을 보내 밤새워 달리게 하라. 말마다 방울을 세 개씩

달아서 연도의 백성들이 모두 알게 하라. 군왕의 말은 단엄端嚴해야 하는데, 백성이 구덩이 속으로 기어들어가고 있으니 내 어찌 말하고 또 말하지 않겠는가.

아, 팔도의 군수들아 현령들아 종팔품 종구품들아 진사들아 생원들아.

지금 얼어 죽고 굶어 죽고 매 맞아 죽은 백성의 시체가 서로 포개져서 널렸고 내장과 골수가 땅바닥에 패대기쳐 있으니 너희 수령들이 어찌 군왕의 신하이며 너희 유자들이 어찌 사직의 선비이겠느냐.

살아서 먹이지 못했으면 죽은 백골을 묻어주는 것이 어진 정사의 근본이다. 너희 수령들은 흩어져 바람에 몰리는 뼈들을 챙겨서 물 안 드는 자리에 깊이 묻어라. 얕게 묻힌 시체는 더욱 깊이 묻어서 독수리나 여우가 먹지 않도록 하라. 개들이 내 백성의 뼈를 물고 다니는 마을에서 너희들이 수령 노릇을 하느냐. 너희들은 개의 수령이냐 백골의 수령이냐. 아아, 날랜 기발들은 방울 세 개를 달고서 밤을 새워 달려라. 가서, 백성의 백골을 가지런히 재우려는 내 뜻을 팔도에 전하라. 아아, 이것이 어찌 군왕이 할 수 있는 말이겠느냐.

아, 저 굶주리는 백성들 사이에 사학의 요설이 들불처럼 퍼져서 군왕을 능멸하고 신주를 불살라서 제사를 폐하고 허환虛幻에 씌어서 삶과 죽음을 구분하지 못하고 미친 듯 취한 듯 울부짖고 서캐처럼 알을 까고 뱀처럼 감아서 한사코 죽을 자리로 몰려가고 있구나. 남녀가 서로 뒤엉켜서 뒹굴어 추함이 낭자하였으나 그 더러움을 모르니 정학正學은 무너지고 왕화王化는 막혔다. 조상의 생명을 점지받아 밭 갈고 거두는 땅에 태어난 자들이 어째서 삶을 하찮게 여기고 형륙을 받기를 잔칫상 받듯 하는가. 아아, 왕은 한밤중에 소리 죽여 울고 있다.

포도청이 압수한 증거물들 중에서 이른바 십자가라는 흉물을 내가 보았다. 벌거벗은 죄인을 손바닥 발바닥에 대못을 박아서 나무에 걸어놓은 형상을 모셔놓고, 절하고 울부짖고 가슴을 쥐어뜯으니, 어찌 해괴하고 패려하지 않으냐. 어째서 단정하고 아름다운 것을 버리고 신산하고 흉물스런 것에 절을 하느냐. 사람이 기둥에 못 박혀 있는데, 그 손발의 못을 빼고 시체를 내려서 사람의 손으로 땅에 묻으려는 백성이 없다는 말이냐. 군왕이 해와 달처럼 뚜렷하고 조상의 뿌리에 새 가지가 움트는 강토에서 어찌 죽음을 경배하고 삶을 지푸라기로 여기느냐. 저 십자가에 달린 야소라는 자는 활개를 벌리고 천년만년 매달려 있으니, 언제 못을 뽑고 내려와서 땅에 묻힌다는 것이냐. 죽은 자가 올라가서 하늘을 열고 또 내려와서 세상을 연다니, 고금에 어찌 이런 이치가 있을 것이며, 이것이 인간이 입을 벌려서 할

123

수 있는 말이냐.

인의예지는 인간의 떳떳한 도리이고 늘 그러함일진대, 강상
으로 가득 차는 세상에 어찌 귀신이 끼어들 틈이 있겠느냐.

신주를 불태우고 제사를 폐한 자들을 이미 쳐 죽였거니와,
그 남은 종자들이 또 종자를 퍼뜨려 서캐처럼 산골짜기마다 슬
어 있으니 내가 백성의 부모가 되어 어찌 애통하고 측은하지
않겠느냐.

맞아 죽은 자들이 형륙을 받는 자리에 나와서 강변하기를 신
주는 나무토막이고 조상이 아니라고 하였다고 내가 들었다. 십
자가는 어째서 나무토막이 아니며 신주는 나무토막인 것이냐.
효자가 그 부모의 죽음을 차마 받아들일 수가 없어서 울고 헤매
다가 나무토막을 모셔서 겨우 기댈 곳을 마련하고 거기에 정성
을 불어넣어 부모의 혼백이 깃든 것으로 여겨서 간직하는 것이
아름답고 또 서글프지 않으냐. 그것이 오랜 세월의 미풍美風을
이루어 조상의 뿌리에 자손이 열리는 표상이 되었으니 그 어찌
나무토막이라 할 수 있느냐. 인간의 본성과 도리에 비추어서, 집
안의 화목과 자손의 평안에 비추어서, 그것이 대체 무엇이 잘못
되었다는 것이냐. 그것이 어째서 불 질러서 땅에 묻어야 할 악
업이더냐. 그것이 악업이고 그것이 나무토막이라면 저들이 말
하는 영혼이란 대체 무엇이더냐.

가을에 서리가 내리면 땅에 묻힌 부모의 추위를 염려하여 군

자의 마음이 서글퍼지고, 봄날 비와 이슬이 대지를 적시고 아지랑이가 어리면 돌아가신 부모가 살아 돌아올 것만 같아서 군자의 마음은 놀라고 또 슬퍼진다고 『소학』 명륜장明倫章에서 성인이 말씀하셨는데, 너희는 옛글을 읽지 않았느냐. 읽고도 그 지경이냐. 그 슬픔과 놀라움이 기댈 곳 없어 신주에 사무치는 것을 너희는 어찌 모르느냐.

야소의 어미 마리아가 그 지아비의 정精이 없이도 아들을 낳았다 하니 이 해괴하고 황잡한 요언이 바로 무부무군의 근원이다. 어째서 열성조의 백성들이 야소 앞에서 슬피 울고 야소 어미의 옷자락에 매달려 숨이 넘어가고 부모가 준 이름을 버리고 사호로 부르고 응답하느냐. 포도청이 빼앗아온 사화邪畵를 내가 보았다. 어째서 야소의 어미는 부녀로서 바느질을 하지 않고 솔기 없는 천 조각을 두르며, 발을 땅에 딛지 않고 둥실 떠서 사람을 속이느냐. 발을 땅에 디뎌야 삶의 엄중함을 알 터인데 두 발이 둥실 뜨고 구름에 싸여서 어디로 가자는 것이냐. 대저, 덕이란 당연히 그러해서 억지로 작위함이 없는 것인데, 두 발이 공중에 뜨니 해괴하지 않으냐.

가르치지 않고 벌주는 것은 군왕의 도리가 아닐 터이나, 내 이미 어린아이 타이르듯 달래고 어르고 또 법으로 금했어도 저 무리들은 미치고 썩어서 알아듣지 못하고 깨우치지 못하니 이제 주륙으로 정법하려 한다. 무릇 인간의 모든 재앙은 스스로 불러들이지 않은 것이 없음을 알라.

너희 팔도의 감사와 수령들은 오가작통五家作統으로 백성을 엮어서 사학에 빠져서 무부무군하는 자들과 남을 끌어들인 자들과 알고도 고하지 않은 자들과 알면서 숨겨준 자들을 모조리 붙잡아서 코를 베고 목을 자르고 형륙을 가하여 나라에 법 있음을 알리고 그 종자를 박멸하라.

내 몸속에 아픔과 슬픔이 들끓어 몸을 뒤척이니 너희 감사와 수령들은 힘써 나의 뜻에 부합하라. 백성들이 개돼지의 길로 들어서고 있으니 내 어찌 거듭 말하고 또 말하지 않겠는가. 날랜 기발을 전국에 보내서 내 슬픈 뜻을 알려라. 방울 세 개를 매달고 밤을 새워 달려가라.

신료들이 문장의 각박함이 지나쳐 군왕의 교설에 은밀한 위엄이 없고 말이 번다하여 듣잡기에 민망하다는 뜻을 거듭 아뢰었으나 대비는 글을 바꾸지 않았다. 대비는 방울 세 개 매단 기발을 거듭 말하였다.

게 다리

가마우지는 절벽 끝에서 혼자 잠들고 갈매기는 물가 바위에
모여서 잠들었다. 가마우지는 절벽 끝에서 물 위를 노려보다가
갑자기 수면 위로 내리꽂혔다. 가마우지는 물속으로 들어가서
먹이를 쫓았다. 물가에서 바라보던 창대는 숨을 헤아렸다. 창대
가 깊은 숨을 열 번 들이쉬고 내쉬자, 가마우지는 물속에서 날아
올랐다. 가마우지 주둥이에서 물고기가 퍼덕거렸다. 가마우지는
절벽 꼭대기에 내려앉아서 발로 물고기를 누르고 대가리부터 쪼
아 먹었다. 물고기가 온몸을 뒤틀며 진저리를 쳤다.

갈매기는 한밤중에 잠에서 깨어나 울면서 바다를 날아다녔
다. 큰 무리가 마을 쪽으로 다가올 때는 날개 치는 소리가 마을
에 들렸다. 갈매기들은 새벽까지 울어대다가 날이 밝아오면 해

뜨는 붉은 바다 쪽으로 날아갔다. 갈매기들은 어부의 낚싯대에 매달려 끌려오는 물고기를 낚아챘고, 산으로 날아가서 쥐를 잡아먹었다.

마을에서 새벽닭이 울면, 갈매기들이 따라 울었다. 섬 노파들은 갈매기는 죽어서 닭이 되어 마을로 돌아오고 닭은 죽어서 갈매기가 되어 바다로 나간다고 말했다. 알에서 태어나는 것들은 모두 다 정처 없는데, 닭들이 짧은 동안을 사람에게 매여 있다가 다시 바다로 나가고, 갈매기들은 바다가 신산스러워서 잠시 닭이 되어 마을로 돌아오는 것이라고 노파들은 말했다. 붉은 바다 건너 쪽 하얀 바다가 새들의 혼백이 만나는 자리였다. 해 뜰 무렵에 바다의 새와 마을의 새들은 서로 부르고 응답했다.

바닷가 바위에 모여서 잠드는 갈매기들은 한 마리가 깨어서 날아오르면 예닐곱 마리가 따라서 날아오르고 나머지는 그대로 잠들어 있었다. 혼자서 떠나서 돌아오지 않는 것들도 있었다.

창대는 새벽에 물가에 나가서 날아오르는 갈매기들을 들여다보았다. 바위에 모여 있는 것들이, 모여 있으되 무리는 아닐 것으로 창대는 생각했다. 모여 있는 것들 안에 다시 작은 무리들이 있는 것인지, 아무런 무리가 아니고 제가끔 혼자인 것들이 여럿 모여 있는 것인지를 창대는 정약전에게 물었다.

창대의 말은 질문이라기보다는 저 자신의 답답함을 드러내는 독백처럼 들렸다. 정약전은 창대의 시선을 피해서 고개를 돌렸다.

—사람이 새가 아닌데, 어찌 새의 일을 다 알겠느냐.

정약전은 얼버무렸다. 새의 일을 사람의 말로 옮기면, 그것은 새인가 말인가, 라고 정약전은 창대에게 되묻고 싶었다. 그 또한 물음이라기보다는 저 자신의 답답함을 드러낸 것이었다.

섬은 산이 깊지 않고 계곡이 길지 않아서 개울은 합쳐지지 않았다. 물줄기들은 저마다 한 가닥씩 흘러서 바다에 닿았다. 유역이 넓지는 않았지만 민물이 바다로 드는 자리에는 뻘이 드러나서 들고 나는 바닷물에 질척거렸다. 그 뻘 구멍에 방울게, 달랑게가 들끓었고 민물 가에 사는 참게가 흐르는 물을 따라서 뻘까지 내려오기도 했다. 물 빠진 갯벌에 보름달이 뜨면 뻘 구멍마다 게들이 기어나왔다. 게들의 몸통이 밤의 빛을 빨아들여서 그믐밤에 게들은 칙칙했고 보름밤에 게들은 붉었다. 게들은 눈자루를 높이 세워서 멀리 바라보았고, 집게발로 바닥을 짚어서 몸을 띄웠다. 몸을 띄운 게들이 대열을 이루어 바다 쪽으로 달려갔다가 방향을 돌려서 뭍 쪽으로 돌아왔다. 뻘을 가득 덮은 게들은 바람의 그림자처럼 몰려다녔는데 발소리는 들리지 않았다. 게들이 몰려갈 때 눈자루 끝마다 달빛이 반짝였다. 밤중에 사람의 마을로 들어와서 장독대와 초가지붕 위를 돌아다니는 게들도 있었다. 달빛이 뻘에 비치면 구멍 속에 숨어 있던 게들이 몸이 달아서 구멍 밖으로 나와 싸질러 다니는데, 게가 구멍 밖으

로 나오는 이치와 여자들의 몸에서 경혈이 흘러나오는 이치가
같은 것이라고 섬의 늙은 의원은 말했다.

창대가 물고기와 게와 새들의 세상을 정약전에게 열어주었
다. 보름달이 기우는 새벽에 정약전은 물가에 나가서 게들을 들
여다보았다. 게들은 물결의 무늬로 흔들리며 몰려다녔다. 게들
의 세상에 정약전은 범접할 수 없었다. 다시는 돌아갈 수 없고,
돌아갈 곳이 없으리라고 게들은 정약전에게 말하고 있었다.

개울에는 집게다리에 털이 난 민물 참게들도 있었다. 창대가
참게 여러 마리를 잡아와서 정약전에게 보여주었다.

―섬에도 민물에는 민물 것이 삽니다. 자리가 있으면 사는
게 있지요.

라고 창대가 말했다. 고향 두물머리의 강가에서 보던 참게였
다. 고향의 강에서 게들은 가을에 하류로 내려갔다가 봄이 오면
마재의 물가로 올라왔다. 마재의 참게가 바다를 건너 흑산까지
올 리는 없을 터인데, 집게다리에 난 털과 둥근 몸통은 똑같았다.
참게들의 딱지에서 거품이 끓었다. 돌아갈 수 없고 돌아갈 곳이
없었는데, 돌아가려는 마음이 여전히 남아서 복받쳤다. 정약전
은 손가락으로 참게를 건드려보았다. 참게가 집게를 벌리며 다
리를 추켜들었다. 고향의 참게와 하는 짓이 같았다.

저녁에 정약전은 참게에 대한 글을 썼다. 난생처음 쓰는 글처

럼 글자들이 신기하게 느껴졌다.

섬의 계곡에 참게가 있다. 내 고향 두물머리의 강가에서도
볼 수 있었다.
다리에 털이 있다. 가을에 강물을 따라서 내려갔다가 봄이 오
면 거슬러 올라와서 논두렁에 새끼를 깐다.
……

쉬운 글이었다. 글이라기보다는 사물에 가까웠다. 이처럼 쉬
운 글이 어째서 눈물겨운 것인지를 정약전은 알 것 같았다. 아
마도, 다시는 돌아갈 수 없고, 기댈 곳이 없이 다만 게를 마주 대
하고 있기 때문인 것도 같았다.

게들 중에서도 진기한 종자는 다리가 떨어져나간 자리에서
나무줄기에서 가지가 나오듯이 새 다리가 돋아났다. 새 다리는
떨어져나간 다리보다 더 힘세고 민첩했다. 창대는 갯가에 돌을
쌓아서 게를 가두어놓고 다리가 돋아나는 모양을 들여다보고
있었다. 창대는 새 다리가 돋아난 게를 들고 와서 정약전에게 보
여주었다. 새순처럼 맑고 뽀얀 다리가 버둥거렸다.
—이상하지요. 몸을 열어봐도 다리의 싹이 들어 있지 않던
데…….

의금부 형틀에 묶여서 주리 틀리던 사학죄인들의 다리가 정약전의 눈앞에 떠올랐다. 정강이를 묶어놓고 그 사이에 방망이를 끼워서 양쪽에서 비틀면 다리가 빠개지면서 허연 뼈가 튀어나왔다. 다리뼈가 떨어져나간 자리에 지금쯤 새 다리가 돋아났을까, 허망한 생각은 비빌 곳이 없어서 간절했다. 정약전은 소쿠리에 담긴 게들을 뻘 위에 풀어주었다. 게들은 새로 돋아난 다리를 움직여서 구멍 속으로 들어갔다.

감옥

뼈는 돋아나지 않았다. 뼈는 붙지 않았고 움트지 않았다. 부러진 뼈는 너덜거리다가 떨어져나갔다. 떨어져나간 자리에서 피고름이 흘러서 감옥 바닥의 멍석을 적셨다. 피고름에 구더기가 슬었고 빈대가 꼬였다. 구더기가 파리가 되어서 상처의 진물을 빨았다.

옥리가 좁쌀을 삶은 물을 바가지에 담아서 하루에 두 번 가져다 두었다. 사학죄인들은 국물을 아껴서 핥아먹었다. 배가 고파서 머릿속이 하얬고 은하수가 눈앞에 펼쳐졌다. 귓구멍 속에서 매미 소리 같은 환청이 들끓었다. 감옥 바닥을 파고 똥오줌을 누었고 흙으로 덮었다. 좁쌀 삶은 물을 먹고 눈 똥은 건더기가 없어서 먹은 것과 나온 것이 별 차이 없었다. 멀건 똥물에서 악취가 풍겼다. 빈대가 피를 빨았고, 피를 빨린 사람이 빈대를 잡아먹었다. 통통한 빈대를 이빨로 깨물면 탁 소리가 났다. 빈대 속에서 사람의 피가 터졌다. 형이 확정되어서 망나니가 칼로 목을 자르기 전에 감옥에서 죽지 않게 해달라고 기도하는 죄수들도 있었다. 세속의 칼에 맞아 죽어야 세속을 벗어날 수 있고, 칼을 받기 전에 지레 죽으면 세속의 고름 위에 쓰러지는 것이라고 그들은 믿었다.

포도청은 망나니의 칼로 저들의 머리를 잘라서 정법을 집행하기 전에 저들이 먼저 죽는 것을 꺼렸다. 거기에서, 사학죄인들과 비변사의 뜻은 크게 다르지 않았다. 칼로 목을 칠 때까지 살려두려면 때리고 비틀지 말아야 했지만 뿌리를 캐서 종자를 박멸하려면 때리고 비틀지 않을 수 없었다. 거기에서, 사학죄인들과 비변사의 뜻은 달랐다.

형문을 받는 날, 감옥 안의 사학죄인들은 포도청으로 다시 끌려갔다. 배교하고 인의예지로 돌아오겠다는 개전의 정이 확실하면 감형되기도 했는데, 그 대가로 삿된 무리들이 숨어들어간 소굴을 대거나 수배된 자들의 은신처와 숨겨준 자들을 불거나, 사학을 전염시킨 자들이나 사물邪物과 사화邪畵, 사서邪書를 제작하고 유포한 자들의 이름과 행방과 연고선을 고해야 했다.

—너는 충렬의 후손으로 태어났고 소학을 읽어서 물 뿌려 마

당 쓸고 부르면 대답하는 도리를 배웠다. 너는 거칠게나마 인성을 갖추어서 하천이나 이적과는 다르다. 너는 약간의 글재주와 말솜씨로 과분한 성은을 입어서 품계가 종칠에 이르렀다. 너는 서캐와 같이 천하고 독사와 같이 악한 자들과 뒤엉켜 요언을 외우고 국금을 범하여 열성조의 땅을 더럽히고 사직을 능멸하였다. 너의 죄는 죽음으로도 갚지 못할 터이나 너에게 세례를 준 자와 또 그에게 세례를 준 자들을 모조리 자백하여 살려는 것을 살리려는 임금의 뜻에 힘써 부합하라.

—너는 무, 배추나 조개젓을 파는 자로 근본이 빈대와 같이 천하고 구더기와 같이 더럽다. 비틀리고 또 어긋나고자 하는 기운이 몸속에 가득 차서 너의 패역한 무리들과 뒹굴며 소굴을 이루었다. 너는 무리들과 지렁이처럼 엉켰으니 마땅히 상세히 알 것이다. 지난번 네가 고한 것을 다른 자들의 공초와 대조하니 어긋난 점이 많았다. 이로써 네가 아직 사특한 마음을 버리지 못하고 매에 못 이겨 거짓을 고했음을 알았다. 우선 장 스무 대를 맞아라. 맞고 나서 다시 고해라. 매가 너에게 자양이 되기를 바란다.

—너는 스물에 초시에 급제하였으나 물정에 어두워서 실직에 쓰이지 못한 채 먼 남쪽 산 밑에 엎드려 사십 년을 유건을 쓰고 허송하였다. 네가 유자의 찌꺼기로 고린내 나는 상투에 뚫린

망건을 쓰고서 초야의 풀벌레 소리에 묻혀서 고금의 흥망과 병법서를 읽으며 늙었으니, 너의 병서와 경서에 가엾음이 없지 않다. 허나 네가 사직의 뜰에서 과거를 치러 나라의 품계를 받고 네 조전祖傳의 땅에서 난 곡식을 먹으면서 부모의 신주를 파묻고 제사를 폐한 죄는 죽어 마땅하다. 너와 함께 제사를 폐하기로 모의한 자들을 모조리 고하라. 너희 올빼미와 같이 음산하고 지렁이와 같이 더러운 자들이 뒤엉킨 소굴을 찾는 일에 너는 길라잡이 되어서 나서라. 우선 장 서른 대를 맞아라. 매를 헛되이 맞지 말고 맞으면서 스스로 깨치도록 애써라.

제 갈 길

　별형방別刑房들은 심문에서 사학죄인들에게 두 가지를 요구
했다. 자신의 죄를 자백할 것과 타인을 고발할 것이었다. 심문
과 심문 사이를 매질로 이어갔다. 매질을 하지 않고 받아낸 진
술이 잔머리를 굴려서 꾸며낸 거짓말이라면, 매질을 하면서 받
아낸 진술은 매에 못 이겨 토해낸 거짓말일 것이었다. 별형방들
은 그렇게 알았다. 죄인 한 명의 진술 안에서도 때리면서 받아
낸 말과 때리지 않고 받아낸 말이 엇갈렸고, 먼저 끌려온 자를
때려서 받아낸 진술과 나중에 끌려온 자를 때리지 않고 받아낸
진술이 어긋났다. 말들이 어긋난 자리에서 매는 더욱 커졌고, 매
가 커져서 말들은 더욱 어긋났다. 피와 살점이 튀어서 맞는 자와
때리는 자가 그것을 함께 뒤집어썼다. 때리는 자나 맞는 자나 정

법으로 가는 길은 쉽지 않았다.

오십여 일을 감옥에서 버티면서 정법으로 치명致命하는 날을 기다리던 자가 감옥으로 찾아온 노모를 보고 배교했다. 노모는 감옥 창살을 잡고 이마를 부비면서 다만 아이고, 아이고……울었다.

노모는 마귀보다 무서웠고 매보다 무서웠고 지옥보다 무서웠다. 아들은 달아난 자들의 은신처를 발고했다. 포졸들이 달려나가 숨었던 자들을 끌어왔다. 배교자는 풀려났다. 배교자는 곤장에 엉치뼈가 깨져서 두 발로 서지 못했다. 배교자의 아들이 아비를 지게에 얹어서 고향 쪽으로 걸었다. 동작나루에서 배를 기다리다가 배교자는 장독이 퍼져서 죽었다. 배교자가 지게에 실려 간 거리는 한나절 길, 이십 리였다. 아들이 아비의 시체를 지고 가서 고향에 묻었다. 심문받을 때 별형방이 말했듯이, 배교자는 스무 살에 초시에 급제하였으나 물정이 어두워서 실직에 쓰이지 못하고 먼 남쪽 산 밑에 엎드려서 유건을 쓰고 사십 년을 허송한 자였다.

배교자가 강을 건너지도 못하고 죽었다는 소문이 감옥에 퍼졌다. 배교자는 천주를 믿다가 잡혀와 세속의 악형을 다 받고 견디다가 어미를 보고 천주를 배반해서 천주의 벌을 또 받은 것이라고 옥중의 사학죄인들은 말했다. 천주가 배교자의 목숨을 거두어 세속의 혈연을 끊어주고 상처를 싸매서 천당으로 인도한 것이라고 말하고 싶었던 사람들은 말하지 못했다.

감옥에서, 정약전은 죽은 배교자의 영혼이 천당으로 갔기를 바랐다. 바랐다기보다 기도했다. 정약전은 어쨌든 땅 위를 떠날 수는 없을 것이라고 생각했다. 감옥에 들어오니까 여기와 여기가 아닌 곳이 분명히 보였다. 자신은 배교가 아니라 기교棄敎라고 생각했다. 살아서 세상에 속한 자로서 그 세상을 기세棄世할 수는 없을 것이었다. 배교하고 죽은 자의 영혼을 천주가 받아주기를 기도할 때, 정약전은 천주의 존재를 믿고 있다고 속으로 생각했는데, 믿었다기보다는 그러기를 바랐다.

천주 교리를 배웠던 여럿과 함께 형틀에 묶였을 때 정약전은, 모두가 아무런 인연도 없는 타인으로 느껴졌다. 아무도 서로의 속내를 알 수 없었다. 남에게 죄를 뒤집어씌우면 살 수도 있었다. 한 명이 살기를 각오하고 불기 시작하면 다들 그 길로 따라와서, 대질은 한나절씩 계속되었다.

……저자가 나에게 입신을 권했다. 나는 한때 미혹했으나 제사를 끊지는 않았고 작년 봄에 스스로 회오문悔悟文을 지어 사당에 바치고 손을 씻었다. 나의 아비가 그 회오문을 가지고 있다.

……아니다. 작년 가을에 저자가 아현동에서 교인의 모임에 들어 있는 것을 내가 보았다. 회오문은 저자가 끌려온 후에, 그 아비가 아들을 살리려고 쓴 것이다.

……나는 영세를 받기는 했으나 아무런 감회가 없었다. 나

는 그것이 신기한 놀이인 줄 알았고 그 때문에 제사를 폐하지
도 않았다.

……아니다. 내가 저자에게 영세를 줄 때 저자는 눈물을 흘
리며 고요히 고개를 숙이고 있었다. 진실로 심열성복心悅誠服하
는 자의 단정함과 경건함이 있었다.

묶여서 발버둥 치던 자들은 심문 중에 물고가 나거나 매를 다
맞고 나서 정형正刑되었다.

정약용이 그 지옥을 똑바로 쳐다보며 통과하고 있었다. 형틀
에 묶여서, 정약용은 진술했다.

—주문모에게 세례 받은 자 중에 황사영이 있다. 사영은 나의
조카사위다. 그를 잡으면, 토사討邪에 큰 도움이 될 것이다.

—황사영과 그 일당들은 깊이 숨어서 잡기 어렵고 죽어도 불
변할 자들이다. 그들 주변에서 물이 덜 든 노복이나 학동을 붙잡
아 형문하면 그 상전의 행방을 혹 알 수도 있을 것이다.

봄에 죽은 정약종과 가을에 살아남은 정약용은 똑같이 단호
했다. 둘은 정약전에게 천주 교리를 배워서 이 세상 너머를 엿
보았다. 그때 세상의 근원은 세상에 있지 않았다. 그리고 둘은
제 갈 길을 갔다. 정약종은 그 너머로 갔고 정약용은 세상으로
돌아갔다. 그 둘은 돌이킬 수 없는 길을 돌이키지 않았다. 형틀
에 묶여서, 두 동생과 조카사위 황사영의 맑은 얼굴을 생각하면
서 정약전은 기진맥진하였다.

두 동생이 서로 보이지 않고 서로 불러도 들리지 않는 먼 자리로 갈라지기를 정약전은 바랐다. 그 바람 속에는 두 동생이 끝이 보이지 않는 곳을 멀리 돌아서 다시 만나게 되는 환영이 숨어 있는 것 같았다.

　　약종이 사학의 죄를 끌어안고 먼저 죽어서 약용은 풀려나기가 수월할 것이었다. 약용은 그것을 알고 있었다. 약용은 자신이 약종의 죽음에 기대고 있음을 알았다. 알려고 하지 않았는데, 저절로 알게 되었다. 정약전은 약용의 배교에 힘입어서 함께 풀려나게 되리라는 것을 알고 있었다. 정약전도 알려고 하지 않았는데 저절로 알게 되었다. 정약전은 약종과 약용으로부터 비켜 서 있었다. 정약전과 정약용은 죽은 약종과 황사영의 일을 평생 입에 담지 않았다. 그들은 형틀에서 헤어졌다. 정약종은 참수되었고 황사영은 능지처참되었다. 집행은 느리게 진행되었다. 정약종의 사체는 두 토막이었고 황사영은 여섯 토막이었다.

백도라지

임진강 유역에서 노비들의 씨는 강을 넘나들면서 하류 쪽으로 퍼졌다. 고을의 수령들이 관노들을 짝지어서 씨를 받았고 젊은 사노들은 나루나 밭고랑에서 눈을 맞추고 몸을 섞어서 노비를 뱄는데, 교접이 잦아서 누구의 씨인지를 알기 어려웠고 상전들도 캐묻지 않았다. 노비들은 가랑이를 벌리고 몸으로 몸을 파서 씨를 주고받았지만, 씨가 퍼져나가는 모양은 자취가 없고 의례가 없어서 풍매風媒처럼 보였다. 아리旕利는 경기도 교하의 관비였다.

교하에서, 강들은 겹쳐지면서 흐름을 다했다. 합쳐진 물은 바다에 닿기 전부터 바다를 받아들여서 밀리고 썰리면서 서해로 향했다. 파주, 김포, 개풍, 강화, 장단이 넓은 물 쪽으로 꼭짓점을 내밀고 마주 대했다.

　강가 고을들의 수령과 찰방, 진장들은 관노들끼리 짝을 붙여서 노비의 자식을 생산해냈다. 대체로 임진강을 사이에 놓고 씨가 좋은 남종과 자리가 좋은 여종을 주고받거나 강남 쪽에서 길쌈 잘하는 여종을 강 북쪽 마을에서 참게 잘 잡는 남종과 바꾸는 방식이었다. 흥정이 쉽게 풀리지 않을 때는 나이 든 남종 한 명에 말 한 마리나 염소 두 마리를 얹어서 젊은 여종 한 명과 바꾸기도 했는데, 젊은 여종은 팔려오면 바로 교접을 붙여서 새끼를 배게 했다.

　자식을 낳고 나서 젖이 잘 도는 여종이나 미색이 뛰어난 계집종은 늙은 남종 서넛과 맞바꾸었다. 젖 잘 나오는 여종은 팔려간 상전집 아이가 두 돌이 지나 젖을 떼면 몸값이 반으로 떨어져서 전의 상전한테로 다시 팔려왔다.

　아리의 어미는 파주 현청의 관노였고 아비는 임진강 건너 나루터에 딸린 진노였다. 아리의 어미는 아리를 낳고 젖이 흔했다. 강북 장단마을 진사의 정실이 둘째 아들을 낳았는데, 젖이 막혔다. 장단진사가 아리의 어미를 남종 둘과 바꾸어서 데려갔다. 장단진사의 아들은 두 돌이 지나서 젖을 떼었고 아리 어미의 젖은 마르지 않았다.

　진사의 첩이 아들을 낳고 나서 죽었다. 장단진사는 아리 어미의 젖을 첩의 아들에게 먹였다. 장단에서 아리 어미는 젖 잘 나오는 여종으로 소문나서 이 집 저 집으로 팔려 다니며 젖을 빨렸다. 젖이 마르면, 상전들은 아리 어미를 다시 남자 종과 붙여서 임신시키고 자식을 낳게 해서 젖을 뽑아냈다. 아리 어미는 젖멍울 안에 젖이 차서 탱탱했고 꼭지가 커서 젖 빠는 힘이 약한 아이도 흘리면서 젖을 먹어댈 수 있었다.

상전집 자식들에게 젖을 빨릴 때, 아리 어미는 품안의 아이가 제 자식이라는 착각에 빠져 있었다. 아리 어미는 그 착각이 착각인 것을 몰라서, 품안의 아이는 제 자식이나 마찬가지였다. 아이가 젖을 빨 때, 아리 어미는 제 몸의 살과 피가 아이의 몸속으로 빨려 들어가는 것을 느꼈다. 젖꼭지를 물고 오물거리는 아이의 입술과 혓바닥은 따스하고 힘찼다. 누워서 젖을 빨리다가 아이가 사레들려서 젖을 토하고 기침을 한 적이 있었다. 그 후로 아리 어미는 언제나 곧추앉아서 아이의 머리통을 손바닥으로 받치고 젖을 빨렸다. 왼쪽을 빨릴 때, 아이의 손이 오른쪽 젖꼭지를 주무를 수 있도록 아리 어미는 앞섶을 열어주었다.

아이를 낳고 젖이 마른 여자들이 밤중에 샘터에 나가서 샘물을 떠놓고 삼신할미에게 젖을 빌었는데, 젖은 끝내 나오지 않았다. 장단의 젖 마른 여자들은 아리 어미가 삼신할미의 환생이라고 말했다. 아리 어미가 젖을 빨릴 때 자세가 단정하고 얼굴이 평안해서 삼신할미의 환생이 틀림없다고 여자들은 말했다. 젖은 사내의 정기로 빚어지는 것이 아니고 삼신할미가 애 낳은 여자의 몸속에 풀어놓은 샘물이어서 여종의 젖을 상전의 자식에게 먹여도 천한 기운이 아이에게 옮겨오지 않는다는 말도 젖 안 나오는 상전의 여자들이 지어냈다.

젖을 빨던 아이가 젖을 떼고 밥을 먹기 시작해도 아리 어미의 젖은 마르지 않아서 아리 어미는 다른 집으로 팔려갔다. 장단에서, 아리 어미는 여러 마을로 팔려 다니면서 예닐곱 명을 젖을 빨려서 길렀다. 장단의 노비들은 아리 어미의 젖을 먹고 자란 아이들을 젖언니, 젖동생이라고 불렀는데, 상전들이 그 같은 말을 쓰지 못하도록 엄히 꾸짖었다.

아리 어미는 임진강을 건너오지 못하고 장단에서 젖을 빨리다가 장단에서 죽었다. 아리 어미는 마흔다섯 살에 죽었다. 임진강 나루터 진노들이 아리 어미를 강가 언덕에 묻었다. 짚신을 벗기고 허리띠를 끊어서 몸을 편히 해주었다. 머리카락을 풀어서 어깨 위로 늘어뜨려 주었고 손발을 묶지 않고 젖가슴 위에 포갰다. 염 없이 맨 송장을 묻었는데, 아리 어미는 사체에서도 젖이 흘러나왔고 무명 저고리 앞섶이 젖어서 젖꼭지가 드러나 보였다고 땅을 팠던 진노들이 말했다. 아리 어미 무덤에 백도라지가 피었는데 도라지가 아리 어미 젖을 먹고 피어서 꽃 색이 젖 색이라는 말이 임진강을 건너왔다.

어미가 팔려간 후에 아리는 교하 관아 행랑에서 여종들이 떠

먹여주는 미음을 받아먹으면서 백일을 넘겼다. 열 달 무렵 겨울에는 고열이 나다가 몸이 차가워지고 숨소리가 들리지 않아서 죽은 줄 알고 짚을 덮어서 툇마루에 내놓았는데 죽지 않았다.

아리는 물가에서 일했다. 노복들이 강에 나가서 잡아온 민물고기를 내장을 따서 널어 말리거나 찌갯거리로 다듬어서 관아에 바쳤다. 관속들의 옷가지나 처첩과 관기들의 개짐을 빨아서 말렸다. 밀물 때는 바닷물이 거기까지 들고 나서 강이 부풀었고 가득한 강물 위로 바람이 불면 먼바다의 갯내가 끼쳐왔다. 썰물 때는 강이 굽이치는 건너편에 뻘이 드러났고 바다의 새들이 거기까지 날아왔다.

스무 살이 되면서 아리는 때때로 제 몸속이 밀물의 강처럼 부풀어 오르는 것을 느꼈다. 물고기를 다듬다가 강물을 쳐다보면 쪼그리고 앉은 다리 사이로 강물이 흘러들어 오는 듯싶었다. 아리는 두 손으로 아래를 가렸다. 기쁨인지 서러움인지 분간할 수 없는 흐름이 몸 안에 가득했다. 그렇게 부풀어서 가득 차는 것이, 다시 막막한 결핍이어서 아리는 혼자서 두 다리를 비비면서 쩔쩔맸다.

건너편 나루터 진노들이 옹기나 숯가마를 싣고 강을 건너왔다. 아리는 그 진노들에게 가끔씩 어미의 소식을 들었다. 아리는 어미를 기억할 수 없었는데, 어미가 진노들에게 부탁해서 아리의 소식을 물어왔다. 강 건너편에 어미가 있다는 것이었다. 사람의 여자가 가랑이 사이로 사람을 낳는다는 것이 아리에게 가장 참혹한 슬픔이었다. 강 건너편에서 어미는 언제나 세상에 젖을 물리고 있다는 것이었는데, 강폭이 넓어서 건너편 마을은 보이지 않았고 아침저녁으로 연기가 올랐다. 연기 오르는 강 건너를 바라보면서 아리는 부풀어 오른 제 젖을 두 팔로 감싸 안았다.

한강 어귀로 들어와서 서울 마포나루로 가는 시선柴船들은 날이 저물고 강물이 빠질 낌새를 보이면 교하에 배를 대고 밀물을 기다렸다. 임진강이 흘러서 교하에 이르러 한강과 합쳐지고, 합쳐진 물이 통진을 지나서 다시 예성강을 아우르고 강화를 지나서 바다에 닿는데, 바다는 밑도 끝도 없는 아득한 물이고 해가 그 아래서 솟고 또 그 아래로 지는 것이라고 강을 거슬러온 노꾼들이 말해주었다. 아리는 바다가 떠오르지 않았고, 아마도 죽어서야 가는 곳이겠거니 했다. 여기와 거기가 물의 흐름으로 이어져 있어서 흘러서 거기에 당도할 수 있고 해나 달과 더불어 흘러가고 있다는 것이 아리에게는 꿈속의 일처럼 느껴졌는데, 강들은 꿈속이 아니라 눈앞의 들판을 흘렀다. 통진, 강화, 김포, 예성강…… 낯선 마을과 강들의 이름에 아리는 눈을 가늘게 뜨고 강물이 흘러가는 하류 쪽을 바라보았다.

관원이나 상전들은 자주 노복들을 매질했다. 말이 다리를 전다고 경마잡이를 때렸고, 여종의 딸이 상전의 딸에게 머릿니를

옮겼다고 그 어미를 매질했다. 매를 맞은 자가 달아나면, 노복
을 모두 모아서 때리면서 달아난 자의 행방과 연고선을 추궁했
고 달아난 자의 어미와 자식은 더욱 모질게 때렸다.

관장이 노복들을 묶어놓고 매질할 때, 물가에서 생선을 다
듬던 아리는 나무둥치를 끌어안고 숨죽여 울었다. 때리는 소리
와 비명 소리가 물가에까지 들렸다. 매질이 거듭되면서 비명 소
리는 작아졌다. 작은 소리가 더욱 무서워서 아리는 오줌을 흘
리면서 울었다. 밀물이 썰물로 돌아서면서 강물은 빠르게 흘렀
다. 울음 속에서, 강물을 따라 내려가면 당도한다는 바다가 떠
올랐다. 강물에 몸을 얹으면, 강물이 몸을 실어서 여기가 아닌
곳으로 데려다줄 것인지를 생각하면서 아리는 울음을 추슬렀
다. 매 맞는 자의 비명 사이에 낮닭이 목청을 꺾고 소리를 뽑아
냈다. 울음을 추스르고 나면, 슬픔이 가라앉은 자리에 강물이
또 밀고 들어왔다.

가을에 말먹이 풀을 싣고 강을 건너온 진노들이 아리에게 다
가와 지난봄에 어미가 죽었다는 소식을 전했다. 강 건너편 언덕
에 묻었는데, 죽어서도 젖이 나왔고 무덤가에 흰 도라지꽃이 피
었다고 진노들은 말했다.

아리는 어미가 묻혔다는 강 건너 쪽을 바라보았다. 강폭이
넓어서 마을은 보이지 않았고 어두워지는 숲에 새들이 내려앉
았다.

사람이 사람의 자식으로 사람의 몸에서 태어나는 생명이 아니었다면 어미와 내가 노비로 태어나지는 않았으리라는 생각에, 아리는 울음을 눌러서 울었다.

아리는 어미를 한번도 본 적이 없었는데, 그때 어미의 모습은 흰 도라지꽃으로 떠올랐다. 도라지꽃은 별이 되어서 하늘에 가득 찼고 꽃들은 강물을 뒤덮고 흐르면서 따라오라, 따라오라고 손짓했다. 강물을 따라 흘러 내려가면 여기가 아닌 세상이 열린다고 도라지꽃들은 손짓하고 있었다.

초여름 이른 장마에 강물이 넘쳤다. 강을 거슬러 올라오던 참게와 황복이 힘이 부쳐서 버둥거렸다. 죽은 게들이 물가에 떴고 산 것들도 씨알이 굵지 못했다. 노복들이 밤중에도 송진 불을 들고 게를 잡았으나 소출은 많지 않았다. 교하 현감이 사옹원에 진상한 게장이 곯았다. 장을 담글 때, 오래전에 죽은 게 몇 마리가 섞여 들어가서 한 독 전부가 못쓰게 되었다. 게장은 대궐로 들어갔다. 이궁離宮 나인이 장독 뚜껑을 열어서 냄새를 맡고 제조상궁에게 고했다.

교하 현감과 아전들, 사옹원 종칠품 관원이 포청에 끌려갔다. 사옹원 관원은 대곤 열 대를 맞았고 아전들은 대곤 스무 대를 맞은 후 찰방 역노驛奴로 쫓겨 갔다. 교하 현감은 중곤中棍 스무 대를 맞고 파직되었다. 사대조의 방계에 충렬이 있었고, 대비전에 선이 닿아 있어서 현감의 혐의는 부풀지 않았다.

　—그가 늙어서 총기가 빠졌구나. 한심하고 측은하다. 어찌 목민을 맡길 수 있겠느냐. 벼슬을 거두고 향리에서 마치게 하라.

　라고 대비가 말했다고 상궁이 전했다.

　파직될 때, 교하 현감은 아리가 지난봄에 강가에서 참게를 잡으려고 물 깊은 곳으로 들어가다 빠져 죽은 것으로 문서를 꾸며놓고 관적에서 빼돌려 사노로 삼았다. 현감은 아리의 옛 상전과 주거지, 어미, 아비를 모두 거짓으로 적어놓고 스무 냥에 사들인 매득비로 노비 문서에 올렸다.

　교하 현감의 집은 고양 행주나루 안쪽이었다. 파직 후에 현감은 솔가해서 고양으로 옮겨 살았고 아리도 그때 고양으로 딸려갔다. 고양은 교하보다 상류 쪽이어서 서울에 더 가깝다는 것을 아리는 사공에게 들어서 알고 있었다.

　—대보름이다. 목욕을 하고 달을 맞아라.

　현감이 말했을 때 아리는 그 속뜻을 몰랐다. 밤에 달이 떴고, 사랑방에 군불을 때던 아리를 현감이 자리끼를 들이라며 방 안으로 불렀다. 현감은 속옷 차림으로 이부자리 위에 앉아서 노인의 누린내를 풍겼다. 아리가 물 대접을 윗목에 내려놓고 무릎걸음으로 물러날 때, 현감이 아리의 덜미를 채어서 쓰러뜨리고 옷을 찢었다.

　—조용히 해라. 아래가 열려야 잔병이 없다.

현감이 아리를 올라타고 무릎으로 아리의 허벅지를 눌러서 벌렸다. 아리가 몸을 뒤틀면서 팔꿈치로 현감의 명치를 찍었다. 현감이 벌떡 일어서서 아리의 머리채를 잡고 주먹으로 얼굴을 때렸다.

　―이년, 종년이 무슨 정절이냐.

　아리는 코피를 흘리며 쓰러졌다. 아리는 버둥거리지 못했다. 현감은 피 흘리는 아리의 코를 수건으로 덮고, 아래를 팠다. 보름달이 방 안을 깊이 비추었다. 현감은 침을 흘리며 헐떡거렸다. 아리는 도리질을 쳤다. 크고 사나운 기둥이 몸에 박히면서 온몸이 찢어져서 벼랑으로 떨어졌다.

　아아, 아리는 신음했다. 아리는 어미가 죽어서 피어났다는 흰 도라지꽃을 생각했다. 흰 도라지꽃은 강물 위에 가득 떠서 흘러내려갔다.

　―다음번에는 좀 순해져라. 무서움을 버려야 좋아진다.

　현감이 허리춤을 추스르며 말했다.

　현감의 아들이 장가들어서 본가 옆에 신접살림을 차렸다. 아리가 아들 집에 말린 생선을 가져다주러 갔을 때 아들의 처가 친정에 가고 없었다.

　대낮에, 현감의 아들이 아리를 안방에서 쓰러뜨렸다. 옷이 다 벗겨지기 전에 아리는, 네 아비가 이미 나를 간음했다는 말을 아들에게 했다. 아리는 그 말을 어떻게 엮어서 내놓았는지 기억할 수 없었다.

—도련님 아버지께서 이미 저를…… 어찌 이럴 수가, 부자
간에…….

아마, 그런 말이었을까. 아들은 아리의 말을 알아들었다. 아
들은 벌떡 일어서서 아리를 때렸다.

—이년, 집안을 들어먹을 년이로구나. 가랑이를 찢어 죽일 년.

아들은 매 맞고 늘어진 아리를 다른 종을 시켜서 마당으로
끌어냈다.

서해에서 마포로 가는 시선들은 조강나루에서 묵은 후 강화
를 지나고 이산포나루로 파주를 지나 행주나루에 닿았다. 행주
나루에서 마포나루까지는 물때가 맞고 바람이 순하면 한나절
거리였다. 사공들은 행주나루에서 길게 쉬어갔다. 시선들은 생
선과 젓갈, 소금과 섬에서 나는 약초를 싣고 있었다. 시선이 나
루에 들어오면 행주나루 안쪽 마을 사람들은 곡식과 닭, 염소를
끌고 가서 해물과 바꾸었다.

배가 들어오면 아리는 마름을 따라서 곡식을 이고 나루터로
갔다. 돛을 세운 배들이 선창에 묶여 있고 건장한 사내들이 국
밥집에서 술을 마시고 있었다.

배는 먼 길을 와서 돛이 너덜거렸으나, 해져서 기운 돛에는
더 먼 길을 갈 수 있는 힘이 들어 있었다. 아리는 흰 도라지꽃

이 흘러가는 먼 하류를 생각했다. 사공에게, 배를 태워달라고 말하고 싶었지만 말하지 못했다. 사공이 상전에게 일러바쳐서 모진 매타작을 당하게 될 일이 무서웠고 태워준다 해도 사내들이 무서웠다.

행주에서 서울은 멀지 않아서 배를 타면 한나절이지만 걸어 가도 하룻밤 하룻낮이면 갈 수 있다는 것을 아리는 배꾼들에게 들었다. 행주에서 벽제를 거쳐서 박석고개를 넘어서 갈 수도 있고, 삼각산 언저리를 돌아서 북쪽 길로 갈 수도 있다고 배꾼들은 일러주었다.

아리는 쌀 석 되를 모으고 짚신 다섯 켤레를 만들었다. 그동 안에 현감의 아들은 기어이 아리를 간음했다. 한식날, 성묘를 마치고 돌아온 상전들이 술 마시고 깊이 잠들었다. 새벽에 강물이 가득 부풀었고 안개가 자욱했다. 아리는 상전의 집을 나와서 서울로 향했다. 개들이 짖어댔다.

새우젓 가게

박차돌은 종사관 마누라의 심부름으로 마포나루 젓갈도가
에 김장용 새우젓을 사러 갔다가 천주교에 물들었다. 새우젓
가게는 종사관 마누라의 단골집이었는데 종사관은 새우젓 장
수 강사녀姜詞女가 천주교 신자인 줄 몰랐다. 강사녀는 사십 먹
은 여자였는데, 과부인지 늙은 처녀인지 가출녀인지 소박데기
인지 아는 사람이 없었다. 강사녀는 연평도, 덕적도 쪽에서 올
라오는 장삿배들과 선이 닿아서 씨알 굵고 싱싱한 조기젓, 까나
리젓, 꽃게장을 제철에 구해서 쟁여놓았다가 입맛 까다로운 사
대문안 양반가에 팔았다. 섬에서 나는 해물을 주로 팔았기 때문
에 강사녀의 고향이 섬이라는 말도 있었으나 확실치 않았다. 강

사녀는 돈을 제법 모아서 마포나루에 열 평짜리 젓갈 창고 다섯 채를 가지고 있었고 사람을 부려서 양 곱창을 구워 파는 밥집을 겸하고 있었다.

강사녀는 입이 무겁고 붙임성이 좋아서, 심부름으로 젓갈을 사러 오는 양반가 하인배뿐 아니라 강을 거슬러 온 시선배 노꾼이나 삿배를 타고 강을 건너가는 소몰이꾼이나 등짐꾼들이 강사녀의 밥집에 꼬였다. 강사녀는 손이 커서 됫박질과 국자질이 후했고 국밥에 고깃점이나 나물 건더기를 넉넉히 담아주었다. 소머리국이나 선지해장국을 짠맛과 덜 짠맛으로 따로 끓여서 입맛대로 퍼주었고 젓갈 냄새에 물린 사공이나 노꾼들에게는 젓갈을 쓰지 않은 백김치나 미나리를 썰어 넣은 나박김치를 내주었다. 며칠씩 강을 거슬러온 배꾼들은 마포나루에 짐을 풀고 퍼져서 쉬었다. 강 깊이 거슬러 올라와서 돌아갈 길은 멀었는데, 썰물에 올라타면 노 젓기가 고되지는 않았다. 멀리서 온 배꾼들은 마포나루에서는 비린내 나는 것보다 들기름에 구운 달걀부침의 포근한 맛을 좋아했다. 강사녀는 젓갈 창고 뒷마당에 닭을 길렀다. 생선 내장을 먹인 암탉들이 굵은 알을 쏟아냈다.

강사녀는 후하게 퍼주면서도 늘 말수가 적었고 눈썰미가 날카로웠으나 드러나지 않았다.

—강화에서 오시오?

—연평에서 오시오?

―시장하시겠소. 천천히 드시오.

―국 식지 않았소? 토렴해 드리리까?

―오늘은 물이 치받소. 배 부리려면 힘이 많이 들겠소.

같은 토막소리로 강사녀는 손님에게 말을 걸었다.

강의 상류에서도 숯이나 약초, 나물, 옹기, 목재, 종이를 실은 배들이 내려와서 마포나루에서 짐을 부렸다. 섬에서 올라오는 배들과 산골마을에서 내려오는 배들이 모두 모이고 또 떠나는 자리에서 국밥을 팔고 젓갈을 파는 일이 강사녀에게는 스스로 복되게 느껴졌다. 강사녀는 그 복을 발설하지는 않았지만, 시장하시겠소, 라고 손님에게 건네는 말 한 토막에서 복은 풍겨 나오고 있었다. 배들이 비꺽거리는 소리와 강안으로 다가오면서 오랜만에 만나는 사공들끼리 소리쳐 부르는 고함 소리가 강사녀는 마음속으로 복되게 느껴졌다. 사람마다 팔다리와 눈, 귀가 두 개씩이고 코가 하나고, 사람이 사람의 말을 알아듣고 또 서로 소리쳐 부르면서 배를 타고 강을 오르내린다는 것이 강사녀는 고마웠다.

강사녀의 젓갈 가게는 강을 오르내리며 통교通交하는 천주교인들의 거점이었다. 배들이 모이고 흩어지는 자리에서 천주교의 거점 노릇을 하는 일이 강사녀에게는 강물이 흘러가는 일처럼 저절로 이루어진 일인 듯싶었다. 강사녀에게 천주 교리는 손님의 식은 국밥을 토렴해주는 일처럼, 그렇게 이루어져야 할 일이었다. 그것은 분명했고, 의심할 여지는 없었다.

……네 이웃을 사랑하라.

이웃들은 강물 위에 가득 떠서, 내려오고 올라가고 다가오고 또 떠나갔다.

강사녀의 새우젓 가게에 왔을 때 박차돌은 평복 차림에 빈 지게를 지고 있었다.

—포도청 종사관 댁에서 왔소이다. 새우젓을 가지러…….

강사녀는 박차돌이 종사관의 사노인지 포도청의 관원인지 알 수 없었지만, 대놓고 물어보지는 않았다. 강사녀는 오지항아리에 새우젓을 담아주었고 박차돌을 안으로 불러들여서 국밥을 말아주었다.

국밥을 먹고 난 후로, 박차돌은 종사관집의 심부름이 아니더라도 가끔씩 강사녀의 가게에 와서 밥을 먹고 갔는데, 어떻게 해서 강사녀의 천주교에 물들어갔는지 박차돌 자신도 잘 알 수 없었다.

나중에 붙잡혀서 형문을 당할 때도

—역심이 무엇인지 알지 못하옵고 군부君父를 가벼이 여기지도 않았으며 다만 가는비에 옷이 젖듯이 물들어갔사옵니다.

라고 말했지만, 받아들여지지 않았다. 배교했으나 배교를 인정받지 못하고 죽은 숯쟁이의 혼백이 박차돌을 강사녀에게로 밀어붙이는 것 같기도 했으나 박차돌은 그렇게 진술할 수는 없었다. 죽은 숯쟁이도 나처럼, 그렇게 단순하고 분명한 것들이 너무나 분명해서 놀라웠을까. 그러나 천주를 배반할 수는 있었지만 어째서 그 배반을 지상에서 인정받을 수는 없었을까. 형틀에 묶였을 때, 박차돌은 자신이 숯쟁이의 뒤를 따라갈 것 같은 예감에 닥쳐올 매가 더욱 무서웠다.

강사녀의 젓갈 창고 다섯 채 중에서 오른쪽 구석에 있는 창고는 비어 있었다. 널빤지로 짠 출입문은 못을 쳐서 막았고 뒤쪽 개구멍으로 거적을 들추고 드나들었다. 바닥을 파고 숯을 깔아서 습기를 빼고 그 위에 부들자리를 깔아놓았다. 안쪽 벽에 나무로 엮은 십자가가 걸려 있었고, 그 옆에 여인을 그린 그림이 걸려 있었다. 처음 그 창고에 들어섰을 때, 박차돌은 숨을 죽이고 그 그림을 들여다보았다.

그림 속의 여인은 젊어 보이기는 했지만 나이를 종잡을 수는 없었다. 코가 우뚝하고 눈알은 깊이 박혀 있었는데 어디를 바라보는 것인지 시선의 초점이 없었다. 머리카락은 쪽지지 않은 채, 생머리를 풀어서 늘어뜨렸고, 솔기도 없고 동정도 없는 옷감을 두르고 있었다. 여인은 갓난아기를 안고 있었는데, 아기를 안고 하늘로 올라가려는지 두 발은 땅에서 떴고, 얼굴은 수심에 잠겨 있었다. 박차돌의 눈에는 여인이 이 세상이 아닌 곳으로 가려는 것 같았는데, 거기는 그 단순하고 분명한 말들의 동네일 듯도 했고, 죽은 숯쟁이의 혼백도 가 있을 것 같았다.

박차돌은 강사녀의 창고에 몇 번 가서 교리 설명을 들었지만, 교인들과 사사로이 왕래하지는 않았다. 박차돌은 늘 평복 차림으로 창고에 갔다. 박차돌은 종육품 종사관의 먼 친척집 머슴으로 행세했다. 젓갈 가게에 심부름 왔다가 창고에 들르는 것이라고 말했다. 충청도 해미가 고향인 박차돌의 얼굴을 알아볼 사람은 마포나루에는 없었다. 사람들은 박차돌이 포도청 비장인 줄을 알지 못했다.

박차돌이 보기에, 천주교는 흐르는 강물을 따라서 흘러내려오고 또 거슬러 올라가고 있었다. 마포나루 새우젓 가게에서는 강물에 실려서 오르내리는 그 단순하고 분명한 말과 뜻의 흐름이 들여다보였다. 남한강과 북한강 물길이 합쳐지는 먼 상류 쪽 두물머리 마을 정씨네 집안에 고여 있던 한 소식이 한강의 여러 나루들을 거쳐서 서해의 먼 섬에까지 닿고 또 시선 배편으로 거슬러 올라갔다. 그 소식은 물길에 실려서 내려왔고 시선배 돛폭에 걸리는 바람에 밀려서 올라가고 있었다. 마포나루 새우젓 창고에서는 그렇게 보였다.

두물머리 정약현의 노비에서 면천된 김개동과 정약현의 세습노비로 정약현의 사위 황사영에게 딸렸다가 면천된 육손이도 마포나루 강사녀의 창고에서 박차돌과 스쳤다. 김개동과 육손이는 같은 상전에 딸려 있었으므로 서로 잘 아는 사이인 듯했는데, 나이는 김개동이 대여섯 살쯤 많아 보였다.

김개동과 육손이는 면천되어 풀려난 직후에 마포나루 강사
녀의 창고에 드나들었지만, 그들이 주고받는 말로 짐작하면 두
사람은 마포나루로 오기 전에 상전한테서 천주교를 배운 것이
분명했다. 둘은 면천된 후에 딱히 갈 곳과 구실을 정하지 못하
고 있는 것 같았지만 마포나루 근처에 오래 머물 사람도 아니었
다. 교인들은 창고에서 모여도 깊이 신뢰하지 않는 사람의 행방
을 묻지는 않았고 가르쳐주지도 않았다.

　김개동은 몸이 말랐고 수염이 턱의 가운데로 집중되었다. 팔
목에 핏줄이 불거졌고 오른쪽 귀밑에 팥알만 한 사마귀가 났고
거기에 흰 터럭이 박혀 있었다.

　육손이는 이름대로 오른쪽 새끼손가락 옆에 생기다 만 손가
락이 한 개 더 돋아났고, 그 손가락에도 찌그러진 손톱의 흔적
이 묻어 있었다. 육손이는 어깨가 다부졌고, 수염이 없었고, 눈
썹 끝이 아래로 처져서 족제비 상이었다.

　박차돌은 김개동과 육손이의 생김새가 용모파기처럼 자신의
눈 안에 박혀들었던 까닭을 알 수가 없었다. 알지 못할 일이었다.
다만, 자신이 아전 노릇을 오래 했고 지금은 포도청 비장이기 때
문에 그러려니 했지만, 막연한 느낌이었다. 몇 달 후에, 박차돌이
형틀에서 풀려나서 김개동과 육손이를 잡으러 다닐 때, 그 둘의
용모파기는 부적처럼 박차돌의 기억에 찍혀 있었다.

　박차돌이 마포나루 강사녀의 창고에 드나들면서 사학에 물

들었다는 말은 차돌이 어려서 떠났던 고향 해미에서 퍼져 나왔다. 마포나루에서 충청도 바닷가 해미까지 어떻게 그 말이 흘러 갔던 것인가. 아마도 마포나루를 드나드는 배를 따라서, 배를 타고 오는 이목耳目에 따라서, 강물과 바람에 실려서 서해를 흘러 내려가서 충청도 해미에 닿은 것이라고 박차돌은 짐작했다. 강의 먼 상류 쪽에서부터 한 소식이 흘러내려 왔으므로 박차돌의 짐작은 아주 틀린 것은 아니었다.

우포도대장 이판수가 박차돌을 다시 내실로 불렀다. 이판수는 종사관 한 명을 거느리고 있었다. 박차돌은 꿇어앉아 머리를 조아렸다.

—맞은 자리는 어떠냐?

—아이고, 나리…… 아이고…….

이판수가 종사관에게 눈짓을 보냈다. 종사관이 말했다.

—네가 포청 관원으로서 사학에 물들어 관부官府를 능멸한 죄는 죽어 마땅하다. 거듭 말하지 않겠다.

—아이고, 나리…… 아이고…….

—네가 영월의 아전으로 있을 때 공명첩을 산 돈의 출처를 어사대가 밝혀냈다. 너는 붓대를 놀려서 있는 쌀을 없는 쌀로 만들고 없는 쌀을 있는 쌀로 만들어서, 있는 쌀도 빼먹고 없는 쌀도 빼먹었다. 너는 죄가 겹쳐서, 너를 어찌 죽여야 하는지는 대

명률大明律에도 나와 있지 않구나.

　—아이고 나리…… 아이고…….

　—허나, 대장께서 너를 살려두고자 하는 뜻을 내가 말해주겠다.

　박차돌이 사학죄인으로 포청 형틀에 묶이던 날, 강사녀는 마포나루를 버리고 달아났다. 포도청 내부의 간자間者가 강사녀에게 박차돌이 발각되었음을 알렸다. 박차돌은 강사녀의 정체를 불었다. 포졸들이 들이닥쳤으나, 창고와 가게는 비어 있었다.

　박차돌은 첫 번째 형문에서 강사녀의 창고에서 만난 자들 중 김개동과 육손이의 이름과 출신을 실토했다. 김개동과 육손이가 정씨 가문의 세습노라는 점에 이판수는 귀가 번쩍 열렸다.

　천한 것들이었지만, 정씨 가문의 세습노였다면 사대부들 간에 심부름을 했을 것이고 또 육손이가 황사영의 사노였으므로 그 둘을 붙잡으면 달아난 황사영과 주문모의 은신처를 캐낼 수 있을 것이고 사대부들 간에 사학이 퍼져나간 맥을 잡을 수 있을 터였다.

　박차돌은 이방 노릇을 오래 해서 세상 물정을 모르지 않았고, 이미 천주교에 물들어서 천주교인의 행색과 언동을 갖출 줄 알아서 사학의 무리들에게 섞이기 좋을 것이었고, 또 서울에 연고가 없어서 근본이 쉽게 드러나지 않을 것이었다.

　이판수는 박차돌을 천주교인들 사이에 박아놓고 황사영과

주문모를 잡아들이고, 그리고 사학 무리의 넝쿨을 뽑아 올릴 작정이었다. 박차돌은 이름처럼 이마와 정수리가 단단해 보였다. 이판수가 말했다.

─차돌아, 살길이 있는데, 죽을 길로 가지 말거라.

이판수의 종사관이 공명첩을 산 돈의 출처를 말했을 때 박차돌은 이 세상에서 벗어날 길이 없음을 깨달았다. 깨달았다기보다는 오래전부터 그것을 알고 있었던 것 같았다. 죽은 숯쟁이를 배교시키던 형문장이 박차돌의 기억 속에 떠올랐다. 나는 죽은 숯쟁이의 뒤를 따라가고 있는 것일까. 종사관이 말했다.

─어떠냐? 할 수 있겠느냐? 너를 살리려고 하는 말이다. 너는 살 수 있다.

─아이고 나리…… 아이고…….

이판수가 말했다.

─힘써라. 허나 결과가 좋아야 한다. 우선 김개동과 육손이를 찾아라. 그래서 황사영과 주문모를 잡아야 한다. 사대부들의 노비들에게 접근해서, 그 안쪽을 들여다보아라. 나머지 천한 무리들은 한 놈씩 고하지 말고 무리를 짓도록 내버려두었다가 한꺼번에 고하라. 넝쿨은 한 번에 당겨서 쭉 끌어내야 한다. 실적이 없으면 너는 죽는다.

박차돌의 기억 속에서 김개동과 육손이의 생김새는 용모파기가 되어 선명하게 박혀 있었다.

마부

마노리는 황사영의 집을 쉽게 찾을 수 있었다. 세 칸 기와집에 사립문 옆으로 작은 행랑이 딸려 있었다. 황사영의 집은 서울 한복판이었지만 대처의 번잡함이 없었다. 맞배지붕은 기와가 반듯했고 홑처마가 가벼웠다. 하얀 모래 마당이 반짝거렸다. 마노리는 마당에 꿇어앉아 이한직이 보내는 벼루와 편지를 바쳤다. 황사영은 벼루는 밀쳐놓고 편지를 먼저 읽었다. 마노리는 눈을 치떠서 마루에 앉은 젊은 선비의 모습을 살폈다. 이마가 맑았고 풀 먹인 옷자락이 소슬해 보였다.

……말을 끌기로 어찌 하천이겠는가. 혹시 자네에게 필요한 인물이 아닐까 싶어서 몇 자 적었네.

이한직의 뜻은 멀고 깊었지만, 황사영은 그 깊이를 짐작할 수 있었다. 이한직은 자신이 돌아서버린 천주의 세상을 남이 대신 감당해주기를 바라고 있었다.

　—네가 마노리냐?

　—정주 역참에 딸린 마부이옵니다.

　댓돌 아래 꿇어앉은 마노리는 어깨가 넓고 허리가 길었다. 먼지 낀 떠꺼머리에 기름때가 번들거렸다. 황사영의 눈에 마노리는 말의 골격을 갖춘 인간처럼 보였다. 인간과 말의 구별을 넘어서는 강렬한 생명이 댓돌 아래 꿇어앉아 콧김을 내뿜고 있었다. 콧구멍을 벌름거려서 십여 리 밖의 물과 먹이풀의 냄새를 맡는 말의 힘을 마노리는 사람의 몸으로 품어냈다.

　황사영은 보자기를 풀어서 벼루를 살펴보고 서랍 안에 넣었다. 장인 정약현은 평생 벼루 네댓 개를 갈면서 장년에 이르렀는데, 지금 쓰는 벼루는 바닥이 닳아서 뚫릴 지경이었다. 감식안 높은 역관이 북경 유리창 상가에서 사온 청나라 벼루를 황사영은 장인의 생신 선물로 드릴 작정이었다. 장인 생신에 마재의 처갓집에서 처삼촌들인 정약전, 정약종 형제와 그 아들딸들을 만날 일을 황사영은 일 년 동안 기다렸다. 처삼촌 형제들은 늘 새로운 시간과 새로운 세상을 목전의 현실처럼 이야기했다. 당면한 세상과 새로운 세상 사이가 멀고 아득할수록 그 형제들의 이야기는 더욱 절박했다. 그리고 마재의 처갓집 마을에는, 합쳐져서 흘러가는 강물이 있었고, 마을 가까이서 철썩이는 강물 소리가 들렸다. 처가 마을의 강물은 농경지와 높이를 나란히 해서 흘러갔고, 들에 소 울음소리가 들렸다. 마재의 소들은 두 돌이 지나면 일을 배웠는데, 종자가 순해서 밭에 나온 지 보름이면 때리지 않아도 쟁기를 끌었다. 강물에 노을이 내리는 저녁 무렵에 들에 나온 소들이 집을 향해서 울었고, 외양간에 묶인 송아지들이 들을 향해 울었다. 소 울음소리는 낮은 산들을 쓰다듬듯이 넘어가서 마을에서 마을로 퍼져갔다. 처갓집은 흐르는 강물 옆에서 소가 우는 마을이었고, 거기서 새로운 시간이 움트는 마을이었다.

형제들이 한자리에 모였을 때 정약현은 급제해서 출사한 동생들의 고담高談에 끼어들지 않았고, 가끔씩 고개를 끄덕이며 듣기만 했다. 정약현은 집안의 아이들을 가르치는 일을 말할 때는 가끔씩 이야기에 끼어들어서

—억지로 키우려고 공들이지 말고 스스로 되도록 공들여야 한다. 키워서 길러내는 것은 스스로 됨만 못하다.

는 말을 했다. 황사영은 장인의 가슴속에 무슨 생각이 숨어 있는지는 알지 못했으나 장인은 늘 어렵고도 따스했다. 어른 생신날 부모를 떠나서 모이는 어린 사촌들은 일 년에 한 번 만나도 어제 헤어진 동무들처럼 스스럼없이 어울려 놀았다. 나이 든 아이는 항렬을 존중했고 항렬이 높은 아이는 연차를 존중해서 스스럼없는 중에도 저절로 순서가 있었다. 황사영은 아이들의

놀이와 어울림의 아름다움이 모두 장인의 그늘에서 피어나는 것이라고 여겼다.

마노리가 들고 온 벼루가 황사영의 눈앞에 장인과 처갓집 마을을 펼쳐주었다. 북경에서 온 벼루는 장인께 바칠 물건이었다.

마노리가 머리를 조아리며 말했다.

—날이 저물어 와서…….

—왜? 돌아가려느냐?

—네.

—정주로 돌아가려느냐? 먼 길을 다니는구나.

—소임이 마부인지라…….

면천시켜서 풀어준 육손이의 모습이 마노리와 겹쳐지는 환영을 황사영은 느꼈다. 아마, 마노리와 육손이는 먼 선대에서 한 조상이었거나, 조상이 아니더라도 같은 혼백의 핏줄일 것이었다. 육손이는 충청도 제천 산골 김개동의 옹기가마로 가겠다고 말했었다. 제천 읍내에서 꼬불꼬불한 산길로 삼십 리를 들어가는 옹기 굽는 마을이라고 했다. 황사영은 그 꼬불꼬불하다는 산길이 떠오르지 않았다. 황사영의 환영 속에서 마노리는 말을 끌고 육손이는 등짐을 지고 서로 길벗이 되어서 그 꼬불꼬불한 산길을 걸어가고 있었다. 소의 울음을 우는 우성牛性과 먼 길을 가는 마성馬性을 함께 지닌 것이 마노리와 육손이의 닮은 점이었다.

그래서 세례를 받지 않더라도 마노리와 육손이는 땅 위에 태어난 하늘의 사람일 것이었다. 꿇어앉은 마노리의 어깨가 이 사람은 천주의 백성이라고 말하는 소리를 황사영은 들었다.

마노리를 붙잡아서 재워야 한다는 생각에 황사영은 괜한 말을 묻고 있었다.

—정주까지는 멀겠구나. 몇 리나 되느냐?

—삼백 리가 넘는데, 산길이 가파르고, 강을 여럿 건너야 하옵니다.

한강 너머 북쪽 산천에 황사영은 한 번도 가본 적이 없었다.

—그 먼 길을 어찌 가느냐?

마노리가 말을 더듬거렸다.

—가다보면…… 자꾸 가면…… 길이 사람을 끌어서…… 여러 마을을 지나서…….

—가장 멀게는, 어디까지 갔었느냐?

—사행을 모시고 북경에 여러 번 다녀왔습니다. 경마도 잡았고 짐말도 끌었습니다. 여름에도 가고 겨울에도 갔습니다.

—힘들지 않더냐?

—길에서 죽는 마부나 짐꾼들은 길에다 묻었습니다. 말이 죽으면, 죽은 말의 짐을 산 말로 옮겨서 산 말도 비척거리다가 죽었습니다.

—그랬겠구나. 너는 살아서 돌아왔으니…….

―본래가 마구간 태생인지라…….

―아, 훌륭하다. 너는.

날이 저물어 오는데, 젊은 선비가 말을 끝내지 않아서 마노리는 조바심이 났다. 어두워지기 전에 서대문 밖을 나가서, 박석고개를 넘어가야 잠자리를 찾을 수 있었다. 마노리가 머리를 들고 말했다.

―날이 어두워져서 이만…….

마노리의 눈앞에서 젊은 선비는 환하게 웃고 있었다. 몸 안의 빛이 얼굴로 피어오르는 웃음이었다.

―마노리, 마노리야.

이름을 부르는 젊은 선비의 목소리에 마노리는 놀라서 머리를 낮추었다. 울림으로 흔들리면서 멀리 닿는 목소리였다. 목소리가 이름을 불러서 다가왔고 끌어당겼다. 마노리는 제 이름을 부르는 소리를 처음 듣는 듯했다. 아, 내가 마노리였구나. 저 선비가 내 이름으로 나를 부르는구나.

……예, 선비님, 제가 마노리입니다…… 라고 마노리는 대답하지 못했다. 황사영이 다시 마노리를 불렀다.

―마노리야, 말 마馬, 길 노路, 좋은 이름이다. 오늘 밤 어디서 자려느냐?

―박석고개를 넘어가면 허름한 주막들이 있습니다.

―그러지 말고, 내 집에서 자거라. 너한테서 북경 다녀온 이

야기를 듣고 싶다. 말은 마당에 들여라.

마노리는 젊은 선비의 말에서 거역하지 못할 끌림을 느꼈다. 마노리는 대문 밖에 매어둔 말을 마당 안으로 들였다. 평안도 호마였다. 몸통은 누렇고 갈기는 은발이었다. 마노리는 말에게 물을 떠주고 말 등에 싣고 온 건초를 먹였다. 말은 뒷다리를 조금 절었고 눈곱이 끼어 있었다. 마노리는 말의 눈꺼풀을 뒤집어 눈 속을 살피고 아가리를 벌려서 목구멍 속을 들여다보았다. 말은 마노리에게 대가리를 내밀고 순하게 대주었다. 마노리는 말의 네 다리를 들어서 말굽에 코를 들이대고 냄새를 맡았다. 마노리가 말했다.

―혹시 묵은 된장이 있으면 좀…….

―무얼 하려느냐?

―말이 허해져서 약으로 먹일까 합니다.

명련이 뒤란에서 골마지 낀 된장을 퍼 내왔다. 마노리는 된장을 엷게 물에 풀어서 말 아가리를 벌리고 들이부었다. 말은 뻗대지 않고 된장물을 삼켰다. 마노리는 부러진 놋젓가락을 바랑에서 꺼내 숫돌에 갈았다. 마노리는 뾰족해진 젓가락으로 말의 허리와 엉덩이를 깊이 찔렀다.

―무얼 하는 게냐?

―침을 놓아서 피로를 풀어주고 잠을 잘 들게 하는 것입니다.

황사영은 말을 돌보는 마노리의 솜씨를 놀라운 눈빛으로 바라보았다. 황사영의 집에는 마구간이 없었다. 마노리는 말을 행랑채 처마 밑에 묶었다. 그날 저녁부터 이틀 동안 마노리는 황사영의 집에서 묵었다.

황사영은 마노리를 마루 위로 불러올려 밤늦도록 이야기했고 밤에는 행랑에 잠자리를 마련해주었다. 명련이 개다리소반에 술을 차려 내왔다. 명련은 남편의 옆자리에 앉아서, 사람 구경을 처음 하듯이 마노리를 바라보았다. 마노리는 양반의 종자와 상을 사이에 놓고 마주 앉아보기가 처음이었다. 마노리는 양반가의 새댁이 어렵고 쑥스러워서 고개를 마당 쪽으로 돌렸다. 양반에게서는 갓 풀 먹인 모시 적삼의 냄새가 나는 듯했다. 마노리는 코를 벌름거려서 양반의 냄새를 맡았다. 내 몸에서 풍기는 말똥 냄새가 양반의 콧구멍으로 들어가겠거니, 라고 마노리는 짐작했다. 먼 길들의 냄새, 햇볕에 그을린 흙의 냄새를 황사영은 맡고 있었다.

황사영은 술을 서너 잔 이상은 마시지 않았고 마노리의 잔에 거푸 따라주었다. 마노리는 먼 길을 왔어도 피로한 기색이 없었고, 양반과 겸상한지라 긴장하여 취하지 않았다.

—마노리야, 의주에서 북경까지는 며칠이 걸리느냐?

—갈 길과 올 길을 합쳐서 다섯 달이 걸리는데, 날씨에 따라서 크게 차이가 납니다.

―요동을 걸어서 건너느냐?

황사영은 그 말의 어리석음에 스스로 웃었다.

―요동뿐 아니라…… 진흙탕 길과 산길이 이어져서 수레를 쓰지 못합니다.

―밤에는 어디서 자느냐?

―마을이 없는 벌판에서는 한둔을 합니다. 모닥불을 피우고 피리를 불어서 호랑이를 쫓아야 합니다.

가보지 못한 먼 대륙의 길과 먼바다의 길들이 황사영의 마음 속에 펼쳐졌다. 그 길을 따라서 새로운 천지의 소식이 곧 들이 닥칠 것이었다. 황사영은 그 소식의 배들이 푸른 연기를 내뿜는 함대를 이루어서 이쪽으로 건너오고 있는 환영을 느꼈다. 다가 오고 있는 그것은 환영이 아니라 목전의 현실이었다.

―훌륭하다, 마노리야. 북경에서 천주당을 가보았느냐?

―서장관 일행이 천주당에 갈 때 경마를 잡고 모시었는데, 안 으로 들어가지는 못 하고 밖에서 기다렸습니다.

―천주당은 보기에 어떠하더냐?

―우뚝하고 뾰족해서 기이했습니다. 집이 자꾸만 위로 올라 가려는 듯했습니다. 한낮에 높은 꼭대기에서 종을 때리는 소리 가 들렸습니다.

거기에 선을 댄 소식을 받아야 할 터인데, 마노리는 거기까 지 갈 수 있었다.

—올가을에도 가느냐?

—정주 찰방께서 소인을 의주부에 빌려주고 가을 동지사 짐
말을 끌고 가라고 하셨습니다.

—마노리야. 너는 먼 길을 갈 수 있고 또 올 수 있다. 너는 나
르는 사람이고 너는 전하는 사람이다. 너의 귀함을 스스로 알
아라.

마노리가 놀라서 황사영의 얼굴을 바라보았다. 웃음과 울음
이 섞인 듯한 얼굴이었다.

—다음에 가거든, 반드시 천주당 안으로 들어가라. 들어가서,
수염이 구름 같은 서양 어른을 만나라. 네가 왔다는 것을 천주당
안에 알리기만 하면, 아마도 그 어른이 너를 맞을 것이다. 그분
이 너의 귀함을 알아보시고 자애를 베푸실 것이다.

마노리는 젊은 선비가 무슨 말을 하고 있는 것인지를, 한참
뒷날에야 알았다.

황사영의 집에 머무는 이틀 동안 마노리는 황사영에게 천주
교리를 들었다. 황사영은 십자가나 부활을 말하지는 않았고 '이
웃을 사랑하라' '죄를 뉘우쳐라' 같은 가르침을 설명했다. 어두
운 마루에서 마노리는 말 눈 같은 눈을 껌벅이며 황사영의 말
을 들었다.

173

세상에는 근본이 있다. 그것은 선善이라는 것이다. 이 세상에는 임금보다 더 높은 심판자가 있다. 그래서 다스림은 선해야 하고, 선하지 않은 다스림은 지금 당장 멸해야 한다. 너의 이웃을 사랑하라. 죄를 뉘우쳐라. 참된 뉘우침으로 삶을 깨끗이 하라. 높은 심판자 앞에서 인간은 누구나 귀하고 누구나 천하지 않다. 그러므로 사람을 때리지 말고, 그 생명에 해악을 가하지 마라. 때가 되면, 수많은 배들이 바다를 건너와 심판자의 뜻을 세우리라.

처음 들어보는 말이었지만, 마노리에게는 그 뜻이 분명하고 손에 잡힐 듯이 확실했다. 마노리는 그 분명함에 놀랐다. 황사영의 말을 듣기 전부터 마노리는 그 말을 알고 있었던 것 같았다. 알고 있었지만, 그 앎이 드러나지 않고 몸속 깊은 어둠 속에 묻혀 있었던 것 같았다. 그것은 목마른 자가 저절로 물을 찾고, 사람을 좋아하는 마음이 사람의 마음속에서 저절로 솟아나서 사람이 사람을 찾아가는 것처럼 분명했다. 마노리는 그것을, 자신도 모르는 중에 알고 있었다는 것이 놀랍고 신기했다.

—서울에 오면 꼭 들러라. 혹시 내가 숨게 되면 인편을 보내겠다. 마노리야, 마부는 귀한 사람이다. 잊지 마라.

마노리가 떠날 때 황사영은 그렇게 말했다. 황사영은 떠나는 마노리에게 길양식 한 말과 엽전 다섯 냥을 주었다. 힘을 되찾은 말은 콧구멍이 차가웠고 갈기가 빛났다.

흙떡

순매順每는 열흘이나 보름에 한 번씩 조 풍헌의 집에 다녀
갔다.

순매는 진리 수군진 아랫마을에서 진의 허드렛일이나 생선
을 손질하는 일로 품을 팔았다. 칼로 생선을 열면 분홍빛 아가
미가 할딱거렸고 내장이 반짝였다. 생선마다 속이 달라서 민어
는 내장이 기름졌고 간재미 내장은 한 줌이 못 되었다. 그렇게
작은 창자와 바늘 끝만 한 간과 아가미로, 살아서 깊은 바닷속
으로 돌아다닐 수 있다는 것을 순매는 믿기 어려웠다.

—어매, 이 작은 것으로…….

순매는 생선을 열 때마다 놀랐다. 갓 잡아온 생선은 토막을
쳐도 벌떡거렸고 갈매기들이 달려들어 사람이 손에 쥔 생선 토

막을 채갔다.

순매는 섬을 이 세상의 전부로 알면서 자랐고, 사람이 죽으면 수평선을 넘어가는 것이겠거니 했다. 그 세상은 늘 바람과 파도로 흔들렸다. 태어나고 또 죽는 일은 눈비가 내리고 해가 뜨고 지는 것과 같았다.

순매는 열여덟에 혼인했으나 뱃일을 막 배우기 시작한 남편은 홍어잡이 때 멀리 나가서 바다에서 죽었다. 남편이 탄 배는 날짜가 지나도 돌아오지 않았고 겨울 바다는 바람에 날뛰었다. 날이 맑아서 바다는 멀리까지 내다보였다. 물가에서 수평선 쪽을 바라보며 배를 기다리는 사람들의 눈에 돌아오는 배의 환각이 보였다.

—온다. 와, 오는구나.

라고 늙은이들이 하늘과 물 사이에 대고 소리쳤다. 배는 원양에서 깨어져서 목편木片이 파도 위에 흩어졌다. 돌아온 배가 깨어진 배의 돛 조각과 뱃전 한 토막을 건져 와서 사람들에게 보여주었다. 죽음은 늘 계절풍에 실려서 먼바다로부터 들이닥쳤다. 사람들은 울고 나서 또 바다로 나아갔다. 남편이 죽고 나서, 순매는 생선을 열 때마다 그 작은 내장의 힘을 믿을 수가 없었다. 그 작은 핏덩이 몇 점이 꼼지락거려서 생선이 바닷속을 헤쳐 나간단 말인가. 돌아오지 않는 남편의 몸도 바다 밑에서 터져서 흩어졌을 터인데, 남편의 내장도 저러했겠구나 싶었다.

순매는 조 풍헌의 외가 쪽으로 팔촌 조카쯤 되었지만, 조 풍헌의 선대가 일찍 세상을 떠났고 순매네 집안에 바다귀신의 살이 끼어서 그 집안 딸과 혼인한 남자는 바다에서 죽은 자들의 넋이 끌어간다는 소문이 나돌자 집안끼리도 서로 왕래하지 않았다. 그렇게 십수 년이 지나자 피붙이랄 것도 없는 남남이었으나 남편이 죽고 또 아버지가 세상을 떠나자 순매는 조 풍헌을 어른으로 알고 찾기 시작했다.

진리에는 장삿배가 가끔씩 들어와서 육지의 쌀이 풀렸고 돈이 돌았다. 순매는 품삯으로 받은 생선과 미역을 쌀로 바꾸어서 조 풍헌에게 가져다주었다. 진리에서 조 풍헌의 집까지는 산길로 한나절이었는데, 눈비가 오면 당일로 돌아갈 수 없었다.

조 풍헌은 물가에 살았지만 나이 먹어서는 고기를 잡지 않았다. 조 풍헌은 바다를 혐오했다. 인간의 앞을 가로막고 있는, 그렇게 넓고 불안정한 공간이 조 풍헌은 징그러웠다. 조 풍헌은 자신의 넋이 육지에 뿌리박고 있는 것으로 믿었다. 조 풍헌은 비탈밭에 보리나 콩을 심고 약초를 캐다 팔아서 생계를 이어왔는데 나이가 육십이 넘자 품을 사서 밭일을 시켰다. 보리나 콩을 거두자고 품꾼에게 밥을 먹이면 남는 것이 별로 없었으나 땅을 놀릴 수는 없었고 남에게 땅을 내주고 소작료를 받아도 그 또한 별 차이 없었다. 곡식을 거두려면 곡식을 먹어야 했고 거두고 나면 또 뿌려야 했는데, 거둘 때나 뿌릴 때나 곡식을 먹어야 했다. 유배 온 정약전이 얹혀 있어서 조 풍헌은 먹는 입 하나를 더 달고 있었다. 수군진은 유배 죄인의 식량과 처소를 섬 주민에게 떠맡기고 있었다. 순매는 서울을 떠올릴 수는 없었지만, 왠지 서울에서 왔다는 선비의 입맛이 까탈스러울 것 같았다.

비가 와서, 순매가 돌아가지 못하고 묵던 날, 조 풍헌은 정약전에게 말했다.

—저 아이가 내 외가 쪽 조카요. 촌수가 멀어서 피붙이랄 것도 없지만 핏줄 핑계로 왕래하니 나쁜 일은 아니오. 서른에 청상이니, 팔자가 험한 아이지…….

순매는 흑산에 온 유배 죄인의 핏줄이었다. 순매의 삼대조 장일청張—淸은 경상도 지리산 아래 고을 향청의 수령이었다. 참언서를 늘 끼고 살다가 역모의 언저리에 얽혀 들어서 사형을 겨우 면하고 흑산에 유배되었다. 장일청이 흑산으로 끌려올 때 향청의 아전 한 명이 함께 형을 받고 끌려왔다. 장일청은 흑산에 팔년 동안 묶여 있다가 유배가 풀려서 돌아갔고 아전은 섬에 남았다. 흑산에서 장일청은 섬의 독녀獨女를 배첩으로 맞아서 아들을 낳았다. 장일청은 유배가 풀리자 아들과 첩을 섬에 떼어놓고 돌아갔다. 섬에 남은 아전은 바다 과부를 품어서 딸을 낳고 섬에서 죽었다. 장일청의 아들과 아전의 딸이 혼인해서 낳은 아들이 순매의 아버지라고 섬의 노인들은 그 선대의 이야기를 들어서 알고 있었다.

몇 세대 앞의 역모 사건이라면 그 연루된 핏줄들의 종적이 남아 있어서 세인의 입에 오르내리기 마련이었는데, 장일청이 관련되었다는 역모 사건을 정약전은 알지 못했다. 장일청이 종육품 관장의 신분으로 참언서에 빠져 있었다고 하니까, 사직을 겨누는 역모라기보다는 허망한 언설을 지껄여서 세상의 하중을 가벼이 여기다가 얽혀든 요언 사건 정도일 것으로 정약전은 짐작했다. 요언은 백일몽과도 같은 신음이며 주술에 불과했으나 거기에 역모의 그림자가 없다고 할 수도 없었다. 장일청이 사형을 모면했고, 섬에 들어온 지 팔 년 만에 별 명분 없이 풀려난 것으로 보면 그의 이른바 역모라는 것이 백일몽에 불과한 입놀림에 불과하다는 것을 묘당의 권력은 알고 있었던 것이 분명했다.

장일청은 천문, 의술, 점복, 임원과 농잠의 책을 많이 읽어서 흑산에 와 있을 때 섬사람의 병을 고쳐주고 사주를 풀어주었고 물때와 바람 때를 짚어주었다. 장일청은 또 무덤 자리를 두루 골라주어서 섬 주민들 사이에서 명당을 놓고 다투는 일이 없었다.

장일청은 섬을 동서로 넘어가는 산길 어디엔가 먹을 수 있는 흙이 있다는 기록을 남겼다고 한다. 기록은 없어지고 구전만 남았는데, 장일청은 신망이 높았으므로 섬사람들은 그가 말한 먹을 수 있는 흙의 존재를 의심하면서도 그 흙을 찾아 나섰다.

장일청이 말하기를, 그 흙은 색깔로 봐서는 보통 흙과 다르지 않은데, 손으로 만져보면 입자가 곱고 찰기가 있어서 들러붙는다는 것이었다. 먹을 수 있는 흙은 산 밑으로 광맥을 이루며 뻗어 있고 그 입구는 산 중턱 양지바른 곳 바위틈 사이에 숨어 있어서, 거기서부터 바위를 들어내고 갱목을 쳐서 파 들어가면 광맥을 따라서 캐낼 수 있다고 장일청은 기록에 남겼다고 한다. 그 흙을 물로 행구어서 흙냄새를 빼고 흙 칠 부에 보릿가루 삼부를 넣고 소금으로 간하고 버무려 반죽을 만들어서 쑥을 깔고 시루에 쪄내면 구수하고 쫀득거리는 떡이 된다는 것이었다. 장일청은 이 떡의 이름을 토춘土春이라고 지었다. 흙은 본래 성질이 따스하고 물과 불을 받아들여서 재우며 사람의 몸을 이루는 바탕이어서 토춘은 체질이나 나이에 관계없이 누구나 먹어도 소화를 시킬 수 있다고 장일청은 기록했다. 바다에서 죽은 자들의 혼백은 땅을 잊지 못하고 흙냄새가 그리워서 통곡하면서 캄캄한 물밑을 헤매고 있는데, 제사 때 이 토춘을 올리면 혼백이 물을 헤치고 달려와 느껍게 흠향한다는 것이었다. 그래서 토춘은 사람과 귀신을 고루 보했다.

장일청의 기록은 없어지고 입으로 전해졌다. 토춘은 더욱 사람들의 마음을 들뜨게 했다. 장일청이 섬에 있을 때, 흙을 퍼다가 떡을 쪄서 함께 먹었는데, 맛이 구수하고 소화가 잘 돼서 똥이 푸지게 나왔다는 노인도 있었다. 그 후 태풍 때 산이 무너지고 칡넝쿨이 엉켜서 먹을 수 있는 흙의 광맥 입구를 찾을 수가 없게 되었다는 것이었다.

물결이 높아서 바다에 나가지 못하는 날, 섬사람들은 광맥 입구를 찾으려고 장대로 넝쿨을 헤치면서 산을 뒤졌다. 세월이 지나면서 장일청의 말은 신뢰가 떨어져갔으나 아직도 산을 뒤지는 사람들은 장일청의 후손인 순매를 앞세우고 산으로 간다고 조 풍헌은 말했다.

—그게 다 헛소리일 테지. 사람의 똥은 밥이 삭은 것이니까 개가 먹는다지만 사람이 어찌 흙을 먹고 삭혀서 똥을 내놓을 수가 있겠소. 장일청이가 육지에서도 그따위 헛소리를 하다가 여기까지 끌려온 게로구만.

조 풍헌이 장일청을 비아냥거리는 말이 거꾸로 돌아와서 정약전을 찔렀다. 정약전의 마음속에, 문득 조카사위 황사영의 얼굴이 떠올랐다. 맑고 밝아서, 이 세상에 속하지 않는 얼굴이었다. 그 얼굴에 구정물을 끼얹는 일은 불가능한 것이었다. 황사영은 숨어 다니던 주문모에게 세례를 받았고 사학의 거흉으로 수배되어 포청과 향청의 관원들이 연고선을 뒤지고 있었다. 황사영은 살아서 온전히 인간세로 돌아올 수는 없을 것이었다. 끝내 숨어 있거나 나와서 죽는 수밖에 없었다. 황사영의 입신入信은 세상에 대한 배반이었고 황사영은 배교로도 이 세상으로 살아서 돌아올 수 없을 것이었다. 그가 숨어서 살아 있는지 숨어서 죽었는지 잡혀서 죽었는지 정약전은 알지 못했는데, 그 어느 경우라도 황사영의 얼굴은 맑게 웃고 있었다. 정약전은 머리를 흔들어서 사영의 환영을 떨쳐냈다.

행랑채 마루에서 조 풍헌이 정약전과 마주 앉아 장일청의 토춘을 이야기하는 동안 순매는 우물가에서 쌀을 씻고 푸성귀를 다듬었다. 가랑비가 내렸고 바람에 빗발이 쓸려서 불려갔다. 순매는 비를 아랑곳하지 않고 우물가에 쪼그려 앉아서 일을 계속했다. 순매는 비바람에 쓸리는 일에 길들여진 들짐승처럼 보였다. 젖은 머리카락이 목덜미에 달라붙었고 허리춤이 벌어져서 살피듬이 드러났다. 순매는 맨발이었다. 발뒤꿈치에 거친 굳은살이 박여 있었고 굳은살이 갈라진 골에 때가 끼어 있었다.

그날 비가 내려서 순매는 진리로 돌아가지 못했다. 정약전은 행랑채에서, 조 풍헌은 안방에서, 순매는 건넌방에서 잠자리를 정했다. 가까운 바람이 잠들고 먼 파도 소리가 들렸다. 어둠 속에서 사람들의 눈동자가 크게 열렸다. 정약전의 어둠 속에 장일청과 황사영이 뒤섞여서 어른거렸다. 파도 소리가 순매의 어둠 속에 바다를 펼쳤다. 순매는 먼바다를 떼 지어 건너가는 물고기들의 아가미와 내장을 생각했다. 내장은 작고 꼬불꼬불했다.

날치

저녁에 빛들은 수평선에 내려앉았다. 수평선은 눈동자 속의 선이고 물 위의 선이 아니라는 것이 물가에서는 믿기지 않았다. 시야의 끝에서 물과 하늘이 닿는 허상이 펼쳐졌으나, 닿아 있는 자리에서 물과 하늘 사이는 비어 있어서 수평선은 아무런 선도 아니었고 그 너머에 또 다른 수평선이 지나갔다.

빛들이 더 먼 쪽 수평선으로 몰려가면서 바다는 어두워졌다. 달이 없는 밤에는 보이지 않는 물의 소리만 들렸다. 먼 어둠 속을 달리는 물소리가 섬의 연안으로 다가왔다. 시간의 바람이 물을 스쳐서, 물과 시간이 섞이는 그 소리에는 아무런 의미도 담겨 있지 않았다.

귀 기울이지 않아도 물소리는 정약전의 몸속을 가득 채웠고 정약전은 그 소리를 해독할 수 없었다. 그 물소리 너머의 바다에서는 말이 생겨나지 않았고 문자가 자리 잡을 수 없을 것이었다. 언어가 지배하는 세상과 언어가 생겨나지 않은 세상 중에 어느 쪽이 더 무서운 것인가. 물소리 저 너머에서 인간이 의미를 부여해서 만든 말이 아니라 목숨과 사물 속에서 스스로 빚어지는 말들이 새로 돋아날 수 있을 것인가. 그 말들을 찾아서 인간의 삶 속으로 주워 담을 수 있을 것인지, 어둠 속에서 정약전의 생각은 자리 잡지 못했다.

조 풍헌의 행랑채는 벽이 얇고 외풍이 심해서 초가을부터 저녁 군불을 때야 했다. 가을이 더 깊어지면 새벽에 한 차례 더 땔감을 넣어야 잠들 수 있었다. 정약전은 늘 손수 군불을 땠다. 바람이 굴뚝을 빨아내서 장작은 빨리 타들어갔고 구들은 더디 데워졌다. 불을 지피고 방에 들어가 누워도, 정약전은 물소리에서 헤어나지 못했다. 정약전은 물소리에 실려 가듯이 잠들었다.

정약전과 창대는 신당神堂 언덕에 앉아서 한나절씩 바다를 바라보았다. 창대는 바다 물색의 변화와 물무늬의 흔들림을 들여다보면서 그 밑에 무슨 물고기 떼가 지나가고 있는지를 설명했다. 창대는 새들이 한쪽 방향으로 몰려갈 때 그 까닭을 짐작해서 정약전에게 말해주었다. 아마도 그러할 것입니다. 전에도 저랬습니다. 그것이 창대의 말투였다. 정약전은 묻지 않고 들었다. 창대의 말은 분명해서, 물을 것이 없었다. 모르는 것을 말할 때도 창대의 모름은 정확했다. 조개껍데기의 고랑이 마흔 개라면 그것이 왜 마흔 개인지를 물을 수는 없을 것이었다. 창대는 물을 수 있는 것과 물을 수 없는 것, 대답할 수 있는 것과 대답할 수 없는 것을 뒤섞지 않았다. 창대는 섬에서 태어나서, 서너 권의 책을 읽었을 뿐이지만 고요히 들여다보아서 사물의 속을 아는 자였다.

초여름에는 날치 떼가 바다 위를 날았다. 날치는 꼬리로 수면을 때리면서 몸을 공중에 띄우고 가슴지느러미를 날개처럼 펼쳐서 물 위를 날아갔다. 수천 마리가 한꺼번에 날아오르면 대열을 이룬 푸른 등에서 햇빛이 물결로 일렁거렸다. 날치의 무리가 안개 속을 날아갈 때는 새들이 물속을 날아가는 것처럼 보였다. 날치는 어른 키보다 높이 떠서 수십 걸음을 날아갔다. 한 무리가 날아가다가 물 위에 내려앉으면 다른 무리가 솟구쳐 올랐다. 날치 떼는 긴 물결무늬를 이루며 바다를 건너갔다. 날치 떼가 배 옆을 지나면 날개가 바람에 스치는 소리가 들린다고 어부들은 전했다. 물가로 날아오는 날치들 중에서 힘세고 겁 없는 것들은 육지로 넘어와서 지붕이나 마당 위에 떨어져서 퍼덕거렸다.

정약전의 눈에, 날치는 말과 문자가 생겨나지 않은, 먼 수평선 너머에서 날아오고 있었다.

─날치가 왜 날아오르는 것이냐? 무슨 좋은 일이 있는 건
가?

　묻고 나서 정약전은 스스로 멋쩍었다. 창대가 대답했다.

　─그것은 알 수가 없습니다. 아마도 물 밑에 잡아먹으려 덤
비는 놈들이 있을 것입니다. 허나, 무슨 좋은 일이 있는지는 날
치가 아닌 다음에야……

　─새가 되려는 것인가?

　─지느러미를 날개처럼 펼쳐서 공중에 머물지만 퍼덕거리
지는 못합니다. 새와는 다르지만, 오래 저러다가 새가 될 수도
있겠지요.

　─얼마나 걸리겠느냐?

　─아하, 그야…… 새가 못 될 수도 있겠지요.

　물음이 될 수 없는 것들을 정약전은 묻고 있었다. 정약전은
창대 앞에서 점점 아둔해져가는 자신을 느꼈다. 날고 싶고, 날
아서 뜨고 싶고, 떠서 땅의 속박을 벗어나려는 소망은 물고기에
게도 있는 모양이었다. 그 소망이 수만 년 동안 날치 떼를 솟구
치게 하는 것이리라.

　창대는 또 뻘 밑에 사는 고둥이 산속에도 있다는 얘기를 들
려주었다. 큰 놈은 길이가 두세 자 정도인데, 꼭지를 잘라내면
나팔로 쓰인다는 고둥이었다. 고둥이 왜 뻘을 버리고 산으로 들
어갔을까. 다리가 없고 날개가 없고, 비늘이 없어 배밀이를 못

하는 고등이 어떻게 산으로 올라갔을까? 고등의 무리가 산에 도달할 때까지 얼마나 오랜 세월이 걸렸을까를 정약전은 떠올릴 수 없었다.

　—고등은 산속에서 나팔 소리를 낸다고 합니다. 들었다는 사람이 있는데, 제가 찾아가보았더니 사방에서 소리가 들리는 것 같아서 찾을 수 없었습니다.

　라고 창대는 말했다. 정약전은 자신이 고등을 찾아서 산속을 헤매게 될 것 같은 예감이 들었다. 산속에서 우는 고등은 그 나선형 골 안에 울음을 간직하고 있었을까. 그 소리는 대체 무엇을 부르는 소리이고 무엇을 드러내는 소리인가. 새가 되려는 날치와 산으로 간 고등이 서로 부르고 화답하는 소리인가.

　창대는 대답할 수 없는 것들을 대답하지 않았고 다만 들여다보았다.

　창대의 아버지 장팔수가 배를 타고 나가서 가까운 바다에서 주낙질을 하고 있을 때도 창대는 신당 언덕에 앉아서 바다를 바라보았다. 정약전은 가끔씩 그 옆에 앉아 있었다. 장팔수의 배는 물결 사이에서 가물거렸다.

　배가 들어오면 창대는 물가로 내려가 뒷일을 거들었고, 순매는 어구를 손질하는 일을 거들었다. 발꿈치 굳은살에 적힌 순매의 생애가 정약전의 눈에 보였다. 창대는 아버지가 잡아온 물고기를 손질해서 말릴 때도 아가미와 비늘을 깊이 들여다보았다.

아가미를 벌려서 빗살을 세어보기도 했다.

　—저놈은 안 돼. 쟤는 손아귀로 노를 꽉 잡지를 못해. 배를 탈 깜냥이 아니지.

　장팔수는 아들을 흉보면서도 배를 탈 일이 없을 아들의 팔자를 다행으로 여겼다.

고등어

초여름의 밤에 송진 횃불을 밝힌 배들이 바다에 나가서 고등어를 잡았다. 밤에는 물과 하늘이 구분되지 않았고 배들이 물결에 가물거려서 별과 배가 뒤섞였다. 먼 배들은 별 사이를 흘렀다. 고등어는 빠르고 또 까다로워서 그물로 잡을 수 없다고 창대는 말했다. 떼를 지어 뱃전으로 다가오다가도 작은 인기척, 희미한 사람의 냄새만 풍겨도 갑자기 수만 마리가 방향을 바꾸어 사라졌다. 밤하늘에 마른번개가 치면 멀리서 다가오던 고등어 떼들은 일제히 물 밑으로 잠기거나 그 자리에서 멈추었다. 고등어 떼가 방향을 바꿀 때, 수면에는 물이랑이 일었고 늙은 어부들은 물이랑이 주름 잡히는 쪽을 바라보면서 고등어의 향방을 가늠했다. 고등어의 물결은 배를 멀리 돌아서 흘러갔고 흑산의 어부

189

들은 무리들 중 대열을 이탈한 것들을 한 마리씩 낚시로 건져 올렸다. 고등어는 입맛이 까다로워서 어부가 던져놓은 미끼를 삼키는 경우는 드물었고, 대개는 낚싯바늘 옆을 빠르게 헤엄쳐 나가다가 옆구리를 꿰였다. 원양을 달리던 고등어는 낚시에 걸린 불운을 견디지 못해서 건져 올리면 이미 죽어 있었다. 고등어는 등이 푸르고 배는 은빛인데, 등에서 배 쪽으로 검은 물결무늬가 일렁였다. 어부들은 고등어가 바다를 빠른 속도로 건너다니기 때문에 물결의 무늬가 몸통에 찍힌 것이라고 말했다. 정약전은 그 말이 그럴싸하게 들렸다. 어부들은 고등어가 먼 남쪽 바다에서 올라온다고 믿었는데, 오륙 년 동안 흑산 바다에 나타나지 않는 때도 있어서 어부들은 고등어를 기약할 수 없었다. 어부들은 하룻밤에 열대여섯 마리를 잡을 수 있었다. 고등어는 빨리 죽고 또 빨리 상해서 어부들은 잡자마자 소금에 절였다. 고등어의 푸른 등에 바닷속의 모든 흔들림을 감지하는 관능이 살아 있을 것 같았지만, 관능은 그것을 누리는 자만의 것이었다. 창대는 모르는 것을 대답하지 못할 때 늘 긴장해 있었다. 어부들의 말처럼, 고등어는 푸른 바다를 등으로 밀고 헤치면서 건너가기 때문에 등에 푸른 물이 밴 것일 수도 있었다.

청어는 고등어보다 먼저, 초봄에 다녀갔다. 섬에 진달래가 피면 어부들은 청어를 기다렸다. 청어의 무리들은 바다를 뒤덮고 섬의 해안으로 다가왔다. 물가에서 암놈은 알을 낳고 수놈은 정액을 뿌렸다. 청어들은 다시 원양으로 몰려갔다. 청어는 어미 아비가 없었고 알과 정액으로 인연을 만들지 않았다. 알이 부화해서 치어가 깨어날 무렵에는 섬의 모든 새들이 해안으로 몰려들어서 청어 새끼로 배를 채우며 끼룩거렸다. 새들 중에서도 사나운 족속들은 멀리서 청어 떼가 다가오면 미리 해안 쪽으로 날아와서 기다린다고 어부들은 말했다. 청어의 무리들도 한 번 다녀가고 나면 몇 년 동안 나타나지 않았다. 진달래는 해마다 빠짐없이 피었으나 진달래 필 때 오는 청어는 매년 오지는 않았다.

경상도 청어는 등뼈가 일흔네 마디이고 전라도 청어는 등뼈가 쉰세 마디라고 창대는 말했다.

—그것을 어찌 알았느냐? 청어가 고향이 있다더냐?

—멀리서 온 어부들에게 물어보았습니다.

—어부들이 그것을 알더냐?

—모르기에 고향에 가서 알아보라고 했습니다. 다음에 올 때 어부들이 제 고장 물고기를 소금에 절여서 몇 마리씩 가져다주었습니다. 그래서 제가 헤아려보았습니다.

정약전은 놀라서 창대의 얼굴을 바라보았다. 창대는 언제나처럼 고요히 웃고 있었다.

흑산진 수군 별장 오칠구가 고등어세와 청어세를 새로 정했고, 콩세를 밭 면적에 따른 전세田稅로 바꾸었다. 선세船稅는 고깃배의 척수와 크기를 기준으로 해서 거두어왔는데, 오칠구는 선세는 그대로 유지하면서 어종별 수확량에 따라서 별도의 세금을 매겼다. 어선들이 잡아온 고등어와 청어의 마릿수를 헤아려 별도의 세금을 매기는 방식이었다.

섬사람들은 보리를 걷고 나면 빈 밭에 콩을 심었고 길섶이나 자투리땅마다 콩을 심었다. 보리밭에는 전세를 매겨왔고 자투리땅에 심은 콩의 포기 수를 헤아려서 콩세를 거두어왔다. 오칠구는 보리밭에 심은 콩에 대해서는 밭을 두 번 쓰는 것이라는 이유로 전세를 오 할 올렸고, 자투리땅의 콩에 대해서는 포기마다 물리는 세금을 그대로 물렸다.

오칠구는 마을의 풍헌들을 수군진에 모아놓고 징세 제도를 바꾸는 것은 도감과 우수영의 지시라고 말했다. 육지에서 배가 다녀간 지가 석 달이 넘었는데 도감이나 우수영의 전령이 언제 다녀갔다는 것인지 풍헌들은 알 수 없었다. 풍헌들은 말없이 흩어져서 마을로 돌아갔다. 저녁이 되고 밤이 되어서, 송진 불을 밝힌 배들이 바다에 떴다. 새벽에 배들은 고등어 열대여섯 마리씩을 잡아서 마을로 돌아왔다.

흑산 수군진은 국금으로 소나무 벌채를 단속했고 소나무를 살릴 책임을 섬사람들에게 떠넘겼다. 공산公山에 저절로 생겨난 소나무거나 개인 집 마당에 심은 소나무거나, 소나무를 베어내지 못했다. 공산의 소나무는 그루 수를 헤아리고 번호를 매겨서 나무에서 가까운 민가에 관리 책임을 지웠다. 소나무가 벌레 먹거나 병들어 죽거나 태풍에 쓰러져서 죽으면 나뭇값을 받아냈다. 섬사람들은 초상이 나도 관을 짤 수 없어서 초장草葬을 지냈고 서까래가 썩어도 잡목으로 이어 붙였다. 집에 나무기둥을 쓸 수가 없어서 돌과 흙만으로 제비집처럼 짓기도 했다. 모든 소나무는 수군의 것이었고, 몇 년에 한 번씩 소나무 징발령이 내리면 섬사람들은 소나무를 베어내서 뗏목을 엮는 신역에 동원되었다. 흑산 수군진은 소나무를 감시하는 감관監官을 따로 두어 섬마다 돌면서 산과 마을을 살폈다. 소나무를 자른 자는 수군진으로 끌려가서 매를 맞고 감옥에 갇혔다가 벌금을 물고 풀려났다.

수군진 감옥은 진관 앞바다에 박힌 바윗덩어리였다. 걸으면 오백 걸음 정도였지만 수심이 깊고 물살이 빨라서 헤엄쳐서 건널 수는 없었다. 수군진에 딸린 감옥이었지만 수군 관원이거나 섬 주민이거나 간에 사람을 가두고 풀어두는 권한은 별장에게 있었다. 섬으로 유배 온 죄인들 중에서 지체가 낮거나 목자가 불량한 자들은 바위 감옥에 며칠씩 가두어놓고 기를 죽여서 본섬으로 데려갔다. 섬사람들은 바위 감옥을 옥섬이라고 불렀다. 옥섬에는 동굴이 있어서 죄수들은 그 속에 들어가서 비바람을 피했다. 수군 감색監色은 죄수를 배에 태워서 끌고 가 옥섬에 내려놓고 돌아올 때 낚싯대 한 자루를 던져주었다. 죄수는 낚싯대로 물고기를 잡거나 해초를 뜯어먹으며 연명했다. 옥섬에 갇힌 첫

날밤에 죄수들은 수군진 쪽을 향해

　—아이고, 아이고, 아이고.

　라고 비명을 질러댔다. 거리가 가까워서 비명 소리는 수군진
에서 들렸다. 비명은 이내 잠잠해졌다.

　자반을 구워 먹으면 고등어의 푸른 등은 허연 뱃살보다 기름
지고 단단했다. 푸른 등의 살은 결을 이루면서 길게 뜯겨졌다.
고등어는 푸른 등으로 바다 전체를 감지하고 밤바다에서 방향
을 잡는 것인가.

　정약전과 창대가 고등어의 푸른 등을 들여다보면서 답답해
하던 날, 창대 아버지 장팔수는 옥섬에 갇혔다.

　장팔수는 밤바다에 나가서 밤새 고등어를 잡고 아침에 돌아
왔다. 배가 포구에 닿자 색리가 배에 올라와 어획량을 조사했
다. 장팔수는 스무 마리를 보고했고, 다섯 마리를 어창 밑에 감
추었다. 어창 바닥을 이중으로 만들어 그 사이에 숨겨놓은 고등
어 다섯 마리를 색리가 찾아냈다. 색리는 어창을 부수고 샅샅이
뒤졌으나 더 나오지는 않았다. 어획이 너무 작아서 내다 팔 수
있는 물량이 못 되므로 세금을 말할 수 있는 것이 아니라고 장
팔수는 항변했으나 통하지 않았다. 색리는 장팔수가 잡은 스물
다섯 마리 전부를 압수했다. 장팔수는 고등어가 잡히는 대로 소
금에 절여놓았다.

색리는 장팔수를 수군진에 끌고 갔다. 오칠구는 그동안 감춘 어획량을 모두 대라고 장팔수를 추궁했다. 장팔수는 나이가 육십이 넘었고 주민들 사이에 인망이 높았다. 오칠구는 장팔수를 묶어놓고 때리지는 않았지만, 옥섬에 가두었다. 정약전은 장팔수가 옥섬에 갇혔다는 소식을 창대한테서 들었다.

—아버지가 옥섬에…… 다섯 마리 때문에…….

—고등어 때문이로구나. 고등어…….

고등어 푸른 등의 관능을 밝히는 것보다 더 다급한 일이 사람의 마을에서 벌어지고 있었다. 정약전은 수군진으로 오칠구를 찾아갔다. 정약전은 오칠구가 무관직이기는 하지만 목민을 겸하고 있으므로 서울에서 온 유자儒者를 내쫓지는 않을 것이라고 기대했다. 오칠구는 진관 마루에 앉아서 손님이 왔다는 색리의 보고를 받았다. 정약전이 마루 쪽으로 다가갔다. 오칠구는 마당으로 내려오지 않았다.

—배객이 관아를 드나드시오?

—옥섬에 갇힌 어부 장팔수의 일로 말씀드릴 일이 있소이다. 장팔수의 어획이 워낙 영세하니, 가두고 따질 일이 아닌 것 같소이다.

—아하, 유배 와서 섬을 다스리시는구려.

—별장께 호소하는 것이오. 장팔수가 나이도 많고 하니, 너그러이 봐주시오.

—왜, 장팔수를 데려다가 천주교를 가르치시려오?

정약전은 더 이상 말하지 못했다. 정약전이 수군진에서 나오자 문밖에서 창대가 기다리고 있었다. 정약전은 오칠구에게 당한 일을 창대에게 말하지 못했다. 둘은 말없이 바닷길을 걸어서 집으로 돌아갔다. 마을의 풍헌들이 미역을 조금씩 거두어 팔아서 돈을 모으고 창대가 이웃에서 빌린 돈을 합쳐서 장팔수의 벌금을 물었다. 장팔수는 닷새 만에 옥섬에서 풀려났다.

바람이 불어서 바다에 나가지 못하는 날, 장팔수는 집 근처의 야산을 돌면서 땅을 뚫고 나오기 시작하는 어린 소나무를 뽑아버렸다. 소나무가 자라면 무서운 일들이 기다리고 있을 것이었다. 장팔수뿐 아니라, 다른 어부들도 뱃일이 없는 날에는 어린 소나무를 뿌리째 캐내서 아궁이에 던졌다. 사람들은 그 일을 서로 말하지 않으면서 다들 알고 있었다.

여기서

수군진에서 별장 오칠구에게 수모를 당하고 돌아온 날 정약
전은 밤늦도록 혼자서 술을 마셨다. 집주인 조 풍헌은 정약전의
지체 높은 신분을 어려워했다. 조 풍헌은 정약전이 언젠가는 유
배가 풀려서 서울로 돌아가서 권세 있는 자리에 오르기를 바라
기도 했지만, 그보다 더 깊은 마음속에서는 정약전이 끝내 섬에
머물기를 바랐다. 조 풍헌은 책을 읽은 적이 없었고 서당 마당
에도 들어가본 적이 없었지만, 정약전의 얼굴을 보면 공부라는
것이 무엇인지를 알 것 같은 느낌이 들었다. 정약전은 너그럽고
도 또 엄격해 보였는데, 때에 따라서 어느 한쪽의 성격이 드러
나는 것이 아니라, 동시에 함께 드러나 보였다. 조 풍헌이 보기
에 정약전은 지나간 세상과 닥쳐올 세상의 이치를 모두 알고 있

어서, 고기 잡아먹고 사는 작은 섬의 너머를 내다보고 있는 사람이었다. 정약전의 죄목이 '사학'이라는 것을 알았으나 그 내용은 알지 못했다. 조 풍헌은 정약전의 유배가 세상 너머를 내다본 죄와 관련이 있을 것이라고 막연히 생각하고 있었다. 조 풍헌은 정약전에게 술을 구해다 주었을 뿐 함께 마시지는 않았다. 정약전은 섬에서 술이 늘었다. 책을 읽지 않고, 책 읽는 자들은 상종하지 않기 때문에 술이 느는 것이라고 정약전은 짐작하고 있었다. 물과 바다 사이의 빈 공간을 책이나 술로 감당할 수는 없겠지만, 먹을 것도 없는 섬에 술이 있다는 것은 다행이었다. 섬사람들은 잡곡을 찧어서 보리 껍데기는 삶아서 돼지를 먹이고 조 껍데기로 술을 담갔다. 걸쭉했고, 독해서 취기가 빨리 올랐다. 조 풍헌은 집에서 술을 담글 수는 없었고 순매가 가끔씩 술동이를 이고 산을 넘어왔다.

장팔수가 고등어 다섯 마리를 숨겼다가 옥섬에 갇혔다는 소문은 한나절 만에 섬에 퍼졌다. 정약전이 수군진에 가서 장팔수를 편들려다가 오칠구한테 쫓겨나다시피 했다는 소문도 돌았다. 그날 밤에도 고등어잡이 배 네댓 척이 밤바다에 떴다. 정약전의 마루에서 내려다보면, 밤바다의 고등어잡이 배들은 불빛의 점으로 깜박거렸다. 고등어는 몇 년에 한 번씩 섬을 멀리 돌아서 북쪽으로 올라갔는데, 섬사람들은 고등어가 올라가는 기척을 놓친 적이 없었다. 진달래 필 무렵에, 먼 수면에서 한 줄로 길게 들끓으면서 번쩍이는 빛의 대열이 북쪽으로 올라가고, 그 위를 새 떼들이 따라가면서 쪼아대면 고등어 떼가 온 것이었다. 바다에 나갔다가 그 빛의 대열을 본 사람이 급히 배를 몰고 마을로 돌아와서 소식을 전했다.

……왔어. 왔구먼. 내 봤어. 쪽박섬 쪽으로 온통 퍼덕퍼덕했어…….

그날 밤에 송진 불을 밝힌 배들이 바다로 나아갔다. 정약전은 고등어의 푸른 등과 고등어의 회유를 창대에게 들어서 알았다. 옥섬에 갇힌 창대 아버지 장팔수가 수군진 쪽에 대고, 아이고, 아이고, 외치는 소리가 고깃배 뜬 바다에서 들리는 듯했지만, 지금 시간쯤이면 장팔수는 이미 기진해서 비명을 지르지도 못할 것이었다.

―이번 술은 좀 독하다고 순매가 그럽디다.

조 풍헌은 생선 내장무침을 안주로 내놓고 물러갔다. 취기는 깊이 스며서 곧장 치받쳤다. 물과 하늘 사이의 빈 공간에 고등어잡이 배들의 불빛이 가득 차서 들끓고, 그 너머에서 아이고, 아이고…… 옥섬의 비명 소리가 들려오는 듯했다. 정약전은 깊이 마시고 입안의 찌꺼기를 털어냈다.

……왜, 장팔수를 데려다가 천주교를 가르치시려오?

라던 오칠구의 조롱도 떠올랐다. 정약전은 거푸 마셨다. 고등어잡이 고깃배의 불빛과 옥섬의 비명과 오칠구의 조롱이 뒤

범벅이 되어 취기 속에서 들끓었다.

……여기서 살자. 여기서 사는 수밖에 없다. 고등어와 더불어, 오칠구와 더불어 창대와 장팔수와 더불어, 여기서 살자. 섬에서 살자.

울음 같은 말들이, 말에 미달한 채로 정약전의 마음속에서 치밀어 올랐다.

장팔수를 데려다가 천주교를 가르치려느냐던 오칠구의 조롱이, 참수형으로 죽은 동생 정약종의 모습을 떠올리게 했다. 사실, 정약종에게 천주교를 가르쳐준 것은 정약전 자신이었다. 한문으로 번역된 서양의 서책들이 북경 사행 편에 국내로 반입되었는데, 정약전은 그 책에서 읽은 교리에 자신의 생각을 보태서 동생 정약종 앞에 펼쳐놓았고, 정약종이 스스로 그 안으로 몸과 영혼을 던진 것이었다.

하늘의 선한 뜻은 권력의 작용이 아니라 인간의 실천을 통해서 일상의 땅 위에 실현할 수 있으며, 그 실천의 방법은 사랑이다. 그러므로 네 이웃을 사랑하고 죄를 뉘우치고 뉘우침의 진정 위에 새날을 맞이하라. 크고 두려운 날들이 다가온다.

목마른 자가 저절로 물을 찾듯이 정약종에게 새날은 저절로 스며들었다. 정약전이 멈칫거리면서 배교하고 세속으로 돌아갈 때도 정약종은 애초에 정약전에게서 인도받은 그 길을 끝까지 걸어서 서소문 사형장으로 갔다. 북경에서 반입된 『기하원본』幾何原本이라는 서양 수리서數理書를 정약전은 약종에게 설명해준 적이 있었다.

　두 개의 점을 잇는 직선은 유일무이하다.
　직선 밖의 한 점을 지나서 이 직선에 평행한 직선은 유일무이하다.

　정약종은 이 단순하고 명료한 언어에 기뻐했다. 언어가 아니라 존재하는 것들의 감추어진 모습이었다. 모두 드러나 있되 사람들의 눈에 띄지 않던 것이었다. 눈에 띄었어도 그 안쪽을 들여다보지 못하던 것이었다. 그것은 인간의 언어로 증명할 수 없는 것이었지만, 언어에 의한 증명이 필요 없이 사람의 생각으로 본래 스스로 그러함을 알 수 있는 것이었다. 그리고 이 단순 명료한 공리 몇 개가 얽혀서 원과 삼각형과 입체들의 비밀의 체제를 이루고 있었다.
　정약전이 『기하원본』을 설명해줄 때 정약종의 얼굴에는 고요한 웃음이 번져 있었다. 배교하고 돌아서던 무렵에, 정약전은 『기하원본』에 기뻐하던 정약종의 웃음에는 그 단순명료한 발견들에서 실체를 본 자의 확신이 배어 있던 것이 아닐까 생각했다. 확실치는 않지만, 아마도 그러할 것이라고 정약종이 죽은 후에도 정약전은 늘 그렇게 생각하고 있었다.

어느 해인가, 형제들이 훨씬 더 젊었을 때, 두물머리 마재의 맏형 정약현의 집에서 제사를 마치고 세 형제가 배를 타고 서울로 돌아갈 때, 배 위에서 형제들은 『기하원본』과 우주의 근본과 몸과 마음이 살고 또 죽는 이치를 말하며 놀라워했었다. 형제들은 제 형과 아우의 앎이 자신의 앎과 같다는 것이 즐거웠다. 그때 배 위에서도 정약전이 주로 말했고 정약종은 듣는 쪽이었다. 약종의 얼굴에 번진 웃음이 깊고 또 맑아서 정약전은 더 신명나게 말했었다.

그때가 사월이었다. 봄이 가득 차서 바람이 향기로웠고, 강물이 부풀었다. 강물을 따라오는 푸른 산들의 능선이 물 위에 비쳤다. 두미협의 빠른 물길을 지나서 배가 경강京江으로 들어서자 강폭이 넓어지면서 산이 물러났다. 물에 잇닿아 들이 아득히 열렸고 나루에 묶인 배들의 돛폭이 빛났다. 도성은 그 아래쪽이었고, 양화, 행주, 이산포, 김포, 강화를 지나면 바다가 열릴 것이었다. 두물머리에서 만난 물은 새로운 흐름을 열어서 넓은 세상을 향하고 있었다. 젊은 형제들은 눈길을 멀리 보내서 다가오는 들과 물을 바라보았다. 그때가 사월이었다. 마재의 산봉우리에서는 먼 들판과 산악을 휘돌아 나온 강들이 합쳐지는 모습이 손금처럼 내려다 보였다.

정약전의 취기 속에서, 고향의 강은 사월이었고, 하구에 이르러 썰물에 합쳐져 바다로 나아가고 있었다.

여기서 살자. 여기서 사는 수밖에 없다⋯⋯.

새벽에, 고등어잡이 배들이 포구로 돌아왔다. 정약전의 취기 속에서 포구로 다가오는 불빛들이 섬에서 살라고 말하고 있었다. 아궁이에 다시 군불을 넣고 정약전은 자리에 누웠다. 바다로 나가는 아침의 새들이 높이 짖어댔다.

참언

　비변사에 첩보된 항간의 참언들은 모두 다 패려하였으나 그
중에서도 극악한 것은, 이제 곧 때가 이르면 서양의 큰 배들이
무수히 바다를 건너와서 인천, 부평, 안산, 남양에 정박하면서
조정을 겁박하여 새로운 세상을 열리라는 요망한 말이었다. 그
배에는 태산을 뭉개고 장강을 끊어내는 화포와 집을 통째로 들
어 올리고 성 뿌리를 뽑는 기계와 두들기거나 불지 않아도 저절
로 소리 나는 악기와 온갖 금은보화가 가득 실려 있어서 조선의
운수를 바꾸고 문물제도를 새로 세운다는 것이었다. 서울에 잠
입한 청국인 신부 주문모는 곧 들이닥칠 서양의 배들을 인도하
기 위해 미리 온 길라잡이 겸 선발대이고 황사영이 그를 도와 터
를 닦고 있다는 말도 남쪽에서 돌았다.

야소가 태어난 지 서른 번째 갑년이 되는 성세聖歲에 그 배들은 오기로 되어 있는데, 야소는 경신년 생 원숭이띠라는 말과 신유년 생 닭띠라는 말과 정사년 뱀띠라는 말이 어긋나 있었다. 원숭이띠를 믿는 자들은 경신년 내내 서해의 수평선 쪽을 흘깃거렸는데 소설, 대설이 지나도록 배의 기척이 없자 슬프고 괴이하다며 다음 갑년을 기약했다.

태풍이 지나가고 바다가 멀쩡한 날에 서양의 배들이 연안의 수로를 정찰하거나, 상륙해서 망원경으로 마을 쪽을 살피다가 돌아갔다. 서양 배가 물가에 닿으면 사람들은 산으로 올라가서 배를 구경했다. 푸른 연기가 흘렀고 구릿빛 화포가 번쩍거렸다. 곧 무수한 선박이 바다를 덮고 들이닥친다는 기약은 기다릴 만한 소식으로 들렸다.

요언은 고을마다 창궐했다. 모여서 지껄인 자와 듣고 옮긴 자를 찾아내서 가둘 수 있었으나 애초에 지어내서 퍼뜨린 자는 잡을 수가 없었다. 지어낸 자가 따로 있는 것이 아니라 썩은 고기에 구더기가 슬듯이 저절로 생겨나서 퍼진 것이라고, 비변사의 늙은 정육품이 민정을 살피고 돌아와서 대비전에 보고했다. 당상들은 서로 얼굴을 쳐다보며 고개를 끄덕였다. 요언을 퍼뜨린 자를 붙잡아서 가두고 때리면, 그가 맞은 매는 요언의 진실성을 증명하는 물증이 되었다. 매는 요언을 부채질했다. 당상들은 매와 요언의 관계를 알았지만 말하지는 못했다.

개국 이래로 국본이 이토록 망가진 적은 없었는데, 첫째는 굶주려서 유리걸식하는 백성들의 참상이고 둘째는 무민하는 요언의 창궐이었다. 요언의 뿌리는 굶주림이었고, 그 두 가지는 실상 한가지였다. 요언이 썩은 고기의 구더기처럼 저절로 생겨나는 것이라고 할 때, 그 썩은 고기는 바로 굶주림이고, 그러므로 요언은 일없이, 저절로 생겨나지는 않는다는 것을 당상들은 누구나 알았지만 아무도 말하지 못했다.

사직의 토대가 백성이고 백성의 실상은 굶주림이었지만 사직의 지붕 아래서는 비바람이 들이치는 날도 있는 것이라고 당상들은 생각했다. 말들을 하지는 않았지만 서로의 생각이 같다는 것을 다들 알고 있었다.

—대비마마, 군왕의 심성이 곧 국본이옵니다. 전하께서 비록 충년冲年이시나 성심이 맑으시니 백성의 홍복이옵니다.

—경의 말이 아름답다. 내 그리 아뢰겠다. 경연을 더 자주 열어 전하를 모시도록 하겠다.

—군신이 함께 배우니 성현의 뜻과 같사옵니다. 대비마마, 비록 지금 한때 곤고하오나 백성들과 더불어 새롭게 시작하시옵소서.

—좋은 말이다. 그러니 전과 똑같은 상소를 자꾸 올리지 마라. 경들은 물러가서 수신에 힘쓰라.

대비전 조회는 대체로 그렇게 끝났다. 대비는 자신의 말의 간절함으로 세상을 바로잡을 수 있고 백성을 먹일 수 있다고 믿는 모양이었다. 신료들은 그렇게 느꼈다. 대비의 말은 곡진하고 다급했다. 대비는 자신의 그 다급한 말과 간절한 뜻이 이루어지지 않는 현실을 이해할 수가 없는 듯했다. 신료들은 대비가 내린 자교를 읽으면서 눈물겨웠다.

아, 저 먹을 것 없는 백성들은 어찌 수습할 것인지, 나는 잠들지 못한다. 나는 백성을 어린 자식처럼 품어서 젖을 물리려는데, 백성들은 눈을 감고 기어서 우물 속으로 들어가는구나. 아, 유리걸식하는 백성들아, 구덩이를 파서 거적을 깔고 누워서 풀을 엮어서 덮으니 어찌 추위를 견디느냐. 구휼소에서 얻어먹는 죽은 솥 하나에 좁쌀 한 사발을 넣고 풀뿌리를 섞어 끓였으니 어찌 허기를 면하겠느냐. 삽살개 꼬리 같은 옷은 음부를 가리지 못하고 구덩이 속에서 서로 깔고 자고 베고 자다가 얼어 죽으면 까마귀가 창자를 쪼고 여우가 골을 파먹는구나. 아이의 고기를 먹은 자들을 붙잡아 문초하니, 아이를 죽여서 먹은 것이 아니라 죽은 아이를 주워서 구워먹은 것이라고 항변하니, 아 어찌 차마 들을 수 있는 말인가. 어찌 죄를 물을 수가 있으며 또 어찌 죄를 묻지 않을 수가 있겠는가. 가마솥마다 아귀처럼 몰려와서 멀건 죽 한 그릇 얻어먹다가 결국은 죽는데, 죽은 자들과 아직은 덜 죽어서 맥이 남아 있고 숨이 붙어 있는 자들을 함께 실어다 시구문 밖에 버리면 아직 죽지 않은 자들이 또 달려들어 옷을 벗겨가니 나는 산 자와 죽은 자 중에서 어느 편을 들어야 하겠느냐. 너희들을 모두 품어주고 닦아주고 돌보아주지 못하니 나의 어미 됨이 대체 무엇이던가. 너희들이 구덩이 속에서 뒤척일 적에 나는 이 겹쳐진 처마 밑에서 잠들지 못한다.

아, 흩어져서 떠도는 백성들아, 나를 믿고 고향으로 돌아가서 살길을 찾아라. 아내가 부덕해도 내쫓지 말며 남편이 게을러도 버리지 말고 서로 의지해 살면서 늙은이를 보살펴라. 아, 집집마다 굴뚝에서 연기가 오르고, 너희들이 논밭에 모여 앉아 들밥을 먹는 모습을 보여다오.

백성을 꾸짖을 때는 앓는 아이에게 약을 먹이듯 해야 하며 백성을 교화할 때는 가는비에 옷이 젖듯이 해야 하며 꾸짖거나 가르치거나 간에 콩을 볶듯이 해서는 안 된다는 열성조의 가르침을 내가 잊은 것은 아니로되, 요망한 언동으로 국본을 부수는 삿된 미신의 무리들을 매달고 때리고 주리 틀고 담금질하고 목을 벨 적에 그 아픔이 내 몸속에 있으니 내 심정이 어떠했던가를 너희들은 헤아리고 또 헤아려라. 너희들은 나의 이 슬픈 마음에 기대서 인의예지의 고향으로 돌아오라. 풀벌레도 그 삶을 완수하고 사농공상이 모두 그 본분이 완연한데, 사학의 무리들은 어찌 죽기를 좋아하고 형틀에 엎드리기를 요 위에 눕듯 하며 어찌 산 자의 입으로 사후死後를 말하며 헤매고 더듬기를 소

경처럼 하느냐.

아, 사람의 자식이 어찌 금수를 낳는다는 것이냐. 사람이 금
수를 낳아 세상에 창궐했으니, 이제 금수가 다시 사람을 낳겠
느냐.

아, 너희 팔도의 감사와 유수와 현령들아, 너희 여러 진보鎭
堡의 장수와 만호들아, 너희들은 나의 마음을 너희들의 마음으
로 삼아서 백성을 살펴 나의 목마름을 축여다오. 몇 년째 가물
어서 산천이 타들어가고 논밭이 오그라져도 마침내 고요히 비
가 내리지 않겠느냐. 비가 내리면, 여러 고을들은 비 내린 정황
을 급히 알려라. 감영과 관아 근처에 비가 내리지 않았다 하더라
도 감영 마당만 들여다보지 말고 멀리 사람을 보내서 이 마을 저
마을에 비가 내리고 안 내린 정황을 살펴서 비가 내리는 족족 파
발을 보내서 시급히 알려라. 강토가 가물어서 타들어가니 내 육
신이 생선처럼 구워지는 것과 무엇이 다르겠느냐.

아, 지금 국본이 흔들림은 열성조의 혼백이 평안치 못하심이
다. 선왕들의 덕을 돌이켜 새기고 유훈을 받들고 그 치적을 새
롭게 드러내려 한다.

전국의 사고를 열어서 선왕의 치적을 기록한 실록을 꺼내 햇
볕에 쪼이라. 책 갈피 갈피마다 양명한 햇살이 스미게 하라. 강
화도 정족산성의 사고와 오대산 사고와 태백산 사고로 빠른 파
발을 보내라. 포쇄曝曬의 범절을 어찌 사고지기 참봉에게만 맡

길 수 있겠느냐. 각 방면의 사고마다 참상관급 사관이 나가서 유수와 함께 거행하라. 흑단령 차림으로 네 번 절하고 나서 서책을 밖으로 모시어서 맑은 햇살과 상서로운 바람을 불러라. 내 마음이 간절하니, 빠른 파발을 보내라. 방울 세 개를 단 기발을 보내서, 지나는 고을마다 방울 소리로 내 마음을 알려라. 어찌 길게 말하지 않을 수 있겠느냐.

수유리

마포에서 달아난 젓갈 장수 강사녀는 서울 삼각산 아래 수유
리에 있는 길갈녀吉乫女의 집으로 거처를 정해서 들어갔다.

길갈녀는 열두 살 때 궁녀로 대궐에 들어가서 편전, 대비전,
동궁전 나인과 상궁을 거치면서 사십이 넘었다. 젊은 궁녀들에
섞여서 잠을 잤고 번을 들었다. 여자들의 몸 냄새가 방 안에 자
욱했는데, 여자들은 제 몸 냄새와 다른 여자의 몸 냄새를 정확
히 구분했다. 생리통을 앓는 젊은 궁녀들이 약사발을 받쳐 들다
가 쓰러져 굴렀고, 통증이 끝나면 끌려가서 매를 맞았다. 길갈
녀는 생리통은 없었지만 사십이 넘자 기침이 잦아졌다. 기침을
참으면, 눌렸던 기침이 더 크게 터져 나왔다. 길갈녀는 상上에
가까이 갈 수 없었다. 길갈녀는 궁정동 칠궁 나인으로 내쳐졌다

가 기침이 더 심해지자 신위神位들이 놀란다 해서 칠궁에서 쫓겨났다. 이십오 년 만이었다. 길갈녀는 궐 안에서 초경을 했고 폐경을 했다. 길갈녀는 칠궁으로 오기 직전에 대궐 내시한테서 천주교를 배웠다.

내시가 몰래 건네준 언문 교리서를 밤마다 들여다보았다. 길갈녀는 천주 교리서가 말하는 새로운 세상이 우선은 대궐 밖일 것이라고 생각했다. 대궐은 세상이 아니고, 세상은 대궐 밖에 있는 것인데, 그 세상 너머에 또 다시 한바탕의 세상이 펼쳐지고 있었다. 그 세상으로 들어가기 위해서는 우선 궐을 나와야 했는데, 기침병은 천주가 주신 복이었다. 길갈녀는 천주의 복이 너무 늦게 내려서 야속했다. 나인 시절에 길갈녀가 내뱉은 기침은 대부분은 지어낸 기침이었는데, 진짜 기침과 똑같았다. 길갈녀는 기침 소리를 잘 지어내는 재주도 천주가 주신 복이라고 여겼다. 궐에서 쫓겨날 때 길갈녀의 보따리 속에는 언문 교리서가 들어있었다. 대궐 안에서 내시와 궁녀 사이에 사학의 서책이 돌고 있다는 것을 대비는 알지 못했다. 기침병 때문에 대궐에서 쫓겨난 늙은 궁녀가 교인이라는 소문이 천주교도 사이에 돌았는데, 대비와 포도청은 알지 못했다.

길갈녀는 궐에 들어오기 전에 수유리에서 살았다. 궐에 들어간 뒤 이십오 년 동안 길갈녀는 한 번도 집에 오지 못했다. 농사짓던 부모는 모두 늙어 죽어서 집 뒤에 노란 무덤이 돋아났다.

약재 거간을 하는 오빠는 돈을 좀 벌어서 문안으로 들어갔고 수유리 집에 가끔씩 들러서 잡초를 뽑고 도랑을 쳤다.

초가였는데 지붕은 삭아서 내려앉았지만 기둥과 서까래는 튼실했다. 길갈녀는 지붕을 새로 잇고 울타리를 세워서 옛집을 바로잡았다. 오빠는 이십오 년 만에 만나는 여동생을 내외했고, 수유리 집에 다녀가지 않았다. 집은 외져서 이웃이 없었고 농경지와 황무지가 뒤섞인 들판에서 놓아먹이는 흑염소들이 흘레를 붙었고 인기척은 없었다. 길갈녀가 천주교인들을 몰래 불러 모으기 좋은 자리였다.

강사녀는 젓갈 장사와 국밥 장사를 해서 번 돈을 서울 종로통 육주비전 한약방에 맡겨 두고 있었다. 강사녀는 신변이 위태로워지면 언제든지 마포나루를 떠날 태세로, 재산의 대부분을 현금으로 바꾸어놓고 이리저리 굴렸다.

박차돌의 정체가 우포도청의 비장이며, 사학의 죄명으로 포도청 형틀에 묶였다는 소식을 강사녀는 포도청의 다른 군관한 테서 들었다. 박차돌이 아직 형문을 받기 전에 소식이 먼저 왔다. 강사녀가 보기에, 박차돌은 신심이 깊지는 않았다. 다만, 이 세상이 아닌 다른 세상이 어디엔가 있기를 간절히 바라는 사람임은 분명했다. 강사녀는 박차돌이 포도청 관원인 줄을 알지 못했다. 박차돌이 말한 대로, 포도청 종사관의 먼 친척의 사노로 젓갈 나르는 심부름을 하는 사람으로 알았다. 박차돌이 신심이 깊지 않고 또 관원의 신분으로 형틀에 묶였다면, 아마도 첫 번째 형문에서 강사녀의 창고를 불 것이었다.

강사녀는 저녁 때 전갈을 받았다. 강사녀는 어디로 갈 것인지를 생각했다. 세상은 끝없이 넓고 막막했는데, 한 뼘의 오랏줄에 묶여 오도 가도 못하는 자신의 모습이 떠올랐다. 강사녀는 길갈녀가 궐에서 나와 수유리에 자리 잡았다는 소식을 알고 있었다. 가자, 길갈녀에게로 가자, 날이 밝기 전에 어서…… . 강사녀의 마음은 타는 듯이 다급했다.

날이 저물고 있었는데, 배 한 척이 다가와 마포나루에 닿았다. 연평도에서 떠났는데, 행주에서 하루 자면서 밀물을 기다려서 올라온 시선배였다. 노꾼과 짐꾼과 길손들이 우르르 내렸다. 노꾼 몇 명이 강사녀의 국밥집으로 들어와 술청에 걸터앉아 막걸리를 주문했다. 강사녀는 조바심이 났다. 노꾼들을 오래 상대할 시간이 없었다. 강사녀는 노꾼들에게 막걸리와 돼지머리 고기를 가져다주었다.

—오늘은 내 몸이 아파서 일찍 문을 닫으려니, 한 주전자만 드시고 가시오. 옆집에도 파전이며 물김치가 아주 좋소.

노꾼들이 투덜거렸다.

—니미럴, 앉자마자 축객일세.

—아지매가 어디가 아픈가. 너무 밝혀서 사타구니가 아프

시구먼.

—뱃놈 눈깔에는 그 구멍만 뵌다더니…….

이죽거리는 노꾼 옆에, 웬 여자가 주빗거리며 서 있었다. 같은 배를 타고 왔지만 노꾼들의 일행은 아닌 듯했다. 여자는 작은 보따리 한 개를 옆에 끼고 있었고 맨발에 짚신을 신고 있었다. 홑겹 저고리가 추워 보였다. 행색으로 보아서 정처 없이 길을 나선 꼴이 분명했다. 겁에 질린 시선으로 처음 보는 세상을 두리번거리고 있었다. 아마도 도망쳐 나온 노비일 것이었다.

강사녀가 노꾼들에게 물었다.

—저 처자는 누구요? 일행이신가?

—모르오. 행주에서 배를 태워달래서 태워주긴 했는데……
직접 물어보시오.

강사녀는 물어보지 않았다. 그 여자는 아리였다. 새벽에 상전의 집을 도망쳐 나온 아리는 벽제 쪽으로 가다가 길을 잃었다. 아리는 사람이 무서워서 길을 물어보지 못했는데, 물어볼 목적지가 분명치 않아서 물어볼 수도 없었다. 새벽의 안개 속을 이리저리 헤매다가 아리는 행주나루까지 왔다. 배 한 척이 막 떠날 채비를 마치고 닻줄을 거두고 있었다. 아리는 배에 올라탔다. 노꾼들은 한없이 무력해 보이는 여자를 제지하지 않았다.

—야, 마포까지만 간다. 알구나 타.

아리는 그렇게 해서 마포나루에 내렸다. 강사녀는 아리에게 국밥 한 그릇을 가져다주었다. 아리는 천천히 조금씩 먹더니, 서너 번 숟가락질을 하고 나서는 게걸스럽게 먹었다. 얼굴이 김에 가렸고 흰 목덜미에 머리카락이 달라붙었다. 술 한 주전자를 비운 노꾼들이 자리에서 일어났다.

—아지매, 사타구니 간수 잘하소. 우린 옆집으로 가네.

배꾼들은 아리를 뿌리쳤다.

—야, 뱃삯은 안 받을 테니까, 넌 더 이상 따라오지 마.

강사녀는 술청을 사이에 두고 아리와 마주 앉았다. 아리는 도망쳐 나온 노비가 분명했다. 옷이 더러웠고 머리카락이 때에 절어 있었지만 눈이 크고 피부가 뽀얘서 젊은 여자의 힘이 느껴졌다. 강사녀의 눈에, 아리는 이 세상에서 아무런 대책이 없는 존재로 보였다. 강사녀는 아리가 천주의 자식임을 믿었다. 한눈에 그러했다. 데리고 가자…… 강사녀는 아리에게 아무것도 묻지 않았다. 어디서 왔는지 어디로 가려는지도 묻지 않았다. 강사녀가 말했다.

—나랑 같이 가자. 가면 좋을 거다. 좋으리라는 생각이 드는구나.

그날 밤, 강사녀는 아리를 데리고 마포나루를 떠났다. 강사녀는 작은 옷 보따리 한 개만을 챙겼다. 강사녀는 마포나루에 벌여놓은 모든 것을 버렸다. 강사녀는 수유리 길갈녀의 집으로 향했다. 강사녀는 아리를 멀리서 뒤따르도록 했다. 길에서 잡히더

라도 혼자만 잡혀야 했다. 아리는 까닭을 모르고 멀리서 따라갔
다. 자정 무렵에 우포도청 군사들이 강사녀의 젓갈 가게와 국밥
집에 들이닥쳤다. 국밥을 끓이던 아궁이에서 그때까지 잉걸불
이 타고 있었고 국솥에서 김이 올랐다. 군사들은 나루터의 모든
가게와 주막, 정박 중인 배를 뒤졌으나 강사녀를 찾지 못했다.
천주교인을 잡거나 또는 놓치거나, 교인 집의 모든 가재도구는
출동한 군사들이 나누어 갖도록 우포도대장 이판수는 방침을
정했다. 비변사는 이판수의 방침이 치사하다고 중론을 모았으
나 간여하지는 않았다. 그날 강사녀의 가게에 출동한 군사들은
무쇠 솥 두 개를 뜯어갔고 살림채까지 뒤져서 석쇠, 절구, 병풍,
저울, 등잔걸이, 다듬잇돌, 메주, 누룩, 버들고리를 가져갔고 간
장을 퍼갔다. 군사들은 강사녀의 창고를 뒤져서 나무 십자가와,
아이를 안고 하늘로 올라가는 야소 어미의 그림을 찾아서, 증거
물로 제출했다. 군사들은 새벽에 돌아와서 보고했다.

　어떻게 알았을까. 뱃놈들을 상대로 국밥을 파는 천한 년이 어
떻게 군사의 움직임을 미리 알고 달아났을까. 박차돌이 붙잡히
자마자 그 밥장수 년은 어떻게 즉각 알 수가 있었을까.
　간자가 내부에 있구나. 사학의 무리들과 밀통하는 자가 포도
청 내부에 박혀 있구나.우포도대장 이판수는 깊이 신음했다.

오빠

    박차돌은 포도청의 염탐꾼 노릇을 시작하면서 조개젓 행상으로 위장했다. 마포나루에 몇 번 드나들면서 박차돌은 강화 교동 쪽에서 올라오는 시선배의 장사꾼들과 얼굴을 익혔다. 박차돌은 배에 싣고 온 조개젓을 중간 상인을 거치지 않고 바로 받아냈다. 박차돌의 조개젓은 씨알이 굵고 싱싱했고 이문이 많았다. 박차돌은 조개젓 단지를 지게에 지고 도성 안으로 들어와 외쳐서 팔았다. 단골이 생겨서 주문을 받기도 했다. 포도청 비장의 급료보다는 벌이가 좋아서 박차돌의 아내는 남편의 파직을 내심으로 좋아했다.

    박차돌은 조개젓 행상으로 서울 장안을 돌아다니면서 천주교인들의 집과 접선망을 염탐했다. 박차돌은 포도청에서 나올 때 증거물로 압수된 언문 교리서를 베껴왔다. 박차돌은 교리를 익히고 경문과 계명을 외웠다.

　천주께서 창조하신 만물 중에 가장 귀한 것은 무엇이뇨
　만물 중에 가장 존귀한 것은 사람이니라

　사람은 무엇이뇨
　사람은 영혼과 육신으로 결합된 자니라

　죽음은 무엇이뇨
　죽음은 영혼과 육신이 서로 갈라짐이니라

　사람은 죽음에 대하여 무엇을 생각할 것이뇨
　죽음은 죄의 벌이요, 죽을 때가 일정치 않으니
　항상 준비하고 있을 것이니라

　박차돌은 교인의 언행을 몸에 익혔다. 교인들은 비선 조직망으로 얽혀서 올빼미처럼 눈짓만으로도 모이고 흩어졌다. 그 조직 안에 붙기만 하면 조개젓을 팔면서 교인을 찾아내기는 어렵지 않을 것이었으나, 처음에 의심받지 않고 거기에 발 들여놓기는 쉽지 않았다. 포도청에서 쫓겨난 후에도 박차돌은 한 달에 한 번씩 종사관에게 활동 내용을 보고했다. 교인들 중 아랫것들은 서둘러 잡아들일 것이 아니라 숨어서 망網 전체를 엿보고 있다가 무리가 크게 드러나기를 기다려서 한꺼번에 잡아들이자는 것이 우포도청의 책략이었다. 그러나 황사영과 주문모는 사학의 거흉이므로 시급히 잡아들여야 했다. 두 거흉은 서로 선이 닿아 있어서 한쪽이 잡히면 다른 한쪽도 쉽게 잡을 수 있을 것이었으나 종적의 꼬투리에도 닿을 수가 없었다.

황사영의 연고선에 닿으려면 우선 정씨 집안의 면천 노비 김개동과 육손이를 찾아야 했는데 그들도 마포나루 강사녀에게 다녀간 뒤로는 종적이 끊어졌다.

박차돌은 조개젓 행상을 시작한 지 보름 만에 남대문 밖 옹기도가에서 늙은 천주교인을 처음으로 만났다. 박차돌이 조개젓을 사라고 외치며 골목을 지나가자 옹기 가게 노인이 박차돌을 불렀다. 노인은 조개젓을 한 점 집어서 맛을 보고 나서 두 홉을 샀다. 노인은 박차돌의 행색을 찬찬히 들여다보더니 마실 물을 내다주고 툇마루에 앉기를 권했다. 박차돌은 노인이 말을 걸고 싶어 하는 것을 느꼈다. 박차돌은 지게를 버티어놓고 툇마루에 앉았다. 노인이 말했다.

—살아서 무거운 짐을 진 사람들은 내세에 좋은 곳으로 가는 것이오. 그 이치를 좀 들어보실라오.

박차돌은 노인이 천주교인임을 직감했다. 박차돌은 노인의 눈을 똑바로 쳐다보면서 오른손을 이마에 올려 가슴에 십자가를 그려 보이고 두 손은 합장했다. 노인이 소리를 낮추어 말했다.

—아, 교우였구려. 반갑소.

박차돌은 너무 가까이 가서는 안 된다고 판단했다.

—입신한 지 오래지는 않습니다. 그럼 다음에 또 오리다.

노인은 박차돌의 조개젓 맛을 칭찬하고 나서 다음에 올 때는 새우젓과 밴댕이젓도 가져다 달라고 부탁했다. 박차돌은 마포 나루 젓갈 도가를 돌면서 싱싱하고 굵은 젓갈을 구해서 남대문 밖 옹기 가게 노인에게 가져다주었다.

—교우들은 서로 물건을 팔아주면서 살게 되어 있소.

라고 말하면서 노인은 다른 천주교인의 집을 소개해주었다. 그렇게 해서 박차돌은 교인들의 비선 조직 안에 닿았다. 박차돌은 이 집에서 저 집으로 교인들의 집을 돌아가면서 조개젓을 팔았다. 박차돌은 조개젓을 팔고 돌아설 때 가슴에 십자가를 그려서 보여주었고, 교리문답의 한 구절을 교인들과 함께 외웠다. 참고 견디면 좋은 날이 오리다, 서로 의지합시다, 라고 박차돌은 말하면서 돌아섰다. 그렇게 서너 달이 지나자 교인들은 박차돌의 조개젓을 사먹을 뿐 아니라 박차돌을 통해서 소식을 전하고 모일 날짜와 장소를 통지했고 베낀 교리책을 돌려서 읽었다. 박차돌은 천주교인의 집과 거점과 접선 조직을 알아냈고, 포도청 종사관에게 보고했다. 종사관은 말했다.

—좋다. 허나, 더 키워야 한다. 더 넓고 깊게 훑어라. 그래서
한 번에 거두어들이자.

—이미 선이 닿았으니, 발품을 좀 팔면 더 커질 것입니다.

—내 말이 그 말이다. 그렇고, 황사영 쪽은 뭐가 좀 되어 가
느냐?

—아직 육손이 주변에 선을 대지 못했습니다.

—그게 급하다. 더욱 힘써라. 황사영의 소굴을 알아내면 너를
포도청에 복직시켜서 자리를 올려주겠다.

—아이구, 나으리…….

—늙도록 조개젓을 팔아서야 쓰겠느냐. 사내는 말직이라도 관
에 붙어살아야 한다. 네가 공명첩에 박은 돈이 아깝지 않으냐.

박차돌은 붓대 하나로 향청 창고의 곡식을 이리저리 흔들어서
빼먹던 영월 아전 시절의 일들이 떠올랐다. 조개젓 지게를 지고
천주교인의 비선을 염탐하는 일이나 영월 아전의 일이나 아무
런 차이가 느껴지지 않았다. 아전질을 했으므로 염탐질 또한 별
수 없이 하게 되는 것이겠지……. 종사관의 말대로 황사영을 잡
아 바치고 주문모의 은신처를 찾아낸 공로로 포도청에 복직해도
마찬가지일 것이었다. 아전질이나 염탐질이나 비장질이 모두 같
아서 박차돌은 거기서 헤어날 수 없으리라는 것을 느꼈다.

종사관은 또 다른 군관을 풀어서 박차돌의 행동거지를 감시
하고 있었다. 박차돌이 서울 명륜방 쪽 마을을 염탐하고 돌아온

날 저녁에 종사관이 사람을 보내 박차돌을 불렀다. 박차돌은 내실 댓돌 아래 꿇어앉고 종사관은 마루에 앉았다. 종사관이 사령들을 물리쳤다.

—잘되어 가느냐? 포도대장께서 너를 근심하고 계신다.

—아이구, 나리, 근심이라 하심은……

—미심쩍다는 얘기다.

목을 조여오는, 보이지 않는 오랏줄을 박차돌은 느꼈다. 포도청 형틀에 묶여서 맞던 매의 아픔이 절벽으로 박차돌을 가로막았다. 박차돌은 이마를 땅에 붙였다.

—무슨 말씀이시온지……

—너는 본래 사학죄인이다. 너의 개심이 온전한 것인지, 어른께서 미심쩍어하신다는 말이니 나 또한 그러하다.

—어찌 그런 말씀을……

—지금, 군사 정보가 새고 있다. 양다리를 걸친 놈을 잡아 죽이라는 엄명이 계셨다.

—아이구, 나리……

—사학죄인은 본래 살아남은 종자가 또 종자를 퍼뜨려 창궐하는 무리들이다. 한 번 물든 자는 끝내 제 소굴로 돌아가더구나. 내 그런 꼴을 수없이 보았다.

—아이구, 나리, 어찌 제가.

—안다. 그러니 더욱 힘써라. 너의 새로워진 마음을 보여라.

지금까지 네가 은밀히 파악한 비선망도 작지는 않다. 머지않아 거둬들이겠다. 허나 그 비선망에 황이 들어 있지 않다. 망을 먼저 거두면 황은 더 깊은 풀섶으로 숨을 것이다. 그러니 황을 먼저 잡고 망을 당겨야 한다. 선황후망先黃後網이라고, 어른께서 말씀하셨다. 황은 어찌 되었느냐?

—아직 닿지 못하고 있사오나, 몇 다리를 건너면 잡힐 듯하옵니다.

박차돌은 얼결에 둘러댔다. 세상으로부터 헤어나지 못하리라는 확실한 느낌이 박차돌에게 빈말을 하게 만들고 있었다. 박차돌은 황사영의 주변에 대해 아무런 정보의 끄트머리도 없었다.

—사학은 반상의 구분이 없어서 양반 사학죄인의 하인배들은 대개 물들어 있다. 그래서 달아난 양반 사학쟁이를 잡으려면 먼저 그 하인배들을 잡아서 매를 내리면서 캐물어야 한다. 천한 것들은 마음이 낮고 믿음이 없어서 배반을 수치로 여기지 않는다. 이것은 정약용이 형틀에서 풀려나면서 가르쳐준 방법이다. 그러니 정가네 하인배들 중에서 면천하고 달아난 놈들을 먼저 찾아야 할 것이다.

—육손이와 김개동인데, 아직 선이 닿지 않사옵니다.

—더욱 힘써라. 너의 살길이다. 천한 것들끼리는 필시 뒤엉켜서 올빼미처럼 화답하고 있을 것이다. 한 놈에 닿으면, 죄다 캐낼 수 있을 것 아니냐.

박차돌은 자신을 감시하는 또 다른 관원이 붙어 있다는 것을 처음부터 느끼고 있었다. 종사관의 말을 들으니, 그 느낌은 정확했다. 어둠 속에서, 적막 속에서, 그 감시의 기척은 때때로 들렸다.

　―늦었구나, 물러가라.

　박차돌은 조개젓 지게를 지고 수건으로 얼굴을 싸맸다. 박차돌은 포도청 뒷문으로 나와 어둠 속으로 몸을 숨겼다. 포도청에 드나드는 것이 사람들의 눈에 띄면, 모든 일은 끝장일 터였다. 박차돌은 눈앞을 가로막은 세상의 절벽을 느꼈다. 자정이 훨씬 넘어서 박차돌은 박석고개 아래 있는 자신의 집에 도착했다. 잠자던 처가 일어나서 사립문을 열어주었고 개가 달려들어 허리께로 뛰어올랐다.

　―늦으셨구려. 좀 덜 팔아도 좋으니 일찍 마치시구려. 저녁은 드셨나요?

　―그래, 먹었어. 오늘은 좀 멀리 갔었지. 누웁시다.

　박차돌은 자신이 포도청에 얽힌 일을 처에게 말하지 않았다. 처에게 박차돌은 다만 조개젓 장수였다.

　박차돌의 여동생 박한녀朴汗女는 세 살 아래였다. 말복 무렵에 낳았는데 낳을 때 어미가 땀을 많이 흘려서 이름이 한녀였다. 박차돌이 강원도 아침가리 화전터를 버리고 떠날 때 가족들은 흩어졌다. 영월에서 아전 노릇을 할 때 박차돌은 부모의 죽음을 알지 못했고 아침가리에 두고 온 여동생 한녀의 소식을 알지 못했다. 그 후 이십여 년이 지나서 박차돌이 공명첩을 사서 영월을 떠날 무렵에 박차돌은 여동생의 소식을 들었다. 박차돌의 고향인 해미에서 함께 자란 동갑내기 서니노徐泥老가 강원도 홍성 역참의 파발이 되어서 상전을 모시고 영월에 왔다가 박차돌을 만났다. 해미에서 자랄 때 서니노의 집은 농토가 없었고 서니노의 아비는 개울에 그물을 쳐서 민물고기를 잡아서 팔았고 서니노는 아비의 일을 거들었다.

영월에 온 서니노는 박차돌에게 여동생 박한녀가 홍성 대처에서 이십 리 떨어진 산골 마을로 출가했고, 서방은 화전을 일구고 약초를 캐고 버섯을 따고 뱀을 잡아서 사는데, 사는 형편은 과히 나쁘지 않아 보인다고 전했다. 서니노는 어렸을 때 박한녀를 보기는 했으나 너무 오랜만에 만나서 얼굴은 긴가민가했는데, 해미에서 자랄 때의 일을 말하니까 박차돌의 여동생 박한녀가 맞다고 했다는 것이었다. 딸아이 이름에 땀 한汗 자를 쓰는 일이 두 번 다시는 없을 터이므로 이름만 봐도 네 여동생이 틀림없다고 서니노는 말했다.

그 무렵, 박차돌은 공명첩을 들이밀어서 서울 우포도청 관원으로 가기로 내정되어 있었다.

한 점 피붙이가 돌멩이처럼 산골에 떨어져서 살아 있다는 것이 슬퍼서 서니노가 다녀간 날 밤 박차돌은 혼자서 숨죽여 울었다. 해미에서 자랄 때, 그리고 아침가리에서 화전밭의 돌멩이를 골라낼 때 들밥을 가져다주던 어린 여동생의 얼굴이며 긴 머리 타래가 떠올랐다. 한녀는 차돌을 당연히 오빠라고 불렀다. 박차돌은 자신을 오빠라고 부르던 여동생의 목소리가 생각났다.

……오빠, 천천히 먹어라, 물 마시고.

……오빠, 저문다. 집에 가자.

그 한 점의 핏줄이 여자라는 사실이 박차돌은 자꾸만 눈물겨웠다. 남자를 받아서 아이를 낳는 여자. 한녀와 같은 딸을 낳는 한녀. 그래서 나는 한녀의 오빠이고 한녀는 나의 여동생인 것이었다. 박차돌은 오래 울었다. 박차돌의 울음 속에서 오빠라는 그 부름은 오랫동안 사무쳐 있었다.

포도청에서 쫓겨나서 조개젓 지게를 지고 천주교인을 염탐하러 다닐 때 박차돌은 문득 홍성 산골의 여동생 한녀를 떠올렸다. 한녀는 지나간 기억이 아니라 살아 있는 아픔으로 다가왔다. 한녀의 기억은 날카로웠고, 불로 지지듯이 아팠다. 박차돌은 한녀의 기억과 오빠라는 부름의 기억을 애써 떨쳐냈다.

천주교인들은 포도청 기찰 조직보다도 정보가 빠르고 정확했다. 기찰이 멀리서 다가오면 교인들은 빠르게 흩어졌다. 올빼미처럼 어둠 속에서 응답하고 지렁이나 뱀처럼 서로 엉켜 있다가도 벌떼처럼 흩어진다는 포도청의 탄식은 빈말이 아니었다. 먼 산골에서 비선 조직이 검거되면 사나흘 만에 그 소식이 서울의 조직에 닿았고, 교인들은 흩어져서 숨었다. 정보는 선으로 전달되었고 점으로 숨어들었다. 점이 점을 불러서 선으로 이어졌고 선은 빠르게 흩어져서 점으로 고립되었다.

박차돌은 누이동생 박한녀가 천주교인의 구역장이며 연락책으로 홍성 관아에 붙잡혔다는 소식을 서울 동소문 밖에서 푸줏간을 하는 교인에게서 들었다. 푸줏간 주인은 서울 북쪽 지역 교인들의 선을 이어주고 있었는데, 지방에까지 선이 닿아 있었다.

푸줏간 주인은 홍성에서 벌어진 검거 사태를 박차돌에게 설명해주면서, 당분간 선과 망을 숨길 터이니 찾아오지 말고 나다니지 말라고 당부했다. 망이 흔들리고 있으니 선을 잘라야 한다는 것이었다. 푸줏간 주인은 말했다.

—당신이 잡히면 큰일이오. 두루 다녔으니까.

박차돌은 짐짓 겁에 질린 표정을 짓고 오른손을 들어 이마에서 가슴으로 십자가를 그어 보이며 돌아섰다. 홍성 대처에서 북쪽으로 이십 리 떨어진 산골 마을에 사는 사십대 여자 박한녀라면 자신의 누이동생이 틀림없을 것이었다. 박차돌은 그 박한녀가 누이동생이 아니기를 바랐으나 그 바람이 간절할수록 붙잡힌 박한녀는 어렸을 때, 오빠 천천히 먹어라, 물 마시고, 라던 그 누이동생의 모습으로 굳어져갔다.

푸줏간 주인의 말에 따르면 홍성 관아에 잡힌 박한녀는 그 지방 토박이로, 안면이 넓고 숨을 자리에 밝다는 것이었다. 박한녀는 정보 가치가 많은 죄인이므로 홍성 관아에서 기본 심문을 받은 후 서울 포도청으로 압송될 것이었다. 그리고 거듭되는 형문 끝에 사형이 결정되면 다시 홍성으로 끌려가 장터에서 참수될 것이었다. 죄인을 그 죄인의 얼굴을 아는 사람이 많은 고향으로 끌고 가서 거기서 처형함으로써 국법의 위엄을 더욱 크게 보이라는 것이 대비의 교시였다. 박한녀는 지역의 조직책이므로 매 아래서 배교해도 살아남기는 어려웠다. 개인의 개전改悛으로 끝날 일이 아니었다. 알면서 숨긴 죄와 알고도 고하지 않은 죄, 간절히 믿고 널리 퍼뜨려 물들게 했으며 질펀하게 그르친 죄를 면할 수는 없을 것이었다. 박차돌은 포도청 비장을 지낸 경험으로 누이동생 박한녀의 마지막을 분명히 알 수 있었다. 배교하거나 순교하거나 죽음에 이르기까지 박한녀가 살아 있는 목숨으로 감당해야 할 매의 양과 고통의 크기는 같은 것이었다.

박한녀는 천출이고 어렸을 때 가족들과 흩어졌고 부모는 이미 죽었으므로 피붙이에 대한 기억이 분명치 않을 것이고 홍성 관아도 초기 형문에서 박한녀의 가족 관계를 깊이 캐묻지 않을 수도 있었다.

그러나 박한녀가 박차돌의 이름을 지목하고, 소년 시절에 아침가리 화전밭을 떠나서 영월 관아의 아전 노릇을 하던 박차돌이 자신의 친오빠라고 발설하면 박차돌은 살아남기 어려웠다.

포도청은 박차돌을 형틀에서 풀어주고 간자로 부리면서도 배교의 진정성을 의심하고 있었다. 의심하는 것인지, 의심하는 것처럼 겁박해서 더욱 옭아매려는 것인지는 알 수 없었으나 박차돌에게는 그 위협은 마찬가지였다. 박한녀가 박차돌을 친오빠라고 지목하면 박차돌은 구렁이처럼 뒤엉킨 죄인으로 즉각 연좌될 것이고 박한녀의 죄와 박차돌의 죄는 서로가 물고 물리면서 더욱 커질 것이었다.

……오빠, 천천히 먹어라, 물 마시고.

……오빠, 저문다. 집에 가자.

라던 박한녀가 그 박한녀가 아니기를 박차돌은 바랐으나 박차돌은 그 박한녀의 오빠였다.

박한녀가 홍성에서 붙잡히자 서울의 천주교인들이 선을 자르고 점으로 흩어졌다. 박차돌은 멀리서 점들을 들여다보고 있었다. 점들은 미동도 하지 않았다.

박한녀는 붙잡힌 지 닷새 만에 서울 우포도청으로 압송되어 왔다. 홍성이 사흘 거리였으므로 박한녀는 홍성 관아에서 거의 형문을 받지 않고 서울로 압송된 것이었다. 박차돌은 포도청 비장 시절에 친하게 지냈던 집장사령에게서 박한녀가 끌려온 소식을 들었다. 박한녀는 사학죄인 두 명과 함께 끌려왔고 홍성 관아에서 작성한 일차 심문 기록과 압수된 물증 다섯 점이 우포 도청으로 넘겨졌다.

집장사령에 따르면 홍성 관아에서 보내온 일차 심문 기록은 매우 엉성해서 검거되던 당시의 현장 정황 정도가 드러나 있고 박한녀의 가족 관계나 주변 연고선에 대한 심문은 이루어지지 않은 상태라고 말했다. 박차돌의 이름은 아직 발설되지 않고 있었다.

우포도청 감옥은 서소문 밖에 있었다. 미나리꽝을 지나자 자갈밭 가장자리에 낮은 언덕이 들어섰고 감옥은 언덕을 바람막이로 삼고 있었다. 높은 흙담으로 울타리를 치고 그 안에 스무 평 남짓한 초가집이 두 동 들어앉아 있었다. 울타리에는 작은 출입문이 한 개 뚫려 있어서 밖에서 안을 들여다볼 수 없었다. 창을 든 포졸 한 명이 문을 지키고 있었다. 날이 저물어서 모기 떼가 잉잉거렸다.

박차돌은 문지기 포졸에게 다가갔다. 비장 시절에 안면이 있던 자였다.

—안을 좀 보여줄 수 있겠나?

—사학죄인을 문안 왔는가?

—문안이 아니라 그저 좀 보려네.

—니미, 구경할 게 없어서 저걸 들여다보나?

—어제 새로 들어온 년이 있다지?

—저 오른쪽 벽에 기대앉은 년이야. 왜? 계집 생각나서 왔나? 너무 가까이 가진 마.

박차돌은 출입문 문짝에 몸을 감추고 안쪽을 들여다보았다. 박한녀는 벽에 기대서 다리를 뻗고 있었다. 맨발에 발바닥이 부르텄고 터진 종아리에서 진물이 흘렀다. 머리카락이 어깨까지 흘러내렸고 그 틈새로 옆얼굴이 드러났다. 감방 안이 어두워서 자세히 보이지는 않았다. 어깨가 넓었고 등이 약간 굽어 있었고 턱이 각져 있었다. 박한녀의 몸뚱이의 어느 부분인지는 분명치 않았지만, 그 희미한 윤곽만으로도 박한녀는 박차돌의 여동생 이었다. 흐린 어둠 속에서 희미한 윤곽만으로도, 그토록 확실하 게 다가오는 혈육의 느낌에 박차돌은 진저리를 쳤다. 어두운 감 방 벽에 기댄 박한녀는, 오빠 천천히 먹어라, 물 마시고, 라던 그 여동생, 이름에 땀 한 자 쓰는 박한녀였다.

한녀야, 라고 부르려는 충동을 박차돌은 겨우 안으로 밀어 넣으면서 진땀을 흘렸다. 옥졸이 감방 문을 열고, 좁쌀 삶은 국 물을 한 홉씩 넣어주었다. 박한녀가 좁쌀 국물을 받느라고 얼굴 을 들었다. 박한녀의 얼굴이 불도장으로 박차돌의 가슴에 박혔 다. 아, 틀림없구나. 박한녀가 그릇을 입에 대고 좁쌀 국물을 마 실 때 박차돌이 눈물을 흘렸다. 박차돌은 옥졸이 볼까 하여 고 개를 돌렸다.

박차돌이 문밖으로 나와 문지기 포졸에게 물었다.

―저 새로 들어온 년은 어디서 왔나?

―홍성에서 잡혔다지 아마.

―본청에서는 언제 형문한다던가.

―그걸 내가 어찌 알겠나? 끌어오라면 끌고 갈 뿐이지. 죄인들
이 밀려서 저년은 아마 글피쯤 될 거야. 근데 그걸 왜 묻나?

―별거 아냐.

실수해서는 안 된다는 생각에 박차돌은 긴장했다. 옥졸은 박
차돌과 박한녀의 관계를 알아차리면 즉각 포도청에 발고할 것이
틀림없었다. 박차돌은 옥졸에게 엽전 다섯 닙을 주었다.

―나중에 술 한잔하게. 그럼 가네.

박차돌은 서둘렀다. 박한녀에 대한 포도청의 형문이 시작되
기 전에 미리 손을 써놓아야 했다. 박차돌은 집으로 돌아가서 조
개젓을 팔아서 모아놓은 돈 오십 냥을 쌈지에 싸서 허리에 차고
밖으로 나왔다. 밤중에 돈을 가지고 어딜 가느냐고 마누라가 묻
자 좋은 젓갈이 배편으로 올라오고 있어서 거간들에게 선금을
질러놓으려 한다고 둘러댔다.

박차돌은 양화나루 안쪽 잠두봉 언저리 마을에 사는 집장사
령 오호세吳好世를 찾아갔다. 오호세는 양화진 수군에 딸린 진
졸이었는데, 부지런하고 눈치 빠른 몸놀림이 관장의 눈에 띄어

포도청에 천거되었다. 오호세는 우포도청에서 형문장 집장사령의 직분을 맡았다. 사학죄인이나 절도, 간음, 불효, 불경, 소란, 부녀희롱 같은 잡범들을 형문할 때 오호세가 곤장을 들었다. 오호세의 곤장 기술은 뛰어나서 심문하는 종사관들의 마음에 들었다. 서너 대를 때리더라도 매 한 대 한 대가 맞는 자의 육신에 짝 붙고 깊이 스며서 적은 대수로도 큰 효과를 볼 수가 있었다. 오호세가 매를 들면 종사관은 다섯 대나 열 대 정도로 매의 대수를 줄여서 혹리라는 욕을 먹지 않고도 자백을 받아낼 수 있었다. 오호세는 눈치가 빨라서 형문장의 낌새와 끌려온 자의 죄질을 보고서 심문하는 종사관이 어떤 질감의 매를 원하는지를 스스로 알아차렸다. 심약하면서 재산 몰수를 두려워하는 죄인을 향해 종사관이

　　—서른 대를 때려라.

　　고 말하면, 매의 대수를 높여서 겁을 주자는 뜻이었다. 그럴 때, 오호세는 처음 서너 대를 세게 후려쳤고 그다음에는 매와 매 사이의 간격을 길게 띄어서 매를 맞는 자가 매질이 한도 끝도 없이 계속되리라는 공포심을 갖게 했다. 그래서 매가 서른 대까지 가기 전에 종사관은 자백을 받아낼 수 있었다. 오호세는 아직 때리지 않은 매의 무서움을 매처럼 유용하게 쓸 줄 알았고 매 맞는 자의 체형이나 성격에 따라서 거기에 깊이 안기는 매를 때릴 수 있었다. 오호세는 곤장뿐 아니라 주리, 채찍, 삼모장, 줄톱 같

은 형구를 능숙히 다루었는데, 한 번 써서 많은 것을 얻어냈다. 매질을 할 때 오호세의 동작은 가벼워서 힘쓰는 사람처럼 보이지 않았다. 오호세는 넓은 이마가 빛나고 눈이 작고 안광이 맑아서 일을 하지 않을 때는 지체 높은 유자의 골상이 보였다. 포도청 형문장에서 오호세가 매질을 할 때 박차돌은 심문 내용을 기록하면서 둘은 알게 되었다. 박차돌은 매를 다루는 오호세의 솜씨를 무서워했다. 오호세의 매는 머뭇거림이 없었고 늘 정확했다. 형문이 열리면 종사관은 늘 오호세와 박차돌을 한 짝으로 불러서 일을 시켰다.

박차돌은 오호세를 양화나루 돼지국밥집으로 불러냈다. 박차돌은 오호세를 찾아온 까닭을 말 꺼내기가 어려워서 소주를 거푸 마셨다.

―그 홍성에서 잡혀온 년 말일세…….

어떻게 입이 떨어졌는지, 박차돌 자신도 기억할 수 없었다. 박차돌은 엊그제 홍성에서 끌려온 사학죄인 박한녀가 친여동생이라는 말을 겨우 이어갔다. 오호세가 눈을 크게 뜨고 박차돌을 쳐다보았다. 눈치 빠른 오호세는 이 사태의 크기와 깊이를 대번에 짐작하고 있었다. 박한녀가 여동생이라고 말하고 나자 박차돌은 그 뒤의 말이 훨씬 수월해졌다. 박차돌은 논밭의 일을 말하듯이 오호세를 찾아온 까닭을 말했다.

―한녀가 내 여동생인 걸 포도청이 알면 나는 어찌되겠는가?

오호세는 대답하지 않고 고개를 끄덕였다. 깊은 이해를 보이는 동작이었다.

—저년은 어차피 죽게 되어 있어. 배교해도 살 수가 없어. 그러니…….

오호세는 박차돌이 무슨 말을 하려는지 훤히 알면서도 짐짓 물었다.

—무슨 말인가?

박차돌이 말했다.

—사흘 뒤에 형문이 시작된다는데…….

—말하게.

—입을 막아주게. 초장에…….

오호세가 깊은 숨을 쉬었다.

—쉬운 일이 아닐세.

—알고 있네. 그러니 부탁하는 걸세.

첫 번째 형문에서 집장사령의 매에 죄인이 죽으면 집장사령이 매를 맞아야 했다. 형문이 길어지면 박한녀의 가족 관계가 드러날 것이었다. 오호세는 박차돌이 포도청의 간자로 천주교인을 염탐하고 있으며, 포도청은 요긴히 부리면서도 박차돌의 배교의 진정을 의심하고 있다는 걸 알고 있었다. 박차돌이 다급한 어조로 말했다.

—어차피 죽을 년 아닌가. 살 수가 없는 년 아닌가.

—그야, 그렇지.

박차돌은 돈이 담긴 쌈지를 내밀었다.

—오십 냥이네. 받아주게.

—큰돈일세. 자네 장사가 잘되는 모양이구먼.

오호세가 목을 젖혀서 술잔을 비웠다. 그리고 말했다.

—이렇게 하세.

오호세는 형문의 초장에 서너 대의 매로 박한녀를 실신시켜 말문을 막아서 우선 형문을 중단시켜놓겠다고 말했다. 그러고 나서 실신한 박한녀가 다시 감옥에 갇히면 그때 옥졸을 시키든 지 해서 감옥에서 박한녀를 죽이고 병사한 것으로 처리하는 방 법을 오호세는 제시했다.

—그 수밖에 없겠어. 그래. 어차피 죽을 년이니까. 살 수가 없 는 년이지.

박차돌은 취해서 돌아갔다. 캄캄한 박석고개를 넘어가면서 박차돌은 어차피 죽을 년…… 을 거듭 중얼거렸다.

박한녀가 감옥에서 끌려나와 형틀에 묶였다. 집장사령 오호 세가 중곤을 들고 형틀 옆에 섰다. 창을 든 포졸 네 명이 형문장 네 귀퉁이에 번을 섰다. 마루 위에 앉은 종사관이 말했다.

—너는 서캐처럼 천한 년으로, 사당邪黨들과 구렁이처럼 엉 켰다. 죽고 사는 길이 곧 결판난다. 독한 마음을 풀고, 살길로 돌

아와라. 맞기 전에 우선 너의 마음을 씻어라. 그리고 너와 함께 엉킨 무리들과 너의 집안 족속을 낱낱이 고하라.

—저의 무리들은 제가 잡힐 때 모두 흩어져서 간 곳을 알지 못하옵니다.

—너의 족속은 어떠하냐.

—부모는 오래전에 죽었고 오라비는 일찍 집을 떠나서 어느 고을의 아전을 했다는데, 지금은 행방을 알 수가 없습니다.

종사관이 명을 내렸다.

—안되겠다. 우선 때려라. 맞고 나면 마음이 씻길 것이다. 다섯 대를 때려라.

흡창이 명을 전했다.

—다섯 대를 치랍신다.

오호세가 중곤을 치켜들었다. 허리를 돌려서 중곤으로 공중에서 커다랗게 원을 그리다가 매를 돌려서 내리꽂았다. 오호세는 매를 올려쳤다. 허벅지에 닿은 매가 볼기를 터트리면서 엉치뼈를 때려서 척추가 비틀렸다. 매는 박한녀의 척추를 따라서 머리로 올라갔다. 첫 매에 박한녀의 머리와 사지가 늘어졌다. 터진 볼기에서 살점이 흩어지고 피가 튀었다. 네 대를 때렸을 때 종사관이 소리쳤다.

—멈춰라. 죽으면 안 된다.

박한녀는 혼절했다. 종사관은 그날의 형문을 끝내고 박한녀를 다시 하옥시켰다. 포졸 두 명이 박한녀의 팔다리를 묶고 그 사이에 몽둥이를 끼워 목도를 메어서 감옥에 던졌다.

자정 무렵에 집장사령 오호세가 감옥에 와서 옥사장을 만나서 뭐라고 귓속말을 속닥거리고 갔다. 본 사람도 들은 사람도 없었다. 박한녀는 그때까지 실신해 있었다. 오호세가 돌아가자 옥사장이 박한녀를 독방으로 옮겼다. 옥사장은 똥과 꿀을 섞어서 박한녀의 터진 볼기에 비벼서 안쪽으로 밀어 넣었다. 벌레들이 달려들어 박한녀의 몸속으로 들어가서 파먹었다. 박한녀의 몸에서 고열이 났다. 박한녀의 일생에서 가장 따뜻한 온도였다. 다음 날 저녁에 박한녀는 죽었다. 벌레들이 죽은 몸뚱이 속에 들끓었다. 마흔한 살이었다.

옥사장은 박한녀가 형문장에서 돌아와서 감방 안에서 똥을 누다가 똥 위에 주저앉아 터진 볼기와 음부에 똥독이 들어가서 죽었다고 포도청 종사관에게 보고했다. 종사관은 오호세를 불러서

—앞으로 매를 깊이 박지는 말아라.

라고 말했으나 더 이상 추궁하지는 않았다.

옥사장이 박한녀의 시체를 끌어다가 잠두봉 아래 한강가 백사장에 버렸다. 밤중에 박차돌은 삽을 들고 백사장으로 나갔다. 달

이 밝아서 강물이 멀리까지 허옇게 드러났다. 박차돌은 모래밭에 얼굴을 묻고 엎어진 박한녀의 시체를 찾아냈다. 긴 머리카락이 강바람에 날렸다. 박차돌은 시체를 젖혔다. 얼굴이 보였는데,

　……오빠, 저문다. 집에 가자.

하던, 그 아침가리 화전밭의 여동생이었다. 박차돌은 여동생의 시체를 지게에 지고 잠두봉 중턱으로 올라갔다. 멀리, 허연 강이 보이는 자리였다. 박차돌은 삽을 휘둘러서 땅을 팠다. 박차돌은 누이동생 박한녀의 시체를 구덩이 밑에 내려놓았다. 염도 없고 관도 없었다. 얼굴을 위로 향하게 하고 머리카락을 가지런히 해주었다. 고운 흙부터 덮어나가서 모래와 돌멩이로 마무리를 했다. 봉분은 없었다. 묻기를 마치고, 박차돌은 그 자리에 쓰러져서 해가 뜰 때까지 울었다.

황사경

    황사영은 명련의 몸속에 언제부터 아기가 자리 잡고 살게 되었는지를 짐작할 수 없었다. 명련은 몸속의 아기가 때가 되어서 저절로 거기에서 생겨난 것처럼 느껴졌다. 서로의 몸을 기뻐하였으나 남녀가 몸을 섞어서 아기가 빚어진다는 것은 황사영이나 명련이나 믿기 어려웠다. 아기는 멀리서부터, 그리고 오래전부터 이미 예정된 생명이 부모의 몸을 빌려서 태어나는 것이라고 황사영이 말했을 때 명련은 이미 그렇게 알고 있었다는 듯이 고개를 끄덕였다. 그리고 태어나려는 아기가 자리 잡는 터는 여자인 사람의 몸속이 마땅하고, 살아 있는 몸이 아닌 곳에 살아 있는 몸이 깃들 수는 없으며, 살아 있는 것은 살려고 하는 것과 같은 것이라고 황사영은 만삭의 아내에게 말했다.

명련의 입덧은 심하지 않았다. 아기가 들어선 지 서너 달 즈음에, 쌀이 익어서 밥이 뜸 드는 냄새가 역겨워서 날옥수수를 집어먹은 적은 있었다. 황사영은 날옥수수를 먹는 아내를 보면서, 새로운 생명을 자리 잡아주고 몸으로 몸을 길러내는 아내의 몸에서 천주의 존재를 느꼈다. 명련의 입덧은 오래가지 않아서 다시 밥이 익는 냄새가 편안해졌다. 명련은 몸속의 아기가 그 어머니의 몸을 아늑해하고 있는 것이라고 느꼈다.

명련은 해산 때 친정에 가지 못했다. 여름 물살이 빨라서 두물머리 마재까지 소강溯江하는 배편을 구하기 어려웠고 어머니가 세상을 떠난 친정은 서먹했다. 황사영의 집은 서울 사대문 안이었지만, 주변 민가와 떨어져 있어서 섬처럼 조용했다. 우포도청은 황사영을 잡으려고 함경도, 평안도, 강원도에까지 기찰을 보내고 파발을 띄워서 지방관을 다그쳤으나, 황사영은 포도청이 가까운 곳에서 조용히 살았다. 그 집에서 명련의 해산 날이 다가왔다.

천주교인 예닐곱 명이 주일이나 축일에 황사영의 집에 모여서 함께 기도를 드리고, 경문을 읽었다. 동소문 밖에 사는 갓바치, 절에 딸린 각수刻手, 종로의 약종상, 중부학당의 접장, 자하문 밖 개울에서 염색하는 과부, 구리개에 사는 대장장이의 처 들이 황사영의 집에 모이는 교인들이었다. 어두워진 뒤에 모였고 밝기 전에 흩어졌다. 발소리가 없었고 목소리가 작아서 모이고 흩어지는 일이 그림자 같았다.

　제천 산골 배론의 옹기마을로 들어간 육손이가 두어 달에 한 번씩 서울에 올라왔다가 황사영의 집에 들렀다. 육손이가 올 때도 있었고 김개동이 올 때도 있었다. 육손이는 김개동의 지시에 따라 제천에서 서울까지 걸어오면서 교인들의 집에 들러 소식을 전했다. 소식 중에서 중요한 것은 누구누구가 잡혀 들어가서 순교를 잘했고, 마지막 순간까지 두려워하는 기색이 없어서 때리는 쪽이 오히려 겁에 질렸다는 이야기였다. 연락망을 잇고 또 자르고, 잘린 선을 다시 잇는 것도 중요한 일이었다. 아무런 전할 것이 없을 때도 김개동은 육손이를 교인들에게 보내서 그들이 고립되어 있지 않다는 것을 알렸다. 육손이가 오면 황사영은 다시 육손이를 이리저리 보내서 교인들의 외곽을 더듬어 들어오는 포도청의 촉수를 탐지했다.

　박차돌은 육손이의 존재를 알고 있었고, 육손이 주변에 선을 대서 황사영에 닿으려 했지만, 육손이는 박차돌의 존재를 알지 못했다. 육손이는 넓고 멀리 움직였다. 박차돌은 육손이에게 가까이 왔으나 닿지는 못했다. 닿지 못했으므로 박차돌은 육손이와의 거리가 좁혀졌다는 것을 알지 못했다. 가까운 거리에서 박차돌은 겉돌았다. 황사영의 집은 교인들이 모이고 흩어져도 달그림자 흐르듯이 고요했다.

육손이는 서울에 올 때 산골의 약초로 술을 담가 황사영에게 가져다주었다. 엄나무 곤 국물이 산모에게 좋다는 말을 어디서 들었는지, 육손이는 명련의 해산이 다가오자 말린 엄나무 껍질을 가져왔다.

명련이 아기를 낳을 때, 황사영의 집에 모이는 교인들 중에서 대장장이의 처가 해산구완을 했다. 대장장이의 처는 자식 일곱을 낳았고 남의 자식 열다섯을 받아냈다. 애를 배서 배가 부른 몸으로 다른 여자의 애를 받아낸 적도 있었다. 손이 넓어서 문지르는 힘이 좋았고, 긴 손가락을 아래로 집어넣어서 다리부터 내밀며 나오는 아이를 바로잡았다. 대장장이의 처는 일곱을 낳아서 다섯을 건졌고 열다섯을 받아내서 열이 살았다. 동네에서는 대장장이의 처가 삼신할미의 환생이라면서 애 낳는 집마다 불러댔다. 대장장이의 처는 황사영의 집에 드나들기 전부터 천주교에 입신해 있었다.

명련의 진통은 오래가지 않았다. 대장장이의 처는 넓은 손바닥을 숯불에 덥혀서 명련의 배를 문질렀다. 문지르는 손힘이 산모의 배 속을 풀어서 아기의 자세가 바르게 돌아왔다. 대장장이의 처는 엄지로 산모의 아랫배를 눌러서 밑힘을 거들었다. 아기는 해와 달이 없는 먼 나라에서 이 세상으로 돌아오듯이 구불구불한 길을 돌아서, 피와 살을 헤치고 천천히 다가왔다. 어미의 밑이 세상으로 나가는 문이라는 것을 아기는 알고 있는 듯했다. 어둠 속에서 눈을 감고, 아기는 온몸의 힘으로 어미의 몸을 헤쳐 나갔다.

황사영은 건넛방에서 촛불 아래 무릎을 꿇고 앉아서 아기를 기다렸다. 진통하는 명련의 신음 소리가 들렸다. 황사영의 귀에, 그 신음은 제 몸으로 어미의 살을 헤쳐서 길을 열어내는 아기의 힘에 추임새를 넣는 소리처럼 들렸다. 아기는 창세기의 새벽에서부터 지금 여기까지의 시간과 공간을 헤쳐 오고 있었다. 아기는 이제 거의 다 온 모양이었다.

어미의 몸 밖으로 나온 아기는 누워서 팔다리를 버둥거리다가 반년이 가까우면 뒤집고, 뒤집어서 배를 밀고, 밀다가 기고, 기다가 앉고, 앉았다가 일어서고, 일어서다가 넘어지고, 넘어졌다가 다시 일어서서 한 걸음씩 걸어갈 것이었다. 황사영은 참언서의 노래를 떠올렸다.

섬마 섬마 섬마, 일어서는구나
손을 내밀어라 손을 잡아주마
따로 따로 따로, 따로 서고 싶으냐
손을 놓아라, 넘어져도 또 따로

섬마 섬마 섬마, 들뜬 흙을 밟지 마라
따로 따로 따로, 바른길로 걸어와라

섬마 섬마 섬마, 사람이 따로 서서
따로 따로 따로, 사람한테 걸어오네

대장장이의 처를 따라온 안잠자기가 부엌에서 더운 물을 떠서
안방으로 들이밀었다. 황사영은 안방 쪽으로 귀를 기울이고 있었
다. 명련의 신음과 이부자리가 버스럭거리는 소리가 들렸다.

—한 번 더, 한 번 더 힘을 쓰오.

묵은 생명들이 흘러가고 새로운 생명이 흘러와서 세상의 운
수가 바뀌는 환영이 황사영의 눈앞에 펼쳐졌다. 말세가 환란으
로 어지러울 때 피난처는 오직 마음에 있을 터인데, 새롭게 펼
쳐지는 마음의 나라에 소 울음소리가 들려왔다. 소 울음소리는
하늘에서 내려와 사람들의 마음속으로 흘러들었고, 마음에서
나와서 들판에 넘쳤다.

아기의 머리가 어미의 벌어진 밑을 가득 채우고 밀려나왔다.
대장장이의 처가 손가락을 넣어서 아기의 머리를 끌어냈다. 작
은 어깨와 팔다리가 딸려 나왔다. 아기가 첫 숨을 내쉬며 울음
을 터뜨렸다. 그 아기는 사내였다.

함경도 장진에서 황사경黃嗣京이라는 이름을 쓰는 자가 관아
에 붙잡혔다. 황사경은 낭인으로 사람들은 그 근본을 알지 못했
다. 봉두난발에 대나무 지팡이를 짚고 겨울에도 무명옷에 해진

미투리를 끌었다. 행색은 남루하였으나 안광이 빛났다. 별을 쳐다보면서 중얼거렸는데, 알아들을 수는 없었다.

장진은 북쪽으로만 시야가 열린 깊은 산골이었고 열린 북쪽마저 강으로 막혀서 외부와 통하기 어려웠다. 논농사는 없었고 비탈밭에 심은 귀리와 수수가 곡식의 전부였다. 사람들은 산의 소출에 기대서 살았다.

움푹한 마을에 외지인이 한 명만 들어와도 대번에 온 마을에 소문이 퍼졌고 아이들이 구경하며 따라다녔다. 마을에는 황사경의 연고가 없었고, 황씨 성을 가진 사람도 없었다. 황사경은 경문을 외우기도 하고 강가 바위에 앉아서 합장한 자세로 뭐라고 중얼거렸다. 아이들이 돌맹이를 던졌으나 황사경은 흔들리지 않았다.

비탈밭에서 쟁기를 끌던 소가 저녁이면 외양간 쪽을 쳐다보며 길게 울었다. 소가 울면, 황사경이 밭 가장자리에 나타났다. 황사경은 소처럼 네 굽으로 땅에 엎드려 소 울음소리를 내서 소에게 화답했다. 소가 길게 울면 황사경도 길게 울었고 소 울음소리가 굽이치면 황사경도 굽이치는 소리를 냈다. 농부가 돌을 던지고 물을 끼얹으면 황사경은 잠시 달아났다가 다시 와서 소 울음을 울었다. 황사경은 우는 소를 향해서 소 울음을 울었고 마을을 향해서 소 울음을 울고 강을 향해서 울었다. 황사경의 소리는 소 울음과 똑같았다. 황사경이 먼저 소를 향해 울

247

면, 쟁기를 끌던 소가 걸음을 멈추고 황사경을 향해 머리를 쳐들면서 길게 울었다. 농부가 돌을 던져 황사경을 쫓았다. 황사경은 요령을 흔들면서

　궁궁을을ㄹㄹ乙乙, 궁궁을을

이라고 후렴을 넣었다. 사람들은 황사경이 참서를 읽다가 미쳤거나 혼자서 뭔가에 들려서 고향을 버리고 떠도는 자라고 여겼다. 황사경의 소 울음은 모든 죽은 소들을 다 살려내서 이 세상을 소 울음소리로 뒤덮고, 먼 섬의 진인을 불러들여서 소 울음소리 들리는 세상의 임금으로 모시려는 것이라고 떠드는 자들도 있었다.

　장진 부사가 황사경을 잡아들였다. 장진 부사는 황사경이 사학의 거흉으로 수배령이 내린 황사영이 아닌지 의심했다. 들리는 말에, 황사영은 소년급제한 명문가 선비로 체모는 옥골선풍이고 얼굴은 총기가 가득하다고 했으므로 황사경의 몰골은 황사영과는 거리가 멀었으나 황사영을 제 눈으로 보았다는 사람은 없었다. 유리걸식과 풍찬노숙을 오래 하다보면 몰골은 바뀔 수도 있을 것이었다. 황사경이 황사영이라면 이 캄캄한 산골 마을 장진에서 놀라운 일들이 벌어질 것이었다. 황사경의 바랑에서 황사경 이름 석 자를 새긴 호패가 나왔다. 주거지는 강원도

간성으로 적혀 있었다.

부사가 황사경을 형틀에 묶어놓고 물었다.

—너의 이름은 무엇이냐?

—본명은 황수돌이옵고 황사경은 가명이옵니다.

—너의 호패에는 황사경이 본명 아니냐?

—호패는 강원도 땅 간성에서 떠돌 때 주운 것입니다. 호패에 적힌 이름으로 행세하려 했습니다.

—왜 가명을 쓰느냐?

—설 곳이 없으므로 몸을 숨기려 했습니다.

—너는 사학죄인 황사영을 아느냐?

—그 이름이 무리들 사이에서 높다는 건 아옵니다.

—안다고? 너는 황사영의 일족이냐 서얼이냐?

—저는 황사영의 가계를 알지 못하옵니다.

—네가 강가 바위에 꿇어앉아 두 손으로 합장하고 입으로 중얼거리는 꼴을 보았다는 자들이 있다. 너는 천주교인이다. 늦기 전에 자백해라.

황사경이 형틀에서 얼굴을 들었다. 황사경이 소리쳤다.

—궁궁을을, 궁궁을을.

부사가 손바닥으로 마루를 쳤다.

—저게 무슨 소리냐. 알아듣는 사람이 있느냐?

도열한 사령들은 대답하지 못했다.

─쳐라. 매우 쳐서 바로잡아라.

사령이 형틀의 양쪽에서 매를 쳤다. 황사경은 매가 떨어질 때마다 소 울음소리를 냈다. 저녁 들판에 번지는, 부드러운 울음소리였다.

─너는 필시 황사영이다. 말해라.

황사경은 서른 대에 혼절했다. 마지막 매에서도 황사경은 소 울음소리를 냈다. 부사는 혼절한 황사경을 감옥에 넣었다가 다음날 아침부터 주리를 틀었다. 정강이가 비틀릴 때마다 황사경은 또 소 울음소리를 질렀다. 부사는 황사경을 마흔 번 주리를 틀었다. 정강이뼈가 무릎에서 빠져나와 더 이상 주리를 틀 수 없었다. 부사는 황사경을 매달았다. 황사경의 다리가 너덜거렸다.

─너는 황사영이다. 그러하냐?

황사경은 매달린 채 고개를 끄덕였다. 부사가 다시 물었다.

─황사영은 너다. 그러하냐?

황사경이 다시 고개를 끄덕였다.

─그렇다면 네가 지닌 호패는 네가 만든 가짜로구나. 그러하냐?

황사경이 또 고개를 끄덕였다. 황사경은 소 울음소리를 토해내고, 매달린 채 숨이 끊어졌다.

장진 부사가 사학거흉 황사영을 관내에서 붙잡아 형문하던 중 물고가 났다고 함경도 관찰사에게 보고했다. 관찰사는 놀라고 또 믿기지 않아서, 장진 부사가 보고하기를······ 이라는 문구를 여러 번 거듭하면서 부사의 보고 내용을 조정으로 보냈다. 파발은 밤을 새워 달려갔다.

함흥에서 떠난 파발이 철령을 넘어서 연천 들판을 달릴 무렵에 강원도 간성 현령이 급한 파발을 띄워서 조정으로 문서를 보냈다. 간성 현령은 함경도에서 벌어졌던 황사경의 심문 내용을 전령들 편에 들어서 어느 정도 알고 있었다.

지금 장진에서 형문 중에 물고 난 자는 조정에서 쫓고 있는 황사영이 아니고 간성 바닷가 무당의 손자로 내림이 닿지 않아 무업巫業을 잇지 못한 채 떠도는 자로, 그 본명은 신길수申吉水이며 그가 지니고 있던 호패에 새겨진 황사경이라는 자는 실제로 간성에 살고 있으며 황사경이 잃어버린 호패를 신길수가 주워서 지니고 다니면서 가명으로 썼던 것이라고 간성 현령은 문서에 적었다. 신길수는 그 핏줄이 무기에 절어 있는 반미치광이로 사학거흉 황사영을 흉내 내면서 떠돌아다닌 것으로 본다고 간성 현령은 문서에서 말했다.

함흥 파발은 아침에 도착했다. 비변사는 파발이 전한 문서를 대비전에 올렸고 대비가 삼정승 육판서를 불러 모았다. 황사영이 죽었다는 소식에 신료들은 놀라워하면서도 믿기지가 않았다.

―경들은 어찌 판단하는가, 영상부터 말해보라.

―지금, 투옥된 사학죄인 중에서 황사영과 안면이 있던 자를

골라 함흥으로 보내 그 사체의 얼굴을 확인해야 할 것입니다.

좌의정이 말했다.

—투옥된 죄인들은 이미 형문을 여러 번 당해서 사지가 비틀리고 넋이 빠져서 함흥까지 갈 수가 없고 들것에 태워서 데려간들, 이미 넋이 반쯤 죽은 자들의 총기를 믿을 수가 없을 것이옵니다.

우의정이 말했다.

—그뿐 아니라, 사학죄인들은 모두 한 덩어리로 엉켜 있어서, 죽은 자가 황사영이 아니더라도 황사영이라고 거짓 진술해서 산 황사영을 보호하려 할 것입니다.

대비가 깊은 한숨을 쉬었다.

—그렇겠구나. 그렇겠어. 가짜 황사영이 죽어서 진짜 황사영을 살리겠구나.

병조판서가 말했다.

—물고 난 자가 진짜 황사영이라면 장진 부사는 중죄인을 소홀히 다루어 국법을 시행하기 전에 목숨을 끊어놓은 죄를 면할 수 없사옵니다. 우선 장진 부사를 압송해서 국문하심이 옳을 것입니다.

대비가 말했다.

—글쎄, 그럼 죽은 자가 진짜 황사영이란 말인가?

병조판서가 다시 말했다.

─죽은 자가 황사영이 아니라면 장진 부사는 애매한 백성을 죽여서 조정을 속인 죄를 면할 수 없을 것입니다. 속히 압송하시옵소서.

대비가 말했다.

─그럼 죽은 자가 황사영이 아니란 말인가?

신료들은 대답하지 못했다.

대비가 말했다.

─황사영은 이제 귀신이 되었구나. 이러니 잡을 수가 있겠는가. 어렵다, 어려워.

간성 파발은 저녁에 도착했다. 간성에서 온 문서는 장진에서 죽은 자가 황사영이 아니라는 사실을 분명히 증명하고 있었다. 대비는 진노했다. 대비는 몸을 떨면서 눈을 부릅떴다. 상궁들이 쓰러지는 대비를 부축했다. 대비가 쉿소리로 고함을 질렀다.

─황사영을 잡아 오랬더니 황사영을 만들어 오는구나. 가짜를 죽여서 진짜라고 아뢰면 죽은 가짜가 산 진짜를 감추어주겠구나. 주리를 마흔 번 틀면 황사영이 되느냐.

대비가 손바닥으로 마루를 때렸다. 상궁이 물그릇을 바쳤다.

─장진 부사를 끌어와라. 아니다. 금부도사를 보내서 장진에서 죽여라.

대비가 물그릇을 당겨서 벌컥벌컥 마셨다.

─함경도 관찰사는 일을 살피지 않고 부사의 헛소리를 조정

으로 옮긴 자이다. 관찰사가 아니라 역졸감이다. 파직하고, 먼 섬으로 귀양 보내라.

함경도 장진에서 가짜 황사영이 주리를 마흔 번 틀리고 죽었다는 소문은 삽시간에 전국에 퍼졌다.

황사영은 아들의 이름을 경한景漢으로 지었다. 경한을 안으면 따스하고 부드러웠다. 입에서 젖이 삭는 냄새가 났다. 경한의 어미 명련의 몸 냄새와 경한의 몸 냄새는 똑같았다. 명련의 냄새가 더 깊었고 경한의 냄새가 더 달았지만, 대체로 비슷한 냄새였다. 황사영은 경한을 천주로부터 인간의 부모에게 맡겨진 아이로 여겼다.

경한의 첫돌은 잔치 없이 지나갔다. 기찰이 삼엄해서 황사영은 교인을 불러 모을 수 없었다. 돌날, 황사영 부부는 아기를 목욕시켜서 깨끗이 빤 옷을 입혔다. 아기는 목욕이 곤해서 잠들었다. 부부는 잠든 아기 앞에 꿇어앉아서 기도를 올렸다.

첫돌이 지난 다음 날, 서울에 올라와 있던 육손이가 황사영의 집에 들렀다. 육손이는 벌꿀 한 되를 가져왔다. 육손이 함경도 장진에서 가짜 황사영이 마흔 번 주리 틀려서 죽었고 대비가 금부도사를 보내 장진 부사를 죽였다는 소식을 전했다. 황사영은 주리질 마흔 번으로 으스러지는 가짜 황사영의 몸을 생각했다. 그가 주리 틀리면서 소 울음소리를 냈다는데, 그 울음소리가 황사영의 귀에 들렸다. 가짜 황사영은 죽어서 소가 되어서 인간의 들로 돌아와 밭을 갈면서 소 울음을 울겠구나…….

황사영이 말했다.

—내가 죽은 것과 다름없구먼.

육손이가 머리를 숙였다.

—어찌 그런 말씀을……. 이제 몸을 피하심이 옳을 듯하옵니다.

—그럴 것이다. 아직은 잡힐 때가 아니다.

황사영은 서울을 떠나야 할 때가 왔음을 알았다.

주교

대비의 자교는 팔도의 관아에 전해졌다. 방울 세 개를 매단 기발이 네 방면으로 나뉘어 밤을 새워 달렸고 역참의 파발들은 더 깊은 산간 마을로 달려갔다. 관장들이 향청 마당에 관원과 이속배吏屬輩들을 모아놓고 자교를 읽었고, 유자들은 필사해서 돌려 읽었다.

황사영은 육손이가 얻어다준 필사본 자교를 읽었다. 그 간절하고 다급한 말이 황사영에게는 절벽으로 다가왔다. 대비에게는 대비가 믿는 진실이 있었다. 이 세상에 말을 붙이고 세상과 말을 섞는다는 것은 더 이상 가능하지 않을 것이었다. 무너져야할 것이 무너지지 않는 것은 이 세상의 가장 큰 무서움이었다. 썩은 것들이 오히려 강력하고 완강했다. 황사영은 그 완강함이 무서웠다. 대비 자교의 다급한 어조는 그 벼랑 끝에서 완강했다. 경한이 배밀이를 졸업하고 섬마섬마를 따르던 겨울에 황사영은 서울을 떠났다. 기찰이 삼엄해서 교인들을 집 안에 불러들일 수 없었다. 무너져야 할 세상을 밀쳐서 무너뜨리는 일은 모여서 기도하는 것으로 될 일이 아닌 듯싶었다. 대비가 다급했던만큼 황사영도 다급했다.

황사영은 새벽에 상복으로 갈아입고 길을 나섰다. 교인들 중에서 염색하는 노파가 밤을 새워서 상복을 지어왔다. 황사영은 새끼줄로 허리를 묶고 수건으로 눈앞을 가렸다. 황사영은 명련에게 남쪽으로 간다고만 말했다. 황사영은 행선지를 말하지 않았다.

—알면, 견딜 수 없는 일이 벌어질 수도 있소. 내 가끔 사람을 보내 기별하리다.

새벽에 명련은 잠든 아기를 업고 문간에서 배웅했다. 명련은 다녀오세요, 라고 한마디를 말했다. 황사영은 새벽안개를 들이마셨다. 안개는 차고 비렸다. 황사영은 안개를 몸 안에 깊이 느꼈다.

—안개가 좋구려.

황사영이 명련의 손을 잡았다. 명련은 남편의 맑음 안에 모든 힘이 들어 있는 것으로 믿었다.

황사영은 김개동을 앞세우고 충청도 제천의 산골 배론으로 향했다. 읍에서 꼬불꼬불한 산길로 삼십 리를 들어간 마을이었다. 물줄기가 가까웠고 흙이 차졌고 푸른 불꽃이 이는 땔나무가 흔했다. 산이 깊고 사고팔 것이 없어서 이속배나 외지인들이 드나들지 않았다. 그 마을에 김개동의 옹기가마가 있었다. 김개동은 가마 뒤쪽에 토굴을 파놓고 황사영을 들여앉힐 작정이었다.

서울을 떠나기 전날, 황사영은 육손이를 정주의 마노리한테 보냈다. 육손이는 옹기와 산나물, 버섯 짐바리를 말 등에 싣고 서울에 와서 머물고 있었다.

육손이의 임무는 정주 역참의 마부 마노리에게 가서 황사영의 은신처를 알려주고 마노리가 가을 사행을 따라 북경에서 돌아오는 즉시 제천으로 오라는 뜻을 전하는 것이었다.

—마노리는 멀리 갈 수 있는 사람이다. 내가 마노리를 긴히 쓸 일이 있다.

육손이는 황사영이 마노리를 부르는 사유를 묻지 않았다. 육손이는 한강 북쪽으로 넘어가본 적이 없었다.

—정주는 멀다. 노용을 잘 챙겨라.

황사영은 육손이에게 길양식 두 말을 주었다. 육손이는 처음으로 먼 길을 가는 터라 들떠 있었다.

김개동은 제천에서 가까운 주막에서 낮을 보내고 밤중에 길을 나서서 첫닭이 울기 전에 배론의 옹기마을에 도착할 일정을 짜놓고 있었다. 옹기마을은 다섯 집이 한 부락을 이루고 있었는데, 김개동은 황사영이 토굴에 들어온 것을 마을에서 아무도 모르게 할 작정이었다. 황사영은 남쪽으로 갔고, 육손이는 마노리를 만나러 북쪽으로 갔다.

금부도사가 대비의 명을 받들어서 함경도 장진으로 떠났다. 종팔품 관원 한 명이 금부도사를 수행했다. 금부도사는 장진 부사를 묶어서 형문 과정에서 대곤大棍으로 오십 대를 쳤다. 금부도사는 형리를 따로 데리고 가지는 않았다. 장진 관아의 사령들이 금부도사의 명으로 장진 부사를 묶어서 곤장 쳤다. 형문이 끝나면 사약으로 정법할 작정이었지만 장진 부사는 마흔 다섯 대에 장살되었고, 숨이 끊어진 뒤에 다섯 대를 더 맞았다.

금부도사는 장진 부사의 사체를 가족들에게 넘겨주었다. 마흔이 넘은 아들이 아비의 사체를 지게에 지고 갔다. 죽은 자의 늙은 처와 손자들이 울면서 따라갔다.

죽은 장진 부사는 관찰사의 지시를 기다리느라고 가짜 황사영의 사체를 처리하지 못했다. 장진 부사는 마흔 번 주리 틀려서 양쪽 정강이뼈가 빠져나간 사체를 소금에 절여서 곳간에 보관하고 있었다. 금부도사가 장진 사령들을 시켜서 가짜 황사영의 사체를 깊은 산속에 묻었다. 사령들이 떨어져 나간 두 다리를 따로 들고 갔다. 염이 없고, 관이 없는 평토장이었다.

함경도 관찰사는 파직되고 귀양길에 올랐다. 관찰사의 유배지는 경상도 남쪽의 거제도였다. 함흥에서 철령을 넘고 축석령을 넘고 한강을 건너고 충주를 지나고 조령을 넘어서 문경을 지나고 밀양까지 왔을 때 늙은 관찰사는 노독으로 죽었다. 호송하던 사령들이 관찰사가 진작 죽지 않고 밀양까지 와서 죽은 아둔함을 욕했다. 사령들은 관찰사의 사체를 길가에 묻고, 빈손으로 돌아갔다.

대비의 불면은 깊어졌다. 식욕을 잃어서 반찬은 무장아찌와 굴비, 두 가지만 올리게 했고 오전에는 신료들의 청대를 받지 않았다. 대비는 새로운 자교를 쓰기 시작했다. 승지들이 울면서 대비의 반찬 수를 늘리라는 진언을 올렸고 상궁과 전의들이 밤늦도록 대비전을 떠나지 못했다.

동지 사행은 섣달 중순에 북경에 도착했다. 눈이 쌓이고 또 녹아서 길은 얼어붙었고 질척거렸다. 의주에서 북경까지 오십 일이 걸렸다. 사행의 대열은 긴 끈처럼 늘어져서 눈 덮인 대륙을 건너갔다. 눈보라가 휩쓸면, 대열의 앞뒤가 서로 보이지 않았다. 대열의 앞과 뒤가 호각을 불어서 부르고 답했다. 호각 소리가 지평선을 넘어갔고 철새들의 대열이 사행 대열의 머리 위를 날아갔다. 눈 멎은 하늘이 흐려서 새 떼들은 이내 보이지 않았다. 타고 가는 자와 걸어가는 자의 구분이 엄격해서, 마부와 짐꾼은 동상이 걸려서 발가락이 빠져도 빈 말 등에 올라탈 수 없었다. 서장관이 다리를 삐어서 주저앉은 말들은 길가에 버리라고 명했다. 버려진 말들은 버둥거리면서 일어서서 대열을 따라오다가 눈 위에 쓰러졌고 독수리들이 달려들었다. 마노리는 종사관의 마부로 경마를 잡았다. 종사관은 사행 대열 전체의 말을 살피는 일을 마노리에게 맡겼다. 숙영지에서 마노리는 말들의 아가리를 벌리고 말굽을 냄새 맡고 눈꺼풀을 뒤집어 보았다. 마노리는 놋젓가락 침으로 말들의 허벅지며 목덜미를 찔렀고 들짐승들의 마른 똥으로 죽을 쑤어서 병든 말에게 먹였다. 아침에 말들은 대체로 총기를 회복했으나 더러는 죽었다.

북경 안에서는 청나라 마부들이 말을 끌고 와서 조선 사신과 관원들의 수발을 들어주었다. 조선 마부들은 오랜만에 한가로운 시간을 보냈다. 종사관이 연회에 불려간 날 저녁에 마노리는 천주당을 찾아갔다. 재작년 사행 때도 마노리는 천주당을 구경했으나 안으로 들어가 보지는 못했다. 천주당 안으로 들어가서 수염이 구름 같은 서양인 주교를 만나보라는 것이 황사영의 분부였다. 마노리는 머리를 감아서 서캐를 빼내고 새 옷으로 갈아입었다.

천주당은 조선관 건너편 거리, 유리창 상가로 들어가는 입구에 있었다.

높고 뾰족한 지붕이 하늘로 올라갈 듯이 치솟았고, 외벽을 메운 조각에서 천사들이 나팔을 불면서 지상으로 내려오고 있었다. 대문이 열려 있어서, 마노리는 빨려들듯이 마당 안으로 들어갔다. 그날, 마노리는 자신이 어떻게 구베아 주교 앞으로 인도되었던 것인지, 믿기지가 않았다. 문지기로 보이는 노인이 다가와서 마노리에게 중국말로 말을 붙이더니 건물 안으로 들어가서 조선어 통역을 할 수 있는 중국인 청년을 데리고 나왔다. 청년이 다가와서 마노리의 이름과 나이를 물었다. 마노리가 조선 사행의 경마를 잡고 온 조선 마부라고 자신을 소개하자 중국인 청년의 눈빛이 빛났다.

수염이 구름 같은 서양 어른을 만나 뵙기를 마노리는 간청했다. 중국인 청년이 마노리를 건물 안으로 데리고 들어갔다. 천장이 높아서 발소리가 크게 울렸다. 무늬를 넣은 유리창이 온갖 색깔로 빛났다. 가운데 모셔진 십자가에서 야소는 이목이 뚜렷해서 산 사람 같았다. 못 박혀 매달려 있어도 얼굴은 평안했다. 야소는 천팔백 년을 십자가에서 내려오지 않고 매달려 있었다.

구베아 주교는 십자가상 왼쪽 장궤틀에서 마노리를 맞았다. 마노리는 주교 앞에 꿇어앉았고 통역하는 청년이 옆자리에 앉았다. 주교는 위아래가 붙은 하얀 통옷을 입었는데, 하얀색이 전부였다. 마노리는 처음 들어와 보는 천주당과 주교가 낯설지 않아서 놀라웠다. 황사영에게 천주 교리를 처음 들었을 때, 본래 스스로 제 몸 안에 있었던 것처럼 느껴졌던 일이 생각났다.

북경에 가면 주교를 꼭 뵙고 오라는 것이 황사영의 분부였다고 마노리는 말했다. 구베아 주교는 조선의 황사영을 본 적은 없지만, 이름을 알고 있었고, 조선에서 벌어지는 박해의 대강을 밀사들 편에 전해 듣고 있었다.

구베아 주교는 마노리의 전신을 찬찬히 훑어보았다. 대륙을 건너온 조선 마부는 팔다리 골격에 말의 뼈마디가 드러나 있었다. 마부는 숨을 쉴 때마다 코가 벌름거렸고 큰 눈을 껌뻑였다. 머리카락이 어깨 위로 흘러내렸다. 마노리는 말과 같았다. 구베아 주교는 마노리가 마부인 것이 기뻤다. 구베아 주교의 말을 통역이 옮겼다.

—조선에서 여기까지 며칠이 걸렸는가?

—오십 일이 걸렸습니다.

—왜 수레를 쓰지 않는가?

—길이 나빠서 바퀴를 쓰지 못하고 오직 걷기만 합니다.

—훌륭하다. 먼 길을 오고 또 가는 일은 아름답다.

말을 끌고 건너갔던 모든 들판길과 산맥을 넘어가는 고갯길, 눈 쌓인 길들과 바람 불던 길들이 마노리의 눈앞에 떠올랐다. 마노리는 그 길들 위에서 오가는 일의 놀라움을 혼자서 새기고 있었다. 오가는 일이 아름답다고 하니, 주교가 어떻게 마부의 일을 아는 것인지 마노리는 의아했다.

—황사영이 전한 서한은 없느냐?

—황 선비님은 서울에 계시고 저는 정주 역참에 딸려 있으므

로 뵙지 못하고 떠났습니다.

　—박해가 자심하다고 들었다. 황사영은 어떠하냐?

　—서울이 위태로워서 충청도 제천이라는 시골로 가신다고 들었습니다.

　구베아 주교는 마노리에게 주문모 신부의 일이나 조선에서의 박해 실태를 묻지 않았다. 물어도 마노리는 알지 못할 것이었다.

　—너의 이름은 무엇이냐?

　—마노리입니다.

　—한자로 쓸 수 있느냐?

　마노리는 '馬路利'라고, 제 이름을 한자로 써서 올렸다. 마노리가 알고 있는 한자는 그 세 자뿐이었다. 구베아 주교가 이름자를 들여다보면서 웃었다.

　—아름답다. 좋은 마부의 이름이구나.

　마노리가 고개를 숙였다.

　—너는 마부다. 멀리 가는 사람의 귀함을 알라. 내가, 새로운 마부의 이름을 지어주겠다.

　그날, 구베아 주교는 마노리에게 영세를 주었다. 마노리는 목을 길게 빼서 머리를 주교 앞으로 들이밀었다. 마노리는 머리를 감고 오기를 잘했다고 생각했다. 혹시 서캐가 붙어 있을까봐서 마노리는 마음이 쓰였다. 주교가 마노리의 이마를 물로 씻고 머

리에 손을 얹었다. 마노리는 뒤통수가 근지러웠다. 주교는 고개
숙인 마노리의 뒤통수에서 말 냄새를 맡았다. 먼 길을 가고 또
오는 자의 냄새였다. 그 냄새 속에서 오는 것과 가는 것은 같았
다. 주교는 말했다.

　—이제, 너의 이름은 요한이다. 요한은 메뚜기를 먹고, 광야
를 건너서 새로운 세상으로 가는 자이다. 그러므로 요한은 즉 마
노리이다. 알겠느냐. 요한 마노리야.

　마노리는 주교가 마부 노릇을 오래 하라고 영세를 주는 것으
로 알았다. 마노리는 구베아 주교가 온 세상 모든 마부의 할아
비처럼 느껴졌다.

　—언제 조선으로 돌아가느냐?

　—잘은 모르오나 아마도 보름 후일 것입니다. 나리.

　—돌아가는 길이 춥겠구나. 황 선비에게 내 축복을 전해라. 멀
어서 내가 가지 못해도 간 것과 마찬가지다. 가서 그렇게 전해라.
내 대신 요한이 먼 길을 가기 때문이다. 알겠느냐?

　마찬가지라는 말을 마노리는 알아들을 수 없었지만, 주교만
이 할 수 있는 말이라고 생각했다.

　구베아 주교는 마노리에게 청나라 은화 사십 냥을 주었다.
통역하는 젊은이가 자루에 담긴 은화를 쏟아 마노리에게 보여
주고 다시 담았다.

　—가다가 더운 음식을 사먹어라.

마노리는 은화를 가까이 보기는 처음이었다. 마노리는 돈이 믿기지 않아서 멀어 보였다.

······이 돈이면 공명첩을 사서 역참에 매인 마부 신세를 면하고 그래도 남아서 목 좋은 자리에 주막을 차릴 수도 있겠구나. 그런데 주교는 한사코 마부질을 하라시는구나······.

통역하는 젊은이가 은화 자루를 마노리의 바랑에 넣어주었다. 구베아 주교는 일어서려는 마노리를 다시 불러 앉혔다. 구베아 주교는 승천하는 성모를 그린 그림 한 점을 마노리에게 주었다. 성모는 솔기가 없고 동정이 없고 소매가 없는 옷감을 걸치고 구름에 휩싸여 하늘로 오르고 있었다. 눈동자를 위로 떠서 높은 곳을 바라보고 있었고, 흰 발등의 뼈가 가지런히 드러나 보였다. 구베아 주교는 그림 아래쪽에 북경 주교의 인장을 찍었다.

—황사영에게 전해서, 두루 경배토록 하라.

돌아오는 사행은 정월 초여드렛날 북경을 떠났다. 사행의 대열은 다시 긴 끈을 이루며 눈 덮인 대륙을 걸어갔다. 대열의 앞과 뒤에서 서로 부르는 호각 소리가 지평선을 건너갔다. 마노리는 짐말 다섯 마리를 한 줄로 끌면서 중간에서 걸었다.

항로

돛배 사공 문풍세의 수탉들은 수명이 길지 않았다. 문풍세는 가까운 바다를 드나드는 작은 배에 수탉의 종자를 모아서 병아리 때부터 단련시켰다. 벼슬이 피어나고 목청이 트여서 수탉의 꼴이 박히기 시작하면 흑산행 돛배로 옮겼지만 수탉들은 서너 번 항해 끝에 깃털색이 바래고 울음이 힘을 잃었다. 기진한 돛배가 무안 포구로 다가올 때 문풍세는 주저앉은 수탉을 죽여서 파도에 바쳤고 다음번 출항 때는 목털에 무지개 피는 어린 수탉을 실었다. 빛과 어둠이 뒤섞이면 바다의 시간은 뿌옜다. 수탉이 목청을 뽑아서 아침과 대낮의 시간을 알려주었고 노꾼들에게 육지와 잇닿아 있는 끈이 살아 있음을 알려주었다. 돛배가 흑산의 진리 포구로 다가가면 먼 흙냄새를 맡은 수탉은 이물에 올라서서 마을을 향해 목청을 뽑았다. 수탉의 울음은 꺾이고 또 꺾이면서 높이 치솟았고, 돛배보다 먼저 마을에 닿았다.

흑산진 별장 오칠구는 문풍세의 배가 닿을 때마다 접안료를 뜯어냈고 문풍세는 접안료가 오칠구의 당연한 몫인 것처럼 예절을 갖추었다.

—섬이 편안하니 다 별장의 덕이요. 본진에서도 다들 알고 있소.

돈을 줄 때마다 문풍세는 오칠구를 추어올렸다. 오칠구는 돈을 뜯어내면서도 문풍세가 두려웠다. 문풍세는 뱃놈 신분이지만, 무안의 본진이나 나주목에 선이 닿아 있었고 바다를 건너다닐 수 있었다. 문풍세만이 흑산과 육지 사이의 소식을 전할 수가 있었다. 풍신이 모호할수록 전하는 자의 위세는 커졌다. 문풍세는 오칠구가 포구에 와 닿는 배에서 돈을 뜯기는 해도 바다를 건너다니며 보고 들은 것을 전하는 자를 두려워하고 있다는 것을 알고 있었다. 흑산 포구로 문풍세의 배가 다가올 때 목청을 뽑아서 울어대는 수탉의 소리에서 오칠구는 그런 두려움을 느꼈다. 어물을 몰아서 흑산을 떠날 때 문풍세는 늘 선착장에 배웅 나온 오칠구에게 다시 돈 몇 냥을 찔러주면서

—본진에 가서 별장의 덕을 전하리다.

라고 말하면서 오칠구를 겁주었는데 오칠구는 돈을 받으면서도 뒷골이 당겼지만 내색을 할 수는 없었다. 오칠구는 돌아가

는 문풍세의 배에 본진으로 가는 공물을 실었다. 본진이 여러 섬과 연안 고을에서 거두어들인 공물은 다시 서울이나 나주의 세도가에 진상될 것이었다. 공물은 운임을 받지 못했지만 문풍세는 돌아가는 배에 공물을 싣는 일이 나쁠 것도 없었다. 배에 싣는 공물이 오칠구의 행패를 어느 정도 막아주고 있음을 문풍세는 알고 있었다.

—뭍으로 가는 공물이 점점 많아지니, 별장에게 좋은 일이 있겠소이다.

라고 문풍세가 말할 때, 오칠구는 문풍세의 속내를 짐작할 수 없었다.

문풍세는 조정의 문서를 전하지는 않았지만, 나주에 방울 세 개를 매단 기발이 달려와서 대비의 자교를 전했다는 소식을 흑산에 전했다. 문풍세는 대비가 자교에서 뭐라고 말했는지는 알 수 없었고, 다만 기발의 말 모가지에 매달렸던 방울 세 개가 요란히 뎅그렁거렸다는 말만을 전했다. 흑산 사람들은 말 모가지의 방울 세 개로 대비의 목마름을 알았고 그 숨넘어가는 어조에 닿을 수 있었다. 정약전도 그 말방울 세 개로 대비의 자교의 내용을 짐작할 수 있었다. 말방울 세 개가, 멀어서 보이지 않는 대궐 구중심처의 가래 끓는 우국의 소리와 늙은 신료들의 몸 냄새를 정약전의 기억 속에 떠올려주었다. 문풍세가 기발의 말방울 소리를 흑산에 전할 때 오칠구는 문풍세가 두려웠다. 문풍세가

흑산을 떠날 때 진리 포구에 나온 오칠구가

　—바람이 걱정이오.

라고 식은 소리로 뱃길을 걱정해주는 예를 갖추면 문풍세는

　—파도가 달려들면 뱃머리를 앞으로 들이대서 깊이 숙이고 조아려야 하오. 그래야 배가 뒤집히질 않소.

라고 말했다. 오칠구는 그 말뜻을 알 듯 모를 듯했다.

옥섬은 굴곡이 심해서 말미잘처럼 생긴 바위섬이었다. 새들의 한 패거리가 저녁이면 옥섬으로 날아와 밤을 지냈다. 새들은 같은 종족들 사이에서도 함께 날아갔다가 함께 돌아와서 함께 잠드는 패거리들이 따로 있었다. 알에서 태어나는 것들이 혈연의 멀고 가까움으로 패거리를 삼지는 않을 터이니, 새들이 무엇을 보고 서로 모여서 함께 살고 또 배척하는 것인지, 정약전은 알지 못했고 창대도 알지 못했다. 새들의 패거리는 옥섬을 놓고 며칠씩 다투었고, 이긴 패거리들이 다음번 싸움 때까지 옥섬을 차지했다. 새똥이 독해서 옥섬 바위 꼭대기에는 나무가 뿌리내리지 못했다. 하얀 새똥에 뒤덮인 바위가 노을에 빛났다.

옥섬에 갇힌 죄인들 중에는 종적이 끊어져버린 자들이 흔히 있었다. 오칠구는 어장세나 선세를 속인 자들을 붙잡아서 그 피붙이나 이웃들이 세금과 벌금을 물 때까지 옥섬에 가두었다. 흑산 사내들은 순번이 돌아오면 바닷가 바위나 산꼭대기에 올라

가서 먼바다를 쳐다보다가 수상한 배가 다가오면 수군진에 달려가 보고해야 했고, 수군진 안에서 대오를 짜서 진관과 선창을 순찰해야 했다. 요망군瞭望軍이나 작대군의 순번을 어긴 자들도 붙잡혀서 옥섬에 갇혔다. 흑산 수군진의 군선은 판옥선 한 척에 협선이 두 척이었다. 판옥선은 낡아서 고물이 내려앉고 선창 바닥에 뻘이 쌓여서 배가 땅 위에 얹혀 있었다.

오칠구는 판옥선을 수리하려면 뭍에서 목수를 데려와야 한다는 명목으로 미역과 전복을 거두어들였으나 판옥선은 삼 년째 땅 위에서 햇볕에 찌들어갔다. 봄과 가을에 협선 두 척에 목재를 갈아 끼우는 신역이 마을에 할당되었고, 날짜를 어기는 자들은 붙잡혀서 옥섬에 갇혔다. 죄인들은 바람이 부는 반대쪽 바위 아래 움츠렸고, 동굴 속에서 밤을 지냈다. 수군진은 옥섬에 밥을 가져다주지 않았다. 갇힌 자들은 해초를 뜯어먹거나 낚싯대로 고기를 잡아먹었다.

수군진 협선이 돈을 낸 자들을 데려오려고 옥섬으로 갔을 때, 바위틈에 낚싯대가 뒹굴어 있을 뿐, 사람은 보이지 않는 때가 흔히 있었다. 수졸들이 동굴 속을 뒤졌다. 죄인들이 싼 똥이 바위 위에 남아 있었다. 똥은 가늘고 새까맸다. 해초의 올이 똥 속에 남아 있었다. 수졸들이 똥을 찍어서 냄새를 맡았다. 몸 밖으로 나온 지 오래지 않은 똥들도 있었다. 그러나 사람은 보이지 않았다. 두 명이나 세 명이 동시에 갇혀 있을 때도 있었으나, 없어

271

질 때는 모두 한꺼번에 없어졌다. 수군진은 죄인들이 섬에 없다는 사실만을 유족들에게 알렸다. 섬사람들은 옥섬의 죄인들이 파도나 바람에 쓸려 갔거나 무서움에 미쳐서 물에 뛰어들어 자살한 것으로 여겼다. 오칠구는 실종된 자들의 유족과 이웃들이 낸 세금의 절반을 돌려주어 조문을 표했다. 오칠구는 실종된 자들의 일을 본진에 보고하지는 않았다. 오랜 세월이 지나서, 옥섬에서 실종된 자들 중 몇 명이 함경도 바닷가 마을이나 충청도 내륙의 산간 마을에 살아 있다는 풍문이 섬으로 흘러들어왔으나 섬사람들은 믿지 않았다.

무안으로 돌아가는 문풍세의 돛배는 진리 포구를 떠나면 먼 바다로 곧장 나갈 때도 있었지만 때로는 옥섬 뒤로 돌아갔다. 흑산 본섬에서 돛배를 바라보던 사람들은 바람의 방향과 물결의 흐름에 따라서 배가 진로를 바꾸는 것으로 알았다. 돛배가 옥섬 뒤로 돌아가서 바싹 다가가면 병풍바위가 시야를 차단했다. 흑산 본섬에서는 옥섬 뒤로 돌아간 돛배가 보이지 않았다.

돛배가 옥섬으로 다가오면 죄인들은 배를 향해 소리 질렀다. 탈진한 죄인들의 소리는 몸 밖으로 나오지 못하고 목구멍 안에서 끼룩거렸다. 물이 흔들려서 노꾼들은 옥섬에 배를 붙이지 못했다. 노꾼들은 밧줄에 묶인 함지박을 던졌다. 죄인들이 물에 뛰어들어 함지박을 붙잡았고 노꾼들이 밧줄을 당겼다.

섬에 갇힌 사람들은 어디로 가자는 것인지 작정도 없이 육지로 가는 문풍세의 돛배에 올라탔다.

돛배가 옥섬에 머무는 시간은 길지 않았다. 돛배는 다시 난바다로 나왔다. 밭일을 하던 흑산 사람들이 파도에 자맥질하면서 멀어지는 돛배를 바라보았다. 흐린 날에, 바다는 아침과 저녁이 구분되지 않았다. 섬사람들은 어두워지는 바다를 건너가는 돛배의 항로에 조바심쳤다. 저녁에, 새들의 패거리는 끼룩거리면서 옥섬에 내려앉았다.

옥섬에서 사라진 사람들은 오랜 세월이 지난 후에 육지에서 살아 있더라는 풍문이 되어서 섬으로 불어왔다. 섬사람들은 바닷바람 같은 풍문에 휩싸여 살았다. 풍문은 늘 불어와서 사람들은 풍문을 믿지 않았지만, 아주 믿지 않는 것도 아니었다. 믿으려는 마음은 믿지 않으려는 마음과 별 차이가 없었고 풍문의 바람은 그 양쪽 사이를 오갔다. 그래서 풍문의 바람에는 그 양쪽이 모두 묻어 있었다. 섬에서 실종된 사람들이 먼 육지의 해안이나 내륙 산간에 살아 있다는 풍문이 섬에 전해질 무렵에는 애초에 그 사람들이 옥섬에 갇혀 있었다는 사실도 풍문으로 바래어져 있었다. 옥섬에서 사라진 사람들은 붉은 바다, 검은 바다를 다 지나서 하얀 바다로 불려간 것이고, 풍문은 그 하얀 바다에서부터 불어온다고 섬사람들은 여겼다. 문풍세는 흑산에

273

올 때마다 수군진 사령에게 선을 대어 옥섬에 갇힌 자들의 신원을 알아냈다.

문풍세가 갇힌 자들을 모두 다 실어낼 수는 없었고, 운때가 맞은 자들만을 빼낼 수가 있었다. 옥섬에 죄인이 없을 때도 문풍세는 가끔씩 돛배를 옥섬 뒤쪽으로 돌렸다가 먼바다로 나아갔다. 흑산 본섬에서 때때로 옥섬 쪽으로 구부러지는 돛배의 항로를 의심하는 사람은 없었다.

무안 포구는 기찰이 삼엄했다. 문풍세는 옥섬에서 싣고 온 사람들을 무안 포구로 데려오지 않고 가까운 섬에서 내리게 했다. 염전 소금창고에 며칠간 들여놓았다가 작은 배편으로 물 빠진 갯벌의 끝 쪽으로 싣고 와서 거기서부터 걸어서 육지로 오게 했다. 옥섬에서 데려온 자들은 모두 뱃일을 할 줄 알았다. 문풍세는 옥섬 사람들을 목포, 해남, 여수, 광양 쪽의 바닷가로 보내 품팔아서 밥 먹을 자리를 마련해주었는데, 그들 중 몇몇은 이제는 바다가 징그러워서 강원도나 함경도의 내륙 산간으로 들어갔다. 문풍세는 옥섬의 죄인들이 모두 무죄임을 알고 있었다. 너는 무죄다, 라고 누가 말해주지 않아도 사람은 본래 무죄인 것이었다. 그 무죄한 자들을 데려오는 길은 멀고 또 멀어서 아무도 갈 수 없는 바다를 건너가는, 먼 길을 가는 자의 소임일 것이라고 문풍세는 생각하고 있었다. 먼 길을 가는 자의 소행의 정당성 여부를 먼 길을 가지 못하고 주저앉아 있는 자들이 물을 수 없을 것이었다. 문풍세는 옥섬에서 데리고 와서 풀어준 사람들의 뒷소식을 듣지 못했다.

문풍세는 돛배의 노꾼들이 옥섬 죄인의 일을 말하지 못하도록 입을 막았다. 노꾼은 여덟 명이었는데, 다섯 명은 젊어서 도망쳐 나온 노비들이었고 나머지는 본래 양민이었으나 향리에서 내쫓긴 자들이었다. 문풍세가 입을 막기도 했지만 노꾼들은 천출의 눈치로 말해서는 안 될 일을 스스로 알았다. 노꾼들에게 추쇄推刷 기찰이 다가오는 낌새가 보이면 문풍세가 돈으로 틀어막거나 관아에 선을 대서 사망으로 처리했다.

문풍세는 더 늙어서 배를 탈 수 없게 되면 모아놓은 돈으로 조선소를 차려서 배를 만들 생각이었다. 지금 쓰는 배보다 폭을 줄이고 길이를 늘이고 이물 쪽에 꼬리 돛 한 개를 더 세워서, 적재량이 좀 줄더라도 바람과 물결에 기민하고 유연하게 대응하는 장거리 항해용 돛배를 만드는 도면이 문풍세의 머릿속에 들어 있었다. 배를 개량할 수만 있다면 어물 거간이나 육지의 부자들을 상대로 팔 수 있었다. 조선소가 어느 정도 굴러가게 되면 청지기를 두어서 관리를 맡기고 자신은 양지 바른 마당에 닭장을 크게 짓고 배에서 기르는 수탉 종자를 훈련시켜서 배마다 한 마리씩 나누어주자는 것이 문풍세의 노후 계획이었다. 문풍세의 수탉은 무안으로 돌아오면 암탉 열 마리와 교미했다.

흑산에서 문풍세는 오칠구에게 정약전의 안부를 묻지 않았다.

문풍세는, 대비의 자교가 무안에 닿았다는 소식 정도를 전했다. 천주교도들을 모조리 잡아들이기 시작했다는 소식을 문풍세는 섬에 전하지 않았다. 오칠구가 육지 소식을 먼저 물어오는 경우도 있었지만 문풍세는, 물에 뜬 뱃놈이 뭘 알겠는가, 라며 대답을 피했다. 오칠구가 천주교도 박해가 번져가고 있다는 소식을 알게 되면 정약전을 더욱 거칠게 대할 것이 뻔했다.

문풍세가 정약전을 돛배에 실어서 섬으로 데려온 것은 뱃사공으로서 피할 수 없는 일이었지만 정약전을 다시 뭍으로 빼돌리는 것은 마음먹으면 할 수 있는 일 같기도 했다. 하지만 그것이 실제로 가능한 일은 아니었다. 정약전은 지체 높은 선비였다. 유자로서 육지에 숨어서 생계를 도모할 일이 막연했고, 유배 온 사연과 얼굴이 알려져 있었다. 문풍세가 보기에, 흑산은 정약전의 자리가 아니었으나 그가 몸 붙일 자리는 흑산이 아니고서는 없을 것 같았다. 정약전이 섬에서 사라지면 수군 별장 오칠구도 돛배 사공 문풍세도 무사할 수 없을 것이었다. 약전이 물가를 어슬렁거리다가 파도에 쓸려갔다고 보고해도 의심을 피할 길은 없을 것이었다.

문풍세는 흑산 수군진에 심어놓은 수졸한테서 정약전의 사정을 들을 수 있었다. 정약전은 조 풍헌에게 얹혀 있고, 가끔씩 풍헌의 먼 조카뻘 되는 순매가 약전을 수발들고 있고, 술이 늘었고, 마을에 자주 나타난다는 것을 문풍세는 들어서 알았다. 창대라는 흑산 청년이 책을 읽고 글을 알아서 정약전의 말벗이 되었고 약전은 창대를 데리고 다니면서 물고기와 새를 살피는 일로 소일하고 있으며 창대의 아버지 장팔수가 고등어 몇 마리를 감추어서 어세를 속인 죄목으로 옥섬에 갇혔다가 빚을 내서 세금과 벌금을 두 배로 물고 풀려난 지 며칠 되었다는 소식도 문풍세는 알고 있었다. 고등어는 여름 한철에 큰 무리를 이루며 나타나지만, 빠르고 또 까다로워서 그물로는 잡을 수가 없고, 낚시로 한 마리씩 건져 올리는데 그 마릿수를 헤아려 세금을 물린다는 것은 감영에서 모르는 일이고, 별장 오칠구가 정한 것이라고 수졸은 설명했다. 문풍세는 진리 포구 갯가에서 일하는 순매를 멀리 본 적이 있었다. 수졸은

　—저 아낙이 처녀는 아니지만…….

　라고 문풍세에게 말했다. 수졸이 얼버무린 말꼬리는, 저 아낙이 가끔씩 정약전의 수발을 든다는 말이었다. 순매는 생선을 다듬고 있었다. 내장을 끌어내어 쓰레기를 걷어내고 창자와 아가미를 따로 모아 햇볕에 말렸다. 머리에 수건을 써서 얼굴은 보이지 않았다. 무릎을 싸안고 쪼그려 앉았는데, 허름한 무명치마 안으로 몸이 가득 찼고, 수건 그늘 아래로 턱이 고왔다. 아낙이 정약전의 수발을 든다고 수졸이 말했을 때 문풍세는 그 수발의 내용을 알 수는 없었지만, 쪼그려 앉은 순매의 자태를 보면서 문풍세는 정약전이 어쨌거나 흑산에서 자리를 잡아가는 것

이 아닌가 싶었다.

장팔수가 며칠 전에 풀려나서, 옥섬에 갇혀 있는 죄인은 없었다. 문풍세는 어물을 배에 쟁여 싣고 개먹은 놋좆에 심을 박아 무안으로 돌아갈 채비를 갖추었다.

장팔수는 옥섬에서 풀려난 뒤 배를 타지 않았다. 장팔수는 옥섬에 닷새 동안 갇혀 있었다. 바다에서 늙은 장팔수는 옥섬의 밤이나 파도가 무섭지는 않았다. 장팔수는 고등어가 무서웠고, 고등어 한 마리에 얽히는 인간의 아귀다툼이 무서웠다. 풀려난 뒤에 장팔수는 사지에 힘이 빠져서 방바닥에 늘어져 있었고, 가끔씩 호미를 들고 산에 올라가서 갓 돋아나는 어린 소나무를 뽑아냈다. 소나무는 어려도 뿌리가 깊고 질겼다. 장팔수는 바위틈에 박힌 소나무 뿌리를 호미로 긁어냈다. 대낮 산속에는 인기척이 없었다. 소나무와 고등어는 똑같은 고통의 뿌리였다. 고등어는 세금으로 빼앗기고 나서도 몇 마리 건질 것이 있었지만 소나무가 자라면 아무런 먹잘 것도 없는 화근이 될 것이었다. 풀려난 뒤에도 장팔수는 아들 창대에게, 배를 타고 나가서 고기를 잡아오라는 말은 하지 않았다. 다시 고등어를 잡으러 나갈 수도 없었고, 이웃들이 걷어서 세금으로 낸 돈은 갚을 길이 막연했다. 장팔수는 대책 없이 늘어져 있었다.

문풍세는 장팔수에게 노꾼을 보내서 무안으로 가는 돛배에 태워줄 테니 흑산을 버릴 뜻이 있는지를 물었다. 장팔수는 두말 없이 따르겠다는 뜻을 전했다. 장팔수에게 다른 길은 없었다. 문 풍세의 돛배가 마침 흑산에 들어와 있는 것이 기적처럼 느껴졌 다. 출항은 이틀이 남아 있었다. 노꾼이 돌아간 저녁에 장팔수 는 아들 창대를 불러 앉혔다.

　　—나는 갈란다. 너는 어떠냐?

　　창대가 눈을 들어서 아비를 살폈다. 아비의 얼굴은 고요했고, 단호했다. 돌이킬 수 없고, 말 붙일 수 없는 적막이었다.

　　—가신다면 어디로……?

　　—모른다. 여기가 아니면 다 좋다. 너는 어떠냐? 가겠느냐?

　　창대는 대답하지 않고 고개를 숙였다. 창대가 들썩이는 어깨 를 누르며 울었다. 장팔수가 말했다.

　　—알았다. 너는 여기 있거라. 하기야 여기도 살던 곳이다.

　　장팔수는 더 이상 말하지 않았고 창대의 울음은 깊이 가라 앉았다.

　　아침에 창대는 산을 넘어서 정약전의 처소로 갔다. 정약전 은 마루에 앉아서 아침을 먹고 있었다. 소반에 국과 찬과 젓갈 몇 개가 갖추어져 있었다. 여자가 차려낸 솜씨였는데 순매는 보 이지 않았다. 창대는 정약전의 밥상에 마주 앉았다. 이른 아침 에 웬일이냐, 아침은 먹었느냐, 함께 먹겠느냐는 말도 없이 정 약전은 수저를 내려놓고 창대를 바라보았다. 창대는 아버지 장팔수가 문풍세의 배를 타고 섬을 떠나려 한다는 말을 겨우겨우 이어갔다.

—내일 아침에 출항이라 합니다.

정약전이 창대를 쏘아보았다.

—어디로 가겠다고 하더냐?

—여기를 떠나겠다고 하십니다.

정약전은 장팔수의 행선지를 캐물을 수 없었다. 정약전이 흑산에 끌려와서 흑산에 머물고 흑산에 주저앉듯이, 갈 곳이 없고 갈 곳이 아니더라도 갈 수밖에 없는 길은 흔히 있을 것이었다. 지금 장팔수가 가겠다는 길은 그러한 길일 테지만, 그 길은 대체 어디로 뻗어 있는 것인가.

—함께 가자고 하지 않더냐?

—다만 제 뜻을 물었습니다.

물고기의 생태를 설명할 때처럼, 창대의 어조는 단정했다. 정약전이 물었다.

—너는 어쩌려느냐?

창대의 시선이 정약전의 눈에 부딪혔다.

—저는 가지 않으렵니다.

정약전이 숨을 길게 내쉬었다. 창대는 약전의 숨 냄새를 맡았다. 멀리 끌려온 사내의 누린내가 깊었다. 그 냄새 속에서 창대는 정약전의 몸속의 적막을 맡았다. 정약전이 말했다.

―그렇겠구나. 그 말을 하려고 왔느냐?

―선비님께서는 어쩌시려는지 여쭈려고…….

―무슨 말이냐?

―배편이 있으니, 혹시…… 뜻이 어떠하신지…….

정약전의 얼굴이 일그러지면서 웃는 모양새가 되었다. 흐린 웃음에서, 소리 없이 배어 나오는 울음기를 창대는 느꼈다. 정약전이 말했다.

―나는 이미 갈 곳이 없다. 문풍세가 알고 있을 것이다. 그렇기도 하거니와, 나는 여기에 있겠다.

흑산을 버리겠다는 장팔수 앞에서 흘린 것과 똑같은 눈물을, 창대는 흑산에 남겠다는 정약전 앞에서 흘렸다. 울음은 억눌려서 울어지지 않았다. 어깨가 고요히 흔들렸다. 창대가 돌아갈 때까지 순매는 나타나지 않았다. 창대는 자반고등어 한 손을 툇마루에 놓고 갔다.

돛배는 아침에 출항했다. 진리 포구에서 수군 별장 오칠구가 돛배를 전송했다. 오칠구가 거느린 사령들이 승선 인원과 짐을 검색했다. 신역꾼이 모자라서 오칠구는 흑산 주민의 탈도脫島를 금하고 있었다. 노꾼들이 말리거나 절인 생선을 고물 쪽 어창에 쟁였고, 오칠구가 무안, 나주의 세도가에게 보내는 진상품을 갑판에 실었다. 문풍세는 오칠구에게 접안료와 전별금으로 열 냥을 주었다. 오칠구는 돈을 받아서 사령에게 건넸다. 오칠구가 말했다.

　—문 사공이 와야 바다가 잔잔해지는구려. 자주 오시오.

　—주민들도 들뜬 자가 없으니 별장의 덕을 알 만하오. 본진에서도 다들 알고 있소이다.

　돛배가 떠날 때 문풍세의 수탉이 길게 울었다. 수탉은 세 번 목청을 꺾었다.

　돛배가 진리 포구를 떠날 무렵에 장팔수의 쪽배는 숯뿌리에서 바다로 나아갔다. 열다섯 자짜리 평저선에 돛은 없었다. 쪽배에는 낚시와 통발과 미끼가 실려 있었다. 바다가 잔잔해서 노만으로도 저어갈 수 있었다. 장팔수는 문풍세의 노꾼이 와서 일러준 대로, 대봉뿌리 뒤쪽으로 배를 저어갔다. 대봉뿌리 뒤쪽에서는 흑산 수군진이 보이지 않았고 해안 단애에는 인기척이 없었다. 거기서 문풍세의 돛배를 기다리면서 장팔수는 낚시로 간재미 두 마리를 잡아서 어창에 넣었다. 문풍세의 배는 약속한 시간에 나타났다. 돛배에서 갈쿠리를 던져서 장팔수의 쪽배를 끌어당겼다. 장팔수는 무안으로 가는 돛배에 옮겨 탔다. 배에는 문풍세의 노꾼들 이외에 다른 승객은 없었다. 장팔수는 고물 쪽 갑판에 누워서 하늘을 보며 숨을 헐떡였다. 배가 흔들려서 하늘이 흔들렸다. 하늘과 바다가 구분되지 않았다. 수탉이 또 목청을 꺾어서 길게 울었다.

　장팔수가 버린 쪽배는 하루 뒤에 대봉뿌리 남쪽 바닷가로 떠
밀려왔다. 밤중에 송진 불을 매달고 고등어를 잡던 어선이 어둠
속에서 흔들리는 빈 배를 갈쿠리로 당겼다. 쪽배는 깨어진 데가
없이 멀쩡했는데 사람은 없었다. 고등어잡이 어선이 빈 쪽배를
마을로 끌고 왔다. 마을 사람들은 그 쪽배가 장팔수의 배라는 것
을 한눈에 알았다. 늘 보던 배였다. 배 안에는 어구가 실려 있었
고, 어창에 간재미 두 마리가 아직도 눈을 끔벅이고 있었다. 마
을 사람들이 장팔수의 아들 창대에게 달려와서 빈 배의 소식을
전했다. 창대는 아버지가 그 전날 아침에 낚시와 통발을 싣고 고
기 잡으러 나가서 돌아오지 않았다고 말했다. 바람이 잠들어서
바다가 잔잔했었는데, 물에 빠질 리가 없고, 배가 조금도 상하지
않고 온전한 것을 마을 사람들은 의아하게 여겼다. 거울처럼 잔
잔한 바다에 낚시를 던져놓고 물을 들여다보고 있으면 혼백이
몸을 떠나버려서 뱃전에서 물로 떨어지는 수가 있다고 늙은 어
부들은 경험을 들어가며 설명했다. 다음 날도, 그 다음 날도 장
팔수는 돌아오지 않았다. 장팔수는 물에 빠져 죽어서 몸뚱이는
바다 밑 캄캄한 뻘에 박혔고 혼백은 하얀 바다로 건너갔다고 흑
산 사람들은 말했고, 좀 더 지나서는 그 말조차 하지 않았다. 흑
산 사람들 사이에서, 장팔수는 죽었다. 장팔수는 부재했다.

장팔수가 사라진 지 사십구 일째 되던 날 창대는 아비의 쪽배를 불 질러서 재를 바다에 뿌렸다. 무당이 물가에서 바다 쪽을 향해 방울을 흔들고 날라리를 불었다. 흰 종이 다발을 흔들어서 무당은 장팔수의 혼백을 전송했다.

창대는 숯뿌리 남쪽 바닷가 언덕에 아비의 가묘를 만들었다. 아비의 죽음에 확실한 증표를 만드는 것이 마지막 효도일 것이었다.

지관 행세를 하는 노인이 묏자리를 정해주었다. 묏자리가 순했다. 풀뿌리가 없었고 삽질로 들뜬 흙이 빠르게 제자리를 찾았다. 봉분만 쌓고 비석은 없었다. 수군진 별장 오칠구가 수졸을 시켜서 미역 한 뭇을 부의로 보내왔다. 가묘에 삼우제를 바치던 날 창대는 봉분에 술을 뿌리면서 울었다. 늙은 어부들이 따라와서 마른 울음을 끼룩거렸다. 정약전도 봉분에 술을 뿌렸다. 정약전은 울지 않았다. 순매가 따라와서 음식을 수발했다.

염탐

그년은 제 갈 길을 간 것이겠지……. 형틀에 엎드리기를 이부자리에 눕듯 했다니까. 박차돌은 누이의 죽음을 스스로 위로했다. 집장사령 오호세의 솜씨가 좋아서 누이는 중곤 네 대에 혼절했다. 그 뒤에 감옥에서 옥사장이 똥과 꿀을 버무려 누이의 상처 안으로 밀어 넣고 그 자리를 벌레가 파먹을 때 누이는 이미 기절해서 고통을 느끼지는 못했을 것이었다. 박차돌은 애써 그렇게 믿었다. 붙잡혀서 형틀에 묶여서 죽기까지, 아직 죽지 않은 목숨으로 감당해야 할 고통의 몫을 오호세가 중곤 네 대로 마무리해주었다. 가벼웠어…… 그만하면 가벼웠지…… 라고 박차돌은 마음속으로 중얼거렸다. 박차돌은 오호세를 시켜서 누이를 때려죽인 것이 아니라, 죽음으로 가는 누이를 부축해서 인도해준 것이라고 생각하려 애썼다. 그 생각은 믿기에 낯설었으나, 차츰 마음속에 편안히 자리 잡았다. 누이의 목숨을 끊어줌으로써 누이는 죽고 자신은 살아서 누이와 함께 이승과 저승에 바쳐야 할 고난의 몫을 나누어 감당한 것이라는 생각에 박차돌은 혼자서 안도했다.

누이를 죽여서 파묻고 나자 박차돌은 천주교인을 염탐하고 밀고하는 자신의 행위가 일상의 생업인 것처럼 느껴졌다. 이 살아 있는 동안의 세상에 바쳐야 하는 고통에 자신이 비켜서지 않았으며, 자신이 염탐해서 몰아가는 수많은 죽음에 누이를 죽여서 동참한 것이라는 생각이 저절로 마음속에 자리 잡았다. 누이동생 이름이 땅 한 자를 써서 박한녀인 것이 그 죽음의 길을 예비하고 있었나 싶었다.

박한녀가 형문 중에 장살되었다는 소문에 서울의 천주교인 조직은 납작 엎드렸다. 교인들은 집을 팔고 이사 가거나 문을 걸어 닫고 나다니지 않았다. 박차돌은 점과 점 사이를 오가며 조개젓을 팔았다. 기찰들은 지게 진 조개젓 행상을 의심하지 않았고 교인들은 지게 진 박차돌이 들키지 않으리라고 믿었다. 박차돌은 조개젓 이외에도 염장 생선과 말린 미역을 가져다주었다. 천주교인들은 셈이 발랐고 물건을 타박하지 않았다. 박차돌의 조개젓은 영글어서 탱탱했고 소금기 속에서 오히려 깨어났다. 박차돌의 물건은 물 좋고 씨알이 굵었다. 박차돌은 늘 외상

을 깔아놓아 돈 받으러 올 구실을 만들었고 덤을 후하게 주었
다. 물건 값을 받을 때는 언제나 오른손으로 이마에서 가슴으로
십자가를 그려서 합장했다. 누이가 죽고 나서 한동안 박차돌의
매상은 크게 올랐다.

박차돌은 천주교인들과 첫 끈을 대준 남대문 밖 옹기장수 노
인에게 자주 찾아갔다. 노인의 이름은 최가람이었다. 최 노인
은 칠순이 넘은 나이에 머리는 백발이었으나 얼굴은 동안이었
다. 최 노인은 잘 구워져서 탱글탱글한 옹기를 보면 쓰다듬으면
서 웃었다. 구울 때 가마 속에서 흙이 흘러내려서 주둥이가 일
그러진 옹기를 보면서도 최 노인은 웃었다. 웃을 때 최 노인의
동안은 더욱 어려 보였다. 최 노인은 오십 년 동안 옹기장수를
했다. 젊어서는 등짐으로 지어 나르면서 팔았고 오십이 넘어서
는 한 자리에 가게를 차려놓고 팔았다. 오십 년 동안 옹기를 팔
면서도, 잘 영글었거나 찌그러진 옹기를 보면 최 노인은 얼굴에
가득 차는 웃음을 웃었다. 박차돌은 아마도 그 웃음이 천주교와
관련이 있을 것이라고 생각했다. 그의 웃음이 그의 천주교였다.
난데없는 생각이었지만 노인의 웃는 얼굴을 보면, 아마 거의 틀
림없는 생각일 것이었다. 최 노인은 이문에 야박하지 않아서 주
변에 사람이 모였고 오래된 인연들이 많았다. 최 노인은 옹기
를 직접 굽지는 않았고, 서울 삼각산 서쪽 사기막골 가마의 옹

기를 받아서 팔았다.

박차돌은 최 노인의 가게에 드나들면서 주변 인물들의 동선과 인맥을 파악했다. 사기막골의 가마 주인과 불쟁이, 등짐이나 달구지로 옹기를 나르는 짐꾼들도 모두 천주교에 물들어 있었고, 천주교인이 아닌 자들은 거래나 교역에서 제외되어 있었다. 박차돌은 내색하지 않았다.

최 노인은 홍성 교인 박한녀가 서울 포도청으로 끌려와서 형문 도중에 장살되었다는 소식을 박차돌에게 말해주었다.

─중곤으로 네 대를 맞고 기절했는데, 감옥에서 죽었다는군. 밑에 구더기가 슬어서 내장까지 파먹었대.

최 노인의 목소리는 낮았으나, 맑은 얼굴에는 두려움의 기색이 없었다.

박차돌은 짐짓, 아하 주여, 깊은 신음 소리를 내며 놀라는 몸짓을 지어 보였다. 박차돌은 오른손을 이마에 올려서 십자가를 그었다. 최 노인이 따라서 십자가를 그었고 두 사람은 합장한 자세로 마주 절해서 박한녀의 승천을 빌었다.

최 노인은 또 말했다.

─옥졸들이 박한녀의 시체를 잠두봉 아래 내다 버렸는데, 누군가가 거두어서 묻었더래. 산골 아낙이 서울에 웬 연고가 있었을꼬…….

박차돌이 또 이마에 십자가를 그었다. 박한녀와 함께 잡혀온 홍성 교인이 네 명인데, 그들이 형문을 당하는 과정에서 누가 배교하고 누구를 또 발고할는지 알 수 없고 또 서울 사대문 안팎으로 기찰이 엄중하므로 한동안 교인들끼리 오가거나 모일 수는 없을 것이라고 최 노인은 말했다.

박차돌이 알기보다도 최 노인은 교인 조직의 멀고 깊은 곳에 닿아 있었다. 박차돌은 그렇게 감 잡고 있었다. 지금 시급한 정보는 교인 집안의 애경사가 아니고 새로운 신자들의 입신이나 지방 조직의 결성이 아니고, 대비의 지밀 측근에서 논의되는 천주교 정책의 향배가 아니며 오직 어느 동네의 누가, 몇 명이 언제 어느 향청이나 어느 포도청에 끌려갔는지를 알아내는 것이라고 최 노인은 말했다. 그걸 알아야 끌려간 자들의 주변 연고선을 잠복시켜서 끌려간 자가 매에 못 이겨 발고하더라도 검거의 고리를 잘라버릴 수 있다는 것이었다.

—마포나루에서 젓갈 도매하던 강사녀도 그렇게 해서 빨리 피할 수 있었지.

최 노인은 말했다. 박차돌은 최 노인이 좀 더 말을 하게 이끌어주었다.

—그게 쉽지 않겠지요. 관아 내부에 닿는다는 것이…….

최 노인이 이끌려왔다.

—그러니까 안에다 박아야 해. 우포도청에는 박았는데, 좌청이 비었어.

아, 이 늙은이가 우포도청 안에 간자를 박아놓고 정보를 빼내서 수배된 교인들을 검거 직전에 도피시켜왔구나. …… 국밥을 말던 강사녀가 손님을 팽개치고 쫓기듯이 달아난 것도 이 늙은이의 정보력이었구나. …… 우포도대장 이판수가 신음하며 괴로워하던 내부의 간자가 멀리서 드러나고 있었다. 이 늙은이를 묶어놓고 형문하거나 아니면 일상 속에 풀어놓고 좀 더 관찰하고 좀 더 말을 시키면 그 간자의 윤곽과 실체는 드러날 것이었다. 최 노인은 얼굴이 맑은 만큼 신심이 깊어서 붙잡아서 신형訊刑을 가해도 맑은 얼굴로 매 맞아 죽을지언정 내부의 간자를 발고하지 않을 수도 있으므로, 당장 묶어서 패기보다는 저절로 드러날 때까지 모른 척 풀어놓는 편이 일이 수월할 것이라고 박차돌은 판단했다.

최 노인이 미숫가루를 냉수에 풀어서 박차돌에게 주었다. 박차돌은 일어서려다 말고 지게를 벗어서 작대기로 받치고 툇마루에 앉았다. 박차돌이 그릇을 받자 최 노인이 계피가루를 풀어주었다.

—쭉 마셔. 찹쌀이야. 좀 싸줄게. 목마를 때 냉수 너무 마시지 마. 허기져. 이걸 풀어서 마시라구.

박차돌은 그릇을 내려놓고 다시 오른손으로 이마에서 가슴으로 십자가를 그어 합장하고 머리 숙인 다음 미숫가루 그릇을 들어서 마셨다. 최 노인이 말했다.

—이 사람아, 미숫가루는 끼니가 아니니까 성호를 안 그어
도 되네. 하하…….

　웃을 때, 최 노인은 늙어서도 가지런한 치아가 드러났다. 최
노인이 또 말했다.

　—조심해, 아무 데서나 그러지 말게. 버릇되면 안 되네.

　박차돌은 지게 발채에 실린 조개젓 항아리를 열어서 한 보시
기를 최 노인에게 퍼주었다. 보기에도 씨알이 잘 영글어 있었다.
최 노인이 조개젓 한 점을 손가락으로 집어서 입에 넣었다.

　—좋아. 조개젓은 좀 덜 삭은 게 좋지. 물 말아서 밥 먹고 싶
네. 하하.

　다시, 지게를 지고 일어서려는 박차돌을 최 노인이 불러 앉
혔다.

　—박 서방은 조개젓 행상이니까 관속들에게 쉽게 다가갈 수
있지 않겠나. 좌포도청 쪽이 캄캄해. 그쪽에 좀 붙어보게. 누가
잡혀왔는지는 아랫것들을 통해서도 다 알 수 있을 거야. 말을 꺼
내기가 쉽지는 않겠지만.

　—우선 조개젓을 좋은 걸 구해서 먹여놔야 되겠네…….

　—빨리 알아내는 게 중요하지. 그래야 손을 쓸 수 있거든.

　……이 늙은이가 점점 내 올가미 안으로 깊이 들어오는구
나…….

　박차돌은 침을 삼켰다.

황사영을 잡지 못하더라도 우포도청 내부의 간자를 찾아낼 수만 있다면 박차돌은 우포도대장 이판수의 의심을 끊어내고 다시 발붙여 살 자리를 마련할 수 있을 것이었다. 최 노인은 아직은 충분히 다가오지 않은 것으로 박차돌은 감 잡고 있었다. 지금 최 노인의 존재를 포도청에 알리면, 초조한 이판수가 당장 최 노인을 잡아들여서 일을 그르칠 수도 있었다. 아직은 최 노인을 제자리에 내버려두어서 일이 스스로 되어가게 하는 것이 옳을 것이었다. 영월에서 아전 노릇 하면서 갈고 닦은 눈치가 천주교인 염탐하는 일에도 길라잡이가 되고 있음을 박차돌은 알았다.

그날 최 노인은 박차돌에게 늙은 궁녀 길갈녀의 수유리 거처를 설명해주었다. 길갈녀가 거기서 마포나루에서 국밥 장사하던 강사녀와 교인 몇 명을 데리고 있는데, 길갈녀에게 가서 홍천 교인의 검거 소식을 알리고 당분간 모임이나 심방을 삼가라는 뜻을 전해달라고 최 노인은 말했다.

—가서 남대문 옹기장수 최가람 이름을 대면 알 걸세. 허나 서로 초면일 테니까 이걸 가져가게.

최 노인은 깨어진 옹기 조각 한 개를 보자기에 싸서 내밀었다. 옹기 조각에는 글자가 쓰여 있었는데, 깨어져서 무슨 글자인지는 알아볼 수 없었다.

—이 신표를 저쪽과 맞춰보면 서로 믿을 수 있을 걸세.

좋은 물증이 저절로 굴러 들어오는구나……. 박차돌은 최 노인이 신표로 준 옹기 조각을 지게 발채 위에 실었다. 황사영은 빠져 있지만, 포도청에 고해서 고구마 넝쿨 전체를 거두어들일 때가 다가오고 있었다. 넝쿨이 너무 커지면 먼 쪽이 끊어져서 흩어질 수가 있었다. 박차돌은 지게를 지고 일어섰다. 박차돌은 최 노인을 향해서 합장하고 고개를 숙였다.

　—이 사람아, 짐을 좀 적게 싣고 다니게. 허리 부러지겠네.

　라고 말하면서 최 노인이 합장하고 고개를 숙여서 박차돌을 보냈다.

집짓기

　장팔수의 가묘는 첫해 가을비에 무너졌다. 토사에 씻겨서 봉분이 쓸려 내려갔다. 본래 시신은 없었고 가묘를 만들 때 묻은 옷가지와 놋그릇 한 개가 드러나서 떠내려갔다. 봉분이 평평해진 자리에 풀이 돋아나서 바람에 흔들렸다. 추석에 창대는 아비의 가묘를 찾지 못했다. 누런 송장메뚜기들이 풀섶에서 뛰었다. 창대는 아비의 가묘가 비로소 완성되었음을 알았다. 창대는 가묘를 다시 만들지 않았다. 창대는 아비의 가묘가 쓸려 내려간 일을 정약전에게 말했다. 정약전은, 묘가 이제 자리 잡았구나……라고만 말했다. 장팔수의 뒷소식은 없었다.

　조 풍헌은 정약전이 들어 있는 행랑채에 잇대어서 방 한 칸과 부엌 한 칸을 늘렸다. 마을의 풍헌들이 젊은이들을 산에 보내서 진흙과 돌을 퍼 날랐다. 부엌을 가운데로 놓고 그 양쪽에 방을 들였다. 툇마루를 넓혔고 처마를 길게 빼서 비가림을 했다. 흑산은 마을마다 바람을 맞는 방향이 달라서 집들의 좌향이며 아궁이, 고래, 굴뚝의 방향이 마을마다 달랐다. 조 풍헌이 눈대중으로 아궁이의 깊이와 고래의 방향을 정해주었다. 행랑채 밖으로 돌담을 처마 밑까지 높여서 바람을 막았는데 돌담 구멍 사이마다 수평선이 토막 나 있었다. 마당이 본채와 붙어 있기는 했지만 방과 부엌을 늘리고 내외벽을 쌓아서 행랑은 별채처럼 보였다. 조 풍헌이 순매를 정약전에게 들이기 위해서 지은 집이었다. 역사는 열흘 동안 계속되었다. 정약전은 집을 들이는 조 풍헌의 뜻을 알고 있었지만 마다하지 않았다. 집을 짓는 동안 정약전은 조 풍헌의 본채 건넛방에 머물면서 가끔씩 마당에 내려와서 일꾼들과 둘러앉아 새참을 먹고 낮술을 마셨다.

순매는 집 짓는 일터에 와서 밥 수발을 들었다. 가마솥에 미역을 끓이고 말린 삼식이를 구웠다. 조밥에 젓갈을 반찬으로 상을 차려냈다. 일꾼들의 먹성이 좋아서 순매는 하루에 다섯 번 상을 차렸다. 순매도 행랑채를 늘리는 조 풍헌의 뜻을 짐작하고 있었다. 조 풍헌은 정약전의 음식 수발을 위해 가끔씩 순매를 불러들였다.

—넌 홀몸이니, 이제 그만 들어와서 살아라. 방은 내가 손봐주겠다.

조 풍헌이 말했을 때 순매는 그 말의 뜻을 온전히 알아들었다. 그때 순매는 아무 대답도 하지 않았다. 장마가 끝나서 산길이 마르자 순매는 어디서 구했는지 전복 내장 젓을 한 홉 싸들고 조 풍헌을 찾아왔다. 그때 조 풍헌은

—말복 지나면 바로 행랑채를 늘릴 터이니 그때 와서 일꾼들 밥치다꺼리를 해다오.

라고 말했다. 순매는 그때도 대답하지 못했다. 순매는 거역할 수 없는 것들이 다가오고 있음을 느꼈다. 조 풍헌이 일을 시작하던 날 아침에 순매는 일터로 왔다. 순매는 머리에 수건을 써서 일꾼들의 시선을 피했다. 일꾼들도 조 풍헌이 행랑채를 늘리는 뜻을 알고 있었다.

—과수댁이 복이 터졌소. 집 장만해서 개가하니…….

—잘하면 선비 따라 서울 가겠네.

정약전이 자리에 없을 때 일꾼들이 이죽거렸지만 순매는 못들은 척했다. 섬에 유배 온 죄인의 핏줄로 태어나서 남편을 바다에서 잃고 다시 유배 온 죄인에게 개가하는 팔자가 순매는 쓰라렸지만 낯설지는 않았다. 쓰라림은, 거기에 의문을 제기할 수 없는 운명처럼 느껴졌다. 남편이 타고 나간 배는 나무토막으로 흩어졌고 남편은 끝내 돌아오지 않았다. 끝내, 라고 하지만 끝이 어딘지 알 수 없었다. 죽음을 긍정하기는 삶을 긍정하기보다 어려웠다. 산에서 칡을 캐거나 어린 소나무를 뽑아낼 때, 순매

는 바다에 뜬 고깃배를 보면서 울었다. 저 생선 한 마리처럼 작은 것이 어쩌자고 수평선을 넘어 다니면서 생선을 잡는 것인지 순매는 배들이 가엽고 또 징그러웠다. 바다와 배, 섬과 바람과 물고기가 삶의 바탕을 이루는 조건이라는 것을 알게 된 어린 시절부터 순매는 고깃배가 생선과 똑같이 생긴 것이라고 여겼다. 생선의 대가리를 자르고 배를 가르면 아가미가 여전히 살아서 벌컥거렸다. 아가미 안쪽을 뒤집으면 분홍색 빗살이 햇빛에 반짝거렸다. 가늘고 여린 빗살들이 가지런했다. 이 얼레빗 같은 것으로 숨을 쉬면서 바다를 건너다니는 것인가.

손가락을 넣어서 내장을 끌어내면 골무만 한 쓸개와 간, 그리고 한 오라기의 창자가 끌려나왔다. 생선 내장에는, 땅의 꽃이나 잎이나 햇빛이나 노을과는 전혀 다른 수많은 색깔들이 포개져 있었다. 영롱한 원색도 있었고 뿌옇고 먼 색깔도 있었다. 순매는 그 내장들을 들여다보면서 물고기 세상은 인간이 범접할 수 없는 낯선 곳이겠거니 여겼다. 한 줌의 내장과 한 뼘의 지느러미를 작동시켜서 바다를 건너가고, 잡아먹고 달아나고, 알을 낳고 정액을 뿌려서 번식하는 물고기들의 사는 짓거리가 순매는 눈물겨웠다. 물가에서 생선 내장을 빼내면서 선착장에 묶인 고깃배를 바라보면 노와 돛, 낚시와 통발이며 어창이 모두 생선 지느러미나 아가미, 생선 내장을 닮아 있었다. 아, 저 작고 하찮은 것을 놀려서 수평선을 넘어다니는 것인가……. 순매는 수평선 너머 육지의 세상을 알지 못했는데 정약전은 거기에서 온 사내였다.

물결 높은 날에 정약전은 흑산에서 도망쳐 나간 장팔수를 생각했다. 정약전의 생각은 바다를 건너가지 못했다. 장팔수의 가묘마저 뭉개졌으므로 그가 흑산에서 태어나서 흑산에서 늙도록 살았던 생애는 바닷바람에 쓸려갔다. 장팔수는 바다를 건너서 어디로 간 것인가. 바다 너머의 흑산이 아닌 곳이 있었을까. 장팔수는 황사영에게로 가서 천주교인이 되었을까. 형틀에서 맞고 또 서소문에서 죽어서, 살기를 끝내 버리고 끊어서, 죽고 또 죽어서 흑산이 아닌 곳으로 갔을까. 아니면 여전히 흑산인, 바다 건너편의 어느 포구로 갔을까. 장팔수의 행방에 마음이 쏠렸을 때 정약전은 생각할 수 없는 것을 생각하지 못했고, 바다는 물결이 높았다.

문풍세는 옥섬에 갇힌 자들을 빼돌려서 대체 무엇을 얻자는 것이었을까. 수군진 별장 오칠구에게 돈을 쥐여 주면서 동시에 오칠구를 겁박하는 문풍세는 바다와 뭍에서 산전수전을 다 겪은 사내였는데, 그가 옥섬에 갇힌 죄인들을 몰래 실어내는 뜻은 그만이 알고 있을 것이었다. 그것은 먼바다를 건너고 먼 길을 오가는 자의 속내였다. 문풍세는 흑산뿐 아니라 대마도를 돛배로 오가며 교역을 하고 있으며 어느 해 태풍에는 유구琉球까지 표류했다가 거기서 배를 수리해서 반년 만에 돌아왔다는 소문도 있었다. 그럴 일이야 없겠지만, 문풍세가 다시 돛배를 몰고 흑산에 와서 섬을 빠져나가기를 제안하는 일이 없기를 정약전은 바랐다. 장팔수가 흑산을 빠져나가자 정약전의 눈에는 흑산이 보이는 듯싶었다. 살 수 없는 자리에서 정약전은 눌러 앉아 살아야겠다고 스스로 다짐했다. 흑산에 들어온 뒤로 정약전의 주량은 크게 늘었다. 조껍데기 술이 몸에 스밀 때 창자를 따라 전류가 흐르듯이 찡했고 술기운이 뒷골까지 치밀었지만 정약전은 취하지 않았다.

정약전은 창대와 마셨고 조 풍헌과 마셨고 수군진 수졸과 마셨고 어부들과 마셨다. 순매는 가끔씩 상을 차려 냈지만 자리에 앉지 않았고 말을 섞지 않았다.

정약전이 순매를 배첩으로 삼아서 조 풍헌의 행랑채를 늘려 살림을 차린 일을 흑산 사람들은 순리로 받아들였다. 흑산 사람들은 그 일을 입에 담지는 않았고 정약전의 유배지 신접살림은 흑산의 일상으로 자리 잡았다. 죽음은 바다 위에 널려 있어서 삶이 무상한 만큼 죽음은 유상했고, 그 반대로 말해도 틀리지 않았다. 그러므로 살아 있는 자들끼리 살아 있는 동안 붙어서 살고 번식하는 일은, 그것이 다시 무상하고 또 가혹한 죽음을 불러들이는 결과가 될지라도, 늘 그러한 일이어서 피할 수 없었다. 흑산의 사람들은 붙어서 사는 삶이 불가피하다는 것을 모두 말없이 긍정하고 있었다. 정약전은 그렇게 알았고 자신의 느낌이 틀리지 않음을 믿었다. 정약전이 유배 온 사학죄인이며 그가 명망 높은 사대부로 서울에 처자식이 있고 언제든지 유배가 풀리면 서울로 돌아갈 수 있고 유배가 풀리지 않아서 섬에서 죄인으로 종신할 수도 있다는 조건들을 순매는 모르지 않았다. 순매는 천주교나 서울 사대부 마을의 풍경을 짐작할 수도 없었지만 거기가 범접할 수 없이 무섭고 낯설다는 것은 풍문으로 알고 있었다. 순매는, 흑산으로 끌려오기 전에 정약전의 생애에서 벌어졌던 일들과 정약전의 생애를 옥죄는 조건들을 마음속에서 밀쳐냈다. 그것들은 애초부터 순매의 마음에 자리 잡지 못했다. 집 짓는 일터에서 밥 수발을 할 때나 술자리 치다꺼리를 할 때 순매는 늘 자리에 앉지 않았다.

원양을 건너오는 바람과 바다에서 피어나는 안개에 장독瘴毒이 서려 있었다. 흑산에서 외지인들은 여름에는 허리가 결리고 겨울에는 허파가 옥죄어 가래를 토했다. 장마 때는 벽으로 배어든 습기가 물방울로 흘러내렸고 햇볕이 들면 마른 곰팡이 먼지가 바람에 날렸다. 조 풍헌은 두껍게 쌓은 흙벽 바깥으로 돌을 박았고 창문을 좁게 내고 보릿대 거적으로 덧창을 댔다. 습기와 장독을 피할 수는 없었으나 바람을 막을 수는 있었다.

일이 끝나는 날 저녁에 마당에서 밥을 먹을 때 조 풍헌은

—흑산에도 집을 지을 수가 있는 거요.

라고 혼잣말처럼 중얼거렸는데, 정약전 들으라고 하는 말이
었다. 새로 바른 흙벽에 노을이 깊이 스몄고 구들이 아궁이의 불
꽃을 잘 핥아 들였다.

첫 남편이 죽었을 때 순매의 배 속에는 두 달 된 핏덩이가 들
어 있었다. 몸 깊은 곳에 무언가가 열리는 느낌이었는데 순매는
그것이 임신인 줄 몰랐다. 태아는 석 달째 그믐날 밤에 유산되었
다. 쪼그리고 앉아서 생선 내장을 끌어낼 때 가랑이 사이로 핏덩
이가 왈칵 쏟아졌다. 그때 순매는 그것이 태아인 줄 비로소 알았
다. 핏덩이 속에 엉긴 것이 있었다. 생기다 만 것이 이미 생겨 있
었다. 희미한 흔적이 뚜렷했다. …… 아, 이 작은 것이…….

순매는 손으로 입을 막아서 비명을 눌렀다. 그 물컹거리는 덩
어리는 생선 내장을 닮아 있었다. 순매는 그 물컹거리는 것들을
흙으로 덮고 개울로 내려가서 아랫도리를 씻었다.

행랑채 늘리는 일이 끝나자 조 풍헌은 진리 포구에 볼일이 있
다며 엿새 말미로 집을 비웠다. 조 풍헌은 일부러 일거리를 만들
어서 정약전과 순매에게 집을 통째로 비워준 것이었다. 정약전
은 조 풍헌의 속내를 눈치챘지만 내색하지는 않았다.

그날, 순매는 정약전에게 들었다. 순매는 거기서 살게끔 되어

있었던 것처럼 스스럼이 없었다. 순매의 몸에서는 생선 비린내가 났다. 비린내는 순매의 몸에 친숙했다. 몸 냄새가 본래 그랬는지 생선 냄새에 전 것인지 분간할 수 없었다. 순매를 안으면서 정약전은 여자의 몸속을 헤엄쳐 다니는 작은 물고기 떼의 환영을 느꼈다. 순매의 몸은 헐렁했고 질척거렸다. 정약전은 순매의 몸이 바다 가운데 뜬 섬처럼 느껴졌다. 그 몸은, 수평선 너머에 있다는 육지와는 아무런 관련도 없는, 섬의 몸이었다. 그 몸에 물기가 고여 있었고, 물고기 떼의 환영이 헤엄치고 있었다. 순매의 몸을 안으면서, 정약전은 끌려온 곳에서 살 수밖에 없음을 알았다. 당면한 곳만이 삶의 자리라고, 질척거리는 순매의 몸이 말하고 있었다.

정약전의 몸을 받을 때, 순매는 몸에서 쏟아져 나간 핏덩이를 생각했다. 그 여리고 정처 없는 것이 어떻게 생명일 수가 있을까를 순매는 더듬어 헤아릴 수가 없었다. 순매는 정약전이 어디에서 비롯되어서, 어디로 흘러서 들어온 사내인지 알지 못했다. 정약전의 몸을 받으면서, 순매는 물고기 한 마리를 생각했다. 작은 내장 한 점과 한 뼘의 지느러미를 작동시켜서 먼바다를 건너가는 물고기 한 마리가 몸 안에 들어와서 꿈틀거리고 있었다. 순매는 곧, 다시 몸속에 핏덩이가 엉겨서 태아가 되어 들어앉으리라는 예감이 들었다.

조 풍헌이 집을 비워준 며칠 동안, 낮에 정약전은 창대를 데리고 포구로 나가서 어부들이 잡아온 물고기를 열어 보거나 먼 바위 끝에 내려앉은 낯선 새들을 눈여겨보았다. 정약전은 가까운 바다를 지나가는 조기 떼의 울음소리를 들었다. 조기 떼가 욱욱거리면서 날뿌리 앞을 지날 때 수면에서 잔물결이 북쪽으로 펼쳐졌고, 빛들이 그 위를 따라갔다.

순매는 산에 올라가서 칡을 캐거나 덕장에서 생선 말리는 일을 하고 품삯으로 마른 생선 서너 마리를 얻어왔다. 순매는 생선을 넣고 미역국을 끓였다. 미역국물은 창자 끝까지 스며서 찢어진 자리를 아물게 하고 덧든 잠을 재운다고 흑산의 여자들은 구전했다. 사람들이 없을 때 순매는 정약전의 밥상에 마주앉았다. 행랑채 마루에서는 두 기둥 사이를 긋는 수평선이 밥상 너머를 지나갔다. 기둥과 기둥 사이에서, 수평선은 유일무이한 직선으로 가로걸려 있었다. 정약전의 눈에는 밥상 하나가 바다 위에 떠 있었다.

—미역국이 좋구려.

—말린 생선뼈를 우리면 깊어지지요.

—젓갈도 좋소.

—생선 내장인데 삭아도 맑아요. 더운밥에는 녹지요.

엿새 만에 돌아온 조 풍헌은 정약전의 신접살림에 대하여 아무것도 묻지 않았다.

—침식은 편안하셨는지요?

라고 순매가 묻자 조 풍헌은, 그래 알았다, 라고 대답했다.

조 풍헌은 새로 지은 행랑채의 아궁이와 굴뚝을 살폈다. 조
풍헌은 순매에게 물었다.

—불이 안 내더냐?

—잘 들었습니다.

—연기도?

—네.

—더울 때도 가끔 때라. 고래가 길들어야 윗목까지 덥다.

그렇게 해서, 조 풍헌은 정약전의 신접살림을 오래된 일상
으로 자리 잡아주었다. 정약전은 조 풍헌의 늙음이 편안하게
느껴졌다.

보름달 빛이 바다에 가득 차고 고요한 물 위에 달무리가 뜨
는 밤에, 원양에서 뒤집히는 파도가 섬으로 밀려오는 밤에, 안
개에 덮여서 물과 하늘이 보이지 않는 밤에, 순매는 정약전의
몸을 깊이 받았다.

토굴

　배론은 제천 읍에서 산길로 삼십 리였다. 서울에서 엿새 길이었다. 황사영은 상복 차림이었다. 굴건 아래로 베수건을 드리워서 얼굴을 가리고 지팡이를 짚었다. 김개동은 베옷에 굴건을 쓰지 않고 머리를 풀어헤쳐서 황사영의 종자從者로 꾸몄다. 상전이 노복을 데리고 초상을 치르러 먼 길을 떠나는 차림이었다. 주막이나 나루터에서 장꾼들이 상인喪人을 알아보고 자리를 비켜주었고 말을 걸지 않았다. 박달재 밑에서 날이 저물었고 산골의 어둠은 두꺼웠다.

　황사영과 김개동은 제천 변두리 개천 옆 봉놋방에서 저녁나절을 누워 있다가 자정에 일어나서 길을 떠났다. 거기서부터 배론 옹기마을까지는 꼬불꼬불한 산길이었다. 김개동은 첫닭이 울기

305

전에 황사영을 옹기가마 옆 토굴 안으로 들여보내서 마을 사람들이 그 안에 사람이 들어 있다는 것을 모르도록 할 작정이었다. 사람들의 눈을 피해 밥을 넣어주고 똥오줌을 받아낼 것이었다.

김개동이 앞서서 걸었다. 산길은 꼬불꼬불해서 앞길과 지나온 길이 보이지 않았다. 길은 밤의 어둠 속으로 묻혔고 갈수록 어둠이 짙어졌다. 밤부엉이가 울어서 길은 더 멀게 느껴졌다. 세상이 뒤집히지 않는 한 되짚어서 돌아 나올 수는 없는 길이었다. 살아서 돌아 나올 수 있을 것인지를 황사영은 생각하지 않았다. 어둠은 갈수록 더욱 짙어서 어둠의 안쪽에는 나라도 서책도 없고 만질 수 없는 시간이 흐르고 있었다. 얼마나 남았는가, 여기서 몇 리인가, 를 황사영은 김개동에게 묻지 않았다. 황사영은 목적지를 정해놓지 않고, 다만 걸을 뿐인 사람처럼 꾸역꾸역 걸었다. 발을 자주 헛디뎌 넘어지는 황사영을 김개동이 부축했다.

마노리는 어디쯤 가고 있을 것인가. 황사영은 국경 밖을 나가본 적이 없었다. 마노리가 건너다니는 대륙의 공간이 황사영의 마음속에는 들어 있지 않았다. 제천에서 배론으로 가는 이 꼬불꼬불한 산길을, 마노리가 건너다니는 대륙의 길과 연결시킬 수만 있다면, 살아서 돌아갈 길이 열릴 수도 있겠지만, 어째서 죽으러 가는 길을 거꾸로 되짚어 와야만 살 길이 열리는 것인지. 마노리는 요동을 지났을까, 마노리는 압록강을 건넜을까, 마노리는 청천강을 건넜을까, 마노리야 죽지 마라, 살아서 돌아오라 마노리야……. 황사영은 걸음마다 빌었다.

황사영은 새벽에 도착했다. 낮은 비탈에 기대서 옹기가마가 세 동 들어앉았고 그 둘레에 모인 초가집 대여섯 채가 마을의 전부였다.

김개동은 가마 옆에 토굴을 지어놓고 있었다. 나무로 기둥을 세우고 진흙을 구워서 벽을 치고 기둥을 덮었다. 입구와 지붕 위에 깨진 옹기조각을 쌓아서 토굴은 옹기 창고로 보였다. 토굴 뒤쪽에 개구멍을 뚫어서 드나들게 했고, 사람이 안으로 들어가서 오지로 구운 뚜껑을 덮으면 개구멍은 보이지 않았다. 마을은 잠들어서 인기척이 없었다. 첫닭이 울기 전이었다. 개들도 짖지 않았다. 김개동이 황사영을 토굴 뒤쪽 개구멍 앞으로 데려갔다.

—당분간 나올 생각은 마십시오. 제가 자주 문안 여쭙겠습니다.

황사영은 개구멍을 기어서 토굴 안으로 들어갔다. 바닥에는 고래가 없었고 모래에 부들자리를 깔아서 습기를 막았다. 천장에 봉창이 뚫려 있었는데 낮에는 옹기를 덮어서 막았고 밤에만 열어서 바람을 통하게 했다. 어두워서 낮에도 등잔을 켜야 했다. 작은 서안과 밥상, 밥그릇, 이부자리 한 채와 요강이 놓여 있었다. 김개동이 개구멍으로 황사영의 짐 보따리를 밀어 넣었다.

—안에서 뚜껑을 닫으십시오. 정 답답하면 밤에는 여십시오.

황사영은 개구멍 뚜껑을 닫았다. 바닥을 더듬어서 자리를 깔고 누웠다. 토굴 천장에 뚫린 봉창으로 별들이 보였다. 별들은 새벽빛에 바래어졌고 새벽의 첫 빛이 하늘에 번져 있었다. 먼 닭이 울자 가까운 닭이 따라 울었다. 농경지로 나가는 달구지가 달그락거리며 지나갔고 달구지 끄는 농부가 가래를 끌어올려 침을 뱉는 소리도 들렸다. 바닥이 배겨서 황사영은 뒤척였다. 더 이상은 물러설 곳이 없는 자리였다. 여기서부터 저 아득히 먼 세상까지, 그 세상을 지나서 또 그 너머 세상까지 걸어갈 수가 있을까. 다시 그 너머의 세상을 이끌고 이 세상으로 돌아올 수가 있을까. 그래서 그리움이나 기다림이나 목마름이 없는 세상에 당도할 수 있을까……. 어둠 속에서 황사영의 눈동자가 크게 열려서 봉창 밖 하늘을 바라보았다. 김개동이 밖에서 개구멍에 대고 소리 죽여 말했다.

　―주무십시오. 깨어나시면 미음을 넣으리다.

　봉창 밖 하늘에 붉은 기운이 배어들 때 황사영은 깊이 잠들었다. 잠 속에서는 토굴도, 이 세상도 그 너머도 없었다.

네 여자

길갈녀는 대궐에서 나온 뒤 기침병이 씻은 듯이 나았다. 길
갈녀는 머리채를 풀었다. 숱 많은 머리카락은 어깨 아래까지 흘
러내려서 끄트머리까지 윤기가 흘렀다. 길갈녀는 늘 흰옷 차림
이었다. 검은 머리카락과 흰옷에 보는 사람이 숨 막혔다. 궐 밖
에서 길갈녀의 몸은 피어났다. 속살이 오르고 볼이 붉어졌다. 젊
었을 때도 없던 일이었다. 길갈녀는 자주 목욕했다. 피어오르는
몸으로 길갈녀는 수말이나 수캐한테까지도 내외했다. 길갈녀
는 사내를 받은 적이 없었다. 길갈녀는 대궐에서 늙은 궁인 퇴
물답게 깔끔하고 부지런했다. 길갈녀는 마루를 닦을 때 젓가락
으로 마룻바닥 이음새의 먼지를 파냈고 봄가을로 지붕에 올라
가서 잡풀과 곰팡이를 걷어냈다. 길갈녀의 수유리 처소는 댓돌

과 툇마루, 우물가의 빨랫돌이 반짝거렸다. 길갈녀는 안방 창문이며 미닫이 출입문을 홑이불로 휘장 치고 기도실을 차렸다. 벽에 십자가상과 야소 모친의 그림을 붙였다. 십자가상은 남대문밖 옹기장수 최가람 노인이 보낸 박달나무를 명주 끈으로 묶어서 만들었고 야소 모친 그림은 몇 년 전 북경 사행의 역관이 숨겨 들여온 물건의 모사본이었다. 기도를 드릴 때는 어두운 방 안에 등잔불을 켰고 향을 피웠다. 길갈녀는 거기를 천당으로 가는 정거장쯤으로 여겼다. 대궐을 버리고 대궐 밖 세상으로 나와서 다시 그 너머의 세상으로 가는 대기실이었다. 수유리에 처소를 마련하자, 길갈녀는 갈 길을 반쯤은 온 느낌이었다. 기도를 드리지 않을 때 길갈녀는 두 무릎을 세워서 팔로 싸안고 마루 끝에 앉아서 마당을 내려다보곤 했다. 아주 먼 길을 걸어서 여기까지 왔구나 싶었다.

전라도 서망 땅 소작농의 처 오동희는 천주교 모임이 발각되자 서울로 피신해서 길갈녀의 수유리 처소로 숨어들었다. 오동희는 문자를 쓸 줄 몰랐으나 오동희가 서망에서 지은 언문 기도문은 교인들 사이에 널리 퍼졌다. 황사영도 서울에서 교인들 사이를 몰래 오가면서 오동희의 기도문을 알게 되었고 모임에서 소리 죽여 합송했다. 황사영은 그 기도문이 언어가 아니라 살아 있는 육체라고 생각했다. 모든 간절한 것들은 몸의 방식으로 존재한다는 것을 그때 황사영은 알았다. 그리고 그 간절한 것들은 곧, 그리고 가까이서 다가오고 있었다.

오동희가 서망에서 도망친 뒤 스무 살 먹은 오동희의 딸을 서
망 현령이 붙잡아서 서울 이조좌랑에게 뇌물로 바쳤다. 이조좌
랑은 오동희의 딸의 미색을 아깝게 여겨 천역을 면해주고 비첩
으로 삼았다. 합방을 하려던 날 밤에 딸은 우물에 뛰어들어 자살
했다. 오동희는 걸인으로 남장하고 딸이 끌려간 이조좌랑의 집
에 동냥을 갔다. 오동희는 비복들에게 쫓겨났지만 그 동네를
수소문해서 딸이 우물에 뛰어들어 죽었고 좌랑이 딸의 시체를
건져서 내버리고 우물을 메웠다는 얘기를 들었다.

오동희는 남대문 밖 저잣거리에서 등짐벌이로 먹고살았다.
옹기장수 최 노인이 푸성귀를 지고 온 오동희를 알아보고 수유
리 길갈녀에게 선을 대주었다. 오동희는 푸성귀를 지고 길갈녀
에게로 갔다. 길갈녀는 최 노인에게서 미리 전갈을 받고 있었다.
오동희가 온 날 길갈녀는 오동희가 입던 옷을 모두 벗겨 아궁이
에 넣었고 머리를 감겨서 서캐를 빼냈다. 길갈녀는 오동희에게
새 치마저고리를 내주었고 집 뒤쪽에 딸린 콩밭과 푸성귀 밭을
맡아서 농사짓도록 했다. 길갈녀에게 온 첫날 오동희는 종이에
우물을 그려서 기도실 벽에 붙여놓고 쓰러져서 울었다. 울음은
질겼다. 몸의 깊은 곳이 흔들리면서 울음이 퍼져 나왔다. 앞선 울
음이 아직 울어지지 않은 울음을 이끌어냈고 잦아드는 울음이
한 굽이 휘어졌다가 다시 일어섰다. 울음은 추슬러지지 않았다.

질긴 울음 속에서 오동희는 우물 밑 땅속으로 뻗은 길을 따라서
이 너머 세상으로 가는 통로가 열리는 환영을 느꼈다. 우물에 몸
을 던져 죽은 딸의 그 길을 따라서 저쪽으로 가고 있었다.

강사녀는 마포나루의 가게와 창고를 모두 버렸지만 종로통
상인들에게 빌려준 돈은 여전히 깔려 있었다. 돈은 살아 있었지
만 기찰이 삼엄하고 또 숨어들어야 했으므로 사람을 보내서 원
금이나 이자를 받아올 수는 없었다. 돈을 빌려갈 때 상인들은 강
사녀가 천주교인이라는 것을 눈치채지 못했지만 강사녀가 돌
연 잠적하자 곧바로 포도청 군사들이 들이닥쳤다는 사실을 결
국은 알게 될 것이었다. 그렇게 되면 빌려준 돈을 받아낼 길은
전혀 없고 돈을 받으려다가 잡혀 들어가기 십상이었다. 당분간
은 돈에 얽힌 줄을 모두 끊고 조용히 엎드려 있는 수밖에 없었
다. 마포나루는 연안과 섬의 배들, 한강 상류를 오가는 배들과
강을 건너다니는 나룻배들이 모이고 떠나는 자리이므로 강사
녀의 잠적은 배꾼들의 입에 올라서 연평, 덕적, 강화와 양구, 팔
당, 여주에까지 닿을 것이고 그쪽의 교인들도 선을 끊고 흩어질
것이었다. 벼락에 맞아 쓰러지듯이 살 자리가 무너지고 뿌리 뽑
히는 일이, 올 것이 늦게 온 것이지 싶었다.

수유리 길갈녀의 처소로 걸어가면서 강사녀는 다시 세상으
로 돌아가서 세상 안에 자리 잡고 살 수는 없으리라고 예감했다.
강사녀는 동소문 고개를 넘고 나서는 이틀 밤낮을 움직이지 않

왔다. 고개 아래에 성북동에서 내려오는 개울이 흘렀고 그 상류 쪽에 신발 만드는 피색장皮色匠이 있었다. 피색장은 오십 살 난 홀아비였는데 그 선대 때부터 교인이었다. 강사녀는 그 피색장 집에 머물면서 피색장의 아들을 마포나루로 보내서 뒷일을 알아보도록 했다. 피색장의 아들은 도살장을 돌아다니며 가죽을 훑어왔고 때로는 먼 산골까지 가서 산짐승의 가죽을 사오기도 했다. 피색장의 아들은 길눈이 밝았고 눈치가 빨랐다. 피색장의 아들이 저녁 때 돌아와서 말했다. 강사녀가 몸을 빼자마자 포도청 군사들이 들이닥쳐서 가게와 창고를 수색했고 젓갈 창고에 붙어 있는 야소 모친상과 기도문 책을 증거물로 가져갔으며 무쇠 솥, 다듬잇돌, 등잔걸이, 채, 절굿공이며 가재도구들을 모두 가져갔다는 것이었다. 또 포도청 군사들이 강사녀가 강선에 숨어들어 하류 쪽으로 갔을 것으로 판단하고 행주, 김포, 이산포, 강화 쪽으로 기찰군사를 보냈고 그쪽을 오가는 배들을 집중적으로 뒤지고 있다는 정황을 전했다. 아마도 포도청 안에 박아둔 간자들이 정보를 조작해서 포도청 종사관에게 보고했거나 강하류 쪽에 가짜 상황을 만들어서 기찰들이 보고하도록 했을 것이라고 강사녀는 판단했다. 강사녀가 길갈녀의 처소에 군사들을 끌고 들어가는 꼴이 되지는 않을 것이었다.

강사녀가 떠날 때 피색장은 행선지를 묻지 않았다. 앎이 곧 죽음과 죽임으로 이어질 수 있다는 것을 서로 알고 있었다. 피색장은 이마와 가슴에 십자가를 그려서 강사녀를 보냈고 강사녀는 합장했다.

길갈녀도 마포나루에 사람을 보내서 강사녀를 쫓는 군사들이 강의 하류 쪽으로 몰려간 정황을 알았다. 길갈녀는 강사녀를 편안하게 맞을 수 있었다. 길갈녀는 강사녀가 가져오는 돈 삼백 냥 중 이백 냥을 시골로 숨은 청나라 신부 주문모에게 보낼 작정으로 심부름할 만한 사람을 찾도록 최 노인에게 당부했었는데 기찰이 심해지자 돈 보내기를 미루고 있었다. 길갈녀가 대비전에 매여 있을 때 강사녀는 처소별감 편에 언문 교리책을 들여보내준 적이 있었다. 대비가 반찬 수를 줄여서 근신하는 정성을 보이며 자교의 초안을 짓고 있을 때 교리서는 대비전으로 들어와 있었다.

강사녀는 대비전으로 들어간 교리서에 큰 영험이 있기를 빌었다. 영험은 쉽게 드러나지 않았다. 길갈녀가 강사녀보다 다섯 살 위라는 것을 처소별감이 두 여자 사이를 오가며 알려주었다.

늙은 별감은 대궐 안에서 죽었다. 누가 일러주었는지 대비가 별감의 죽음을 알았다. 대비는 하천의 궐내 죽음에 진노했고 군사들이 별감의 사체를 내다버렸다. 별감도 언문 교리책을 한 권 지니고 있었다. 군사들이 별감의 사물을 태울 때 교리책도 불탔다. 군사들은 잡동사니에 섞여 있던 교리책을 적발해내지 못했다. 군사들이 별감의 사물을 끌어낼 때 길갈녀는 대비의

세수 수발을 들고 있었다. 길갈녀는 별감의 교리책이 발각되든
지 않든지 하늘의 뜻대로 되기를 빌었다. 별감이 죽은 지 닷새
가 지나도 궐내는 조용했다. 길갈녀는 하늘의 뜻이 고요한 것으
로 알았다. 그 고요함으로 교리책의 영험이 드러난 것이라고 길
갈녀는 믿었다. 별감이 죽은 뒤에 길갈녀와 강사녀는 소식을 전
하지 못했다.

　길갈녀는 강사녀가 데려온 아리를 양딸로 삼았다. 길갈녀는
제 몸으로 사내의 몸을 받아서 아리를 낳아서 키웠다는 환상을
현실로 받아들였다. 길갈녀는 아리를 앉혀놓고 교리를 가르치
지는 않았다. 애써 가르치지 않아도 아리는 이미 들어와 있는 사
람이라고 길갈녀는 알았다. 세상의 시궁창 속을 지나왔어도 아
리에게는 세상의 더러움이 묻어 있지 않았다. 길갈녀의 처소로
들어온 아리의 얼굴은 피어났다. 길갈녀는 대궐에서 가지고 나
온 동백기름과 머리빗을 아리에게 주었고 긴 머리채를 틀어 올
려서 목을 드러냈다. 길갈녀는 아리를 쫓는 추노가 두려웠지만
기찰의 동태를 알 수는 없었다.

　아리의 상전에게 돈을 줘서 아리를 면천시키고 포도청에도
뇌물을 먹여서 추노를 피할 수는 있겠지만 그러자면 얼굴이 드
러날 것이고 다른 사람을 시킬 수도 없었다. 길갈녀는 아리의
문밖출입을 금했다. 강사녀도 동네를 나다니지 않았다. 오동희
는 밭에서 일했고 가끔씩 오일장에 가서 쌀과 찬거리를 사왔다.

길갈녀의 거처 주변에는 마을이 멀었다. 마을에서는 대궐에서 쫓겨난 늙은 궁녀 퇴물이 친척 여동생 한 명을 데리고 사는 집으로 알았다.

여자 넷이 수유리 거처에서 언제까지 살 수 있을 것인지, 어떤 앞날이 닥쳐오고 있는 것인지 여자들은 아무도 짐작할 수 없었다.

아침이 되고 또 저녁이 될 때 여자들은 기도했다.

주여 우리를 매 맞아 죽지 않게 하옵소서. 주여 우리를 굶어 죽지 않게 하소서. 주여 겁 많은 우리를 주님의 나라로 부르지 마시고 우리들의 마을에 주님의 나라를 세우소서. 주여, 주를 배반한 자들을 모두 거두시어 당신의 품에 안으소서. 주여 우리 죄를 묻지 마옵시고 다만 사하여주소서. 주여 우리를 불쌍히 여기소서.

아리는 그 기도문이 특별히 자신을 겨누어서 지어진 것이라고 여겼다. 길갈녀가 기도문을 외울 때 아리는 강가 마을을, 관아에서 매 맞는 자들의 비명 소리와 밤중에 가랑이 사이를 파고들던 사내들의 검은 몸을 생각했다. 기도문을 외울 때 아리는 젖이 흔했다던 죽은 어미, 낳은 자식을 버리고 상전들의 처첩이 낳은 자식들에게 젖을 빨리다가 죽어서 젖빛 도라지꽃이 되었

다던 어미를 생각하면서 울었다. 한 번도 본 적이 없는 어미가
뚜렷한 모습으로 기도문 속에서 떠올랐다.

　박차돌은 지게에 젓갈 항아리를 실은 어물 행상 모습으로 나
타났다. 오동희가 마침 찬거리를 사러 나가려다가 조개젓 장수
를 마당으로 맞아들였다. 박차돌은 작대기로 지게를 버티어놓
고 젓갈 항아리를 열었다. 강사녀는 건넛방에서 봉창으로 마당
을 내다보고 있었다. 아, 저자가, 강사녀는 손으로 입을 막아서
비명을 눌렀다. 마포나루에 새우젓을 사러 오던 저자가…… 포
도청 별장의 신분으로 천주교에 얼씬거리다가 형틀에 묶였던
저자가, 저자가 묶이던 순간에 나는 마포나루를 서둘러 떠났던
것인데……. 진작 죽임을 당했어야 할 저자가 어째서 살아서 여
기까지 온 것일까…….
　강사녀는 등에 닭살이 돋았다. 강사녀는 방바닥에 납작 엎드
려서 마당을 살폈다. 박차돌은 조개젓을 한 종지 퍼서 오동희에
게 내밀었다. 박차돌이 말했다.
　―이 댁에 길갈녀라고, 대궐에서 나오신 노친이 계시오?
　오동희는 흠칫 놀라면서 물러섰다. 박차돌이 다시 물었다.
　―그런 분이 계시오? 내가 잘못 들었나?
　오동희는 대답하지 않고 박차돌의 행색을 살폈다. 박차돌이
이마에서 가슴으로 십자가를 그었다. 박차돌은 합장하고 고개

를 숙였다. 박차돌이 또 말했다.

—신표가 있소이다. 남대문 밖 옹기 가게에서 보내는…….

오동희가 뒤란으로 돌아가 장독을 살피던 길갈녀를 마당으로 데려왔다. 박차돌이 다시 십자가를 그어 보였다. 아리가 길갈녀를 따라서 마당으로 나왔다. 박차돌은 자루 속에서 깨진 옹기 조각을 꺼내서 길갈녀에게 건넸다. 길갈녀가 옹기 조각에 새겨진 글자를 들여다보았다. 길갈녀는 안방으로 들어가서 신표를 맞추어보고 다시 마당으로 나왔다. 길갈녀가 말했다.

—먼 길 오시었소. 최 노인은 편안하시오?

박차돌이 교인의 어법으로 대답했다.

—늘 맑으시지요. 환란 중에 오히려 편안하십니다.

—안으로 드실라오.

박차돌은 마루에 올라앉았다. 길갈녀가 마주 앉았다. 아리가 조개젓을 받아서 부엌 시렁 위에 올려놓고 냉수에 꿀을 타서 내왔다.

아리가 다가올 때 박차돌은 젖 먹는 애기의 비릿한 향내 같은 것을 느꼈다. 머리를 틀어 올려서 목덜미가 하얬다.

박차돌은 문득 어지럼증을 느꼈다. 박차돌은 죽은 누이동생 박한녀의 처녀 적 모습을 본 적이 없었다. 한녀가 한창때 저러했을까……. 박차돌은 자신이 다시 천주교로 돌아가게 되는 것이 아닌가 싶어서 무서웠다. 박차돌은 꿀물을 벌컥벌컥 마셨다.

박차돌은 최 노인의 전갈이라면서 홍성 교인들이 검거된 소식을 전하고 형문 중에 발고될 수 있으니 선을 끊고 움직이지 말라는 뜻을 전했다. 박차돌은 말했다.

　—홍성 교인들 중 박한녀라고 신실한 교인 한 명이 곤장에 치명되었소.

　길갈녀가 이마에서 가슴으로 십자가를 그었다. 강사녀는 건넛방에서 마루 쪽으로 귀를 기울였다. 저자가 대체 어떻게 풀려나서 포도청 깊은 곳의 일을 전하는 것일까.

　박차돌이 또 말했다.

　—이 댁에는 몇 분이 계시오? 세 명이오?

　길갈녀가 대답했다.

　—네 명이지요. 마포나루에서 젓갈 도매하던 강씨까지. 여자 넷이 삽니다.

　건넛방에서 강사녀는 숨을 죽였다. 강사녀는 방문을 열고 마루로 나왔다. 박차돌이 강사녀를 보고 흠칫 놀라서 들고 있던 꿀물 그릇을 떨어뜨렸다. 아리가 걸레를 들고 와 물을 닦았다. 강사녀는 박차돌이 잡혔다가 풀려난 사실을 모르고 있는 척했다. 박차돌이 말을 더듬었다.

　—마포를 떠나신 건 알고 있었는데……. 이리로 들어오셨구려.

　강사녀가 받았다.

―수고가 많으시오. 그동안 신심이 더 깊어지셨구먼. 얼굴이 편안해 보이오.

박차돌은 강사녀가 자신의 정체를 알고 있거나 의심하고 있는 것이 아닌지 불안했다. 박차돌이 잡히자마자 강사녀는 잠적했었다. 박차돌은 그 간격의 짧음을 생각하면서 등골이 시렸다. 그동안 신심이 더 깊어지셨구먼…… 강사녀의 말이 박차돌의 뒷골을 때렸다. 박차돌이 지게를 지고 떠날 채비를 했다. 박차돌이 다시 교인의 어법으로 말했다.

―당분간 오가기 어려울 것이나 우린 서로 못 만나더라도 늘 만나는 것과 같소.

강사녀가 말했다.

―젓갈을 사러 오시더니 이제는 팔러 다니시는구려. 발품이 많이 드시겠소.

박차돌이 다시 움찔했다. 강사녀는 지게를 지고 가는 박차돌의 뒷모습이 모퉁이를 돌아갈 때까지 바라보았다.

저자가 어떻게 살아서 돌아다니는 것일까. 어떻게 최 노인의 신표를 지니고 오갈 수가 있는 것인가. 포도청 내부에 선이 끊긴 지가 오래였다. 강사녀는 박차돌의 정체를 염탐할 수 없었다. 서둘러서 수유리를 떠나야 할 것인지, 떠나면 어디로 가야 하는 것인지를 강사녀는 생각했다. 생각은 갈피를 잡지 못했다. 여자 넷이 모여서 기도를 드렸다. 기도 중에도 갈 곳은 떠오르지 않았다.

박차돌은 동소문 쪽을 향해 걸었다. 날이 저물고 있었다. 서둘러야겠구나, 서둘러서 당겨야겠구나. 한꺼번에 죽 당겨야겠구나. 서둘지 않으면 또 흩어져서 풀섶으로 숨어들겠구나…….

그날 밤 박차돌은 서대문 밖 무악재 밑 여숙旅宿에서 묵었다. 밝는 날 아침 일찍 포도청으로 들어가서 포도대장이나 종사관을 만나야 할 것이었다. 만나서 지금까지 염탐하고 확인한 교인들의 망과 거점을 모두 고하고 이제 시급히 그물을 당겨야 하는 사정을 설명할 작정이었다. 더 키우려고 풀어놓고 있다가 갑자기 잠적해버리면 포도대장은 박차돌이 빼돌린 것으로 의심할 것이고, 그때 박차돌은 살아남기 어려울 것이었다. 죽어서 캄캄해지고 죽어서 없어지는 것보다, 죽지 않고 살아서 죽음에까지 가는 과정이 더욱 무섭다는 것을 포도청 형리를 지낸 박차돌은 잘 알고 있었다.

박차돌은 술을 취하도록 마시고 여숙 구들에 누웠다. 죽어서 다음 세상으로 가서 기어이 이 세상을 면하기가 소원인 사람들을 그 소망의 자리로 보내주는 것은 무섭기는 하지만 아주 못할 일은 아닐 것이라고, 그것을 의심하지 말자고 박차돌은 스스로 다짐했다. 취기가 그 다짐을 더욱 다져주었다. 허나, 포도대장이 군사를 풀어서 그물망을 당길 때 아리를 어떻게 해야 할 것인지 방법이 떠오르지 않았다. 죽은 여동생 박한녀가 한창때 저러했을까, 저렇게 젖 향기 같기도 하고 햇볕에 마른 빨래 냄새 같은 것을 풍기고 있었을까, 저렇게 머리타래를 틀어 올려서 하얀 목을 드러내놓고 있었을까. 죽여서 파묻어버린 여동생 박한녀가 어쩌자고 아리의 몸속에서 살아 돌아오는 것일까. 수유리 소굴에서 강사녀들과 함께 검거되면 아리는 죽임을 면할 수 없을 것이었다.

아리의 몸이 젊고 고우므로, 형리들이 돌아가면서 몸을 파먹고 나서 죽일 수도 있었다. 밤중에 박차돌은 자리에서 일어나 혼절할 때까지 술을 더 마시고 쓰러졌다.

풀벌레 소리

 토굴 천장에 뚫린 봉창으로 해와 달이 흘러갔고 별이 뜨고 스러졌다. 토굴 안은 지열이 올라와서 후끈거렸다. 김개동이 옹기 지게를 지고 대처의 장터로 나간 날에는 육손이가 개구멍으로 밥을 넣어주었다. 보리밥, 된장국에 풋고추와 오이지였고 가끔씩 개고기 백숙이 들어왔다. 밥은 새벽과 저녁에 들어왔다. 개구멍 뚜껑을 밖에서 두드리면 황사영이 안에서 뚜껑을 열었다. 요강을 내보내면 밥이 들어왔다.

 밤에 토굴 안은 풀벌레 소리로 가득 찼다. 어둠과 풀벌레 소리뿐이었다. 토굴에서 서울까지, 서울에서 북경까지, 바다 너머 저쪽 대안의 나라, 크고 힘센 배들이 정박해 있는 항구까지, 그 넓은 공간을 오직 풀벌레 소리가 메우고 있었다. 무수한 벌레들이 울어대는 소리가 서로 갈리면서 어둠에 비벼졌다. 황사영의 몸은 벌레 소리에 절여졌다. 벌레 소리는 소리의 깊은 안쪽으로 황사영을 끌고 갔다.

토굴은 더 이상 물러설 곳이 없는 자리였고 아무 곳에도 닿을 수 없는 자리였지만, 관원들이 저자와 수풀을 뒤져서 그 자리를 찾고 있었다. 황사영은 책을 지니지 않았다. 몸을 옥죄는 풀벌레 소리와 봉창 구멍으로 보이는 먼 별들을 화살 한 대로 꿰어내는 시상이 떠올랐지만 황사영은 붓을 들지 않았다.

토굴 안은 대낮에도 어두워서 황사영은 눈이 크게 열렸다. 어두워서, 희미하던 것들이 뚜렷이 보였다. 대륙의 풀벌레 소리를 뚫고, 황무지와 늪을 건너서 말을 끌고 다가오는 마노리의 환영이 어둠 속에서 뚜렷했다. 마노리는 이제 압록강을 건넜을까.

인천, 남양, 평택, 당진의 바다로 다가오는, 크고 힘센 배들의 환영도 어둠 속에서 뚜렷했다. 배들은 바다 건너 쪽 대안에서 발진하고 있었다. 깃발이 펄럭였고 구릿빛 화포가 번쩍거렸다. 푸른 연기가 흘렀고 흰 거품이 바다를 가르며 따라왔다. 배들은 인천, 남양, 평택, 당진으로 곧 들이닥칠 것이었다.

소 울음소리 흘러가는 들의 환영도 어둠 속에서 떠올랐다. 소와 소가 서로 울음으로 부르고 응답해서 소 울음소리가 인간의 마을을 쓰다듬고 우성의 순함과 우성의 너그러움이 곧 인성이며 천성인 나라가 열리는 환영을 황사영은 어둠 속에서 보았다.

배들은 더욱 다가오고 있었다. 풀벌레 소리가 세상과의 인연을 끊어냈지만 배들의 환영은 더욱 뚜렷한 실체로 다가왔다. 소 울음 속에서 언어가 빚어지고 경전이 새로 쓰이고 있었다.

처삼촌 정약용과 정약전이 사학죄인으로 잡혀가자 황사영은 지체 없이 피신했다. 황사영이 천주교인이라는 발고가 형틀에 묶인 처삼촌의 입에서 나왔다는 이야기를 황사영은 도피 중에 교인들에게서 들었다. 그때 정약용은 아무런 형문을 받지 않은 상태였다. 발고한 쪽이 정약용이 아니라 정약전이라는 말도 있었다. 황사영은 발고한 사람이 누구든 별 차이가 없다고 생각했다. 어쨌거나 처삼촌들은 이 세상과 임금에 속할 사람들이었고, 아무리 먼 변방을 헤맨다 하더라도 결국 사직의 언저리에 머물 사람들이었다. 처삼촌들이 황사영과 많은 교인들을 발고한 대가로 매를 덜고 죽임을 면했다 하더라도 황사영은 천주가 그 발고를 배신으로 여기지 말기를 바랐다. 처삼촌은 믿는 자들이 아니었으므로 배신도 없었을 것이었다. 처삼촌들이 처조카를 발고함으로써 서로의 길을 각자 걸어가게 된 것이라고 황사영은 생각했다. 그러나 처삼촌들이 자신들의 발고를 어떻게 생각하고 있을 것인지를 황사영은 짐작할 수 없었다. 살아서, 이승에서 다시 처삼촌들을 만나게 될 일은 없을 터였다. 그러나 혹시라도 만나게 되더라도, 처삼촌 쪽에서 그 얘기를 꺼내지 말기를 황사영은 바랐다. 아마 처삼촌들도 차마 그 얘기를 꺼낼 수는 없을 것이었다.

처삼촌들은 형문을 가볍게 치른 편이었다. 사람들이 다들 그
렇게 말했다. 형문에서 풀려나서 처삼촌들은 남쪽으로 유배되
었는데, 황사영은 그 뒷소식을 듣지 못했다.

황사영은 달아난 주문모 신부에게 세례를 받았고 주문모의
총애를 받는 신도로, 주문모의 주변을 모두 알고 있다고 미리 잡
혀 들어간 교인들이 형문에서 발고했다. 황사영은 비상하게 영
특하여 십육 세에 소년급제해서 임금을 친견했고 어수가 닿은
제 손을 비단으로 싸매고 있던 자였다. 그때 당상들은 난데없
는 소년급제자의 팔목을 친히 이끈 임금의 손길이 참람하다고
수군거렸다. 정약용이 발고하자, 비변사는 황사영을 사학의 거
괴巨魁로 지목했다. 황사영은 도망다님으로써 거괴로 올려지는
사태가 쑥스러웠다. 소년에 등고했듯이 너무 일찍 거괴의 자리
에 오른 게 아닌가 싶었다. 토굴 속에서는 토굴 밖 세상에서 벌
어지고 있는 일들이 오히려 꿈속 같았다. 토굴의 어둠 속에서,
청천강을 건너고 압록강을 건너고 요동을 건너서 북경으로 가
는 길과 북경에서 다시 그 너머로 가는 길이 뚜렷이 보였다. 마
노리는 이제 가까이 다가오고 있을 것이었다.

대비가 다시 자교를 내렸다.

여름은 덥고 겨울은 추운 것은 본래 그러함이다. 늙고 병들

어 죽는 것이 어찌 세월의 심술이며 흉풍이 갈마들어 먹고 또 굶는 것이 어찌 임금의 탓이겠느냐. 허나 임금이 하늘을 두려워하고 백성을 자식으로 여겨 그 병들고 주림을 스스로 제 허물로 여길진대, 백성이 어찌하여 한사코 임금을 저버리고 사학에 물들어 상을 받듯이 형장으로 몰려가며 선유를 조롱하며 이적의 우물에 빠지는가. 백성을 다스림은 생선을 회 뜨듯 해서 될 일이 아님을 내 모르지 않거니와, 어리석은 백성들이 미친 듯 술취한 듯 허설을 지껄이고 교화를 배반하니 어찌 임금이 백성의 아비로서 다급하지 않겠느냐. 사람이거나 짐승이거나 초목이거나, 모두 살고자 하는 것이 본성일진대 어찌 사는 것이 나쁘고 죽는 것이 좋으냐.

내가 말하고 또 말하여도 마침내 교화를 따르지 않는 무리들에게 극률을 쓰려 하니 너희 수령과 방백들은 사학의 종자를 박멸하여 찌끄러기가 남아서 다시 창궐하는 일이 없도록 하라. 아아, 무슨 말을 더하겠는가. 너희들은 내 뜻을 헤아리고 또 헤아려라.

김개동이 열흘 동안 서울에 다녀왔다. 육손이가 황사영의 밥수발을 들었다. 남기는 밥이 점점 많아졌고 요강은 가벼워졌다. 밤중에 황사영은 가끔씩 토굴 밖으로 나와서 하늘의 별과 은하수를 바라보았다. 육손이는 옛 상전이 부르지 않으면 황사영 곁

에 가지 않았다. 새벽 한기에 황사영은 다시 토굴 안으로 들어
갔다. 황사영의 몸이 수척해서 육손이는 마음이 저렸다. 명련과
두 돌 지난 아들은 서울 집에 남아 있었다. 명련으로부터는 아
무런 기별도 오지 않았다.

김개동이 돌아와서 서울의 소식을 전했다. 밤중에 김개동이
토굴 개구멍을 두드렸다. 황사영이 안에서 뚜껑을 열자 김개동
이 토굴 안으로 들어왔다. 어둠 속에서 황사영이 팔을 뻗어 김
개동의 얼굴을 더듬었다. 수염이 거칠었고 콧김이 뜨거웠다. 김
개동이 서울에서 가져온 말린 미역을 내밀었다.

―조금씩 침으로 불려서 드십시오.

김개동은 대비가 다시 자교를 내린 일을 전했다. 황사영은 자
교를 읽지 않아도 내용을 짐작할 수 있었다. 대비는 자신의 말에
파묻혀 있는 듯싶었다.

많은 교인들이 붙잡혀서 죽임을 당했고 또 배교했고, 배교하
고 풀려나서 장독으로 죽은 일을 김개동은 전했다. 김개동의 목
소리는 낮았다. 다만 사실을 전할 뿐 아무런 감정도 묻어 있지
않았다. 어둠 속에서 황사영은 침을 삼켰다. 대비의 다급한 뜻
이 이루어지고 있었다. 황사영은 말했다.

―그리 되었구나.

김개동은 중국인 신부 주문모의 죽음을 전했다. 황사영은 이
마에서 가슴으로 십자가를 그었다.

교인들은 줄줄이 잡혀갔고 형틀에 묶인 교인들은 주문모의 행방을 추궁 받으며 곤장을 맞고 주리 틀렸다. 모르는 자는 매에 못 이겨 허위로 실토했다가 맞아 죽었고 아는 자는 알고 있는 것을 참느라고 맞아 죽었다. 아는 것과 모르는 것이 모두 죽음으로 가는 길이었다.

위험이 다가오자 주문모는 청나라로 돌아가기로 했다. 주문모는 짐말과 견마를 구해서 북쪽으로 향했다. 주문모가 압록강에 당도해서 국경을 넘으려 할 때 하늘에서 소리가 들리기를

……네가 핍박받는 땅을 버리고 어디로 가려느냐. 너는 목자이니 목자의 자리로 돌아가라.

주문모는 즉각 발길을 돌려 서울로 돌아와서 의금부에 자수했다고, 교인들은 하늘의 소리를 직접 들은 것처럼 수군거렸다.

주문모는 정강이뼈에 몽둥이 서른 대를 맞고 두 발로 서지 못했다. 군사들이 주문모를 떠메서 옥에서 끌어냈다. 군사들이 주문모의 두 귀에 화살을 박아서 형장으로 끌고 갔다. 관원들이 백성들을 끌고 나와 사형수가 지나가는 길목에 세웠고 형장을 빙 둘러서 구경하게 했다. 주문모는 목이 마르다며 구경꾼들에게 술 한 잔을 청했다. 노인이 술 한 잔을 가져다주었다. 주문모는 술을 마시고 그릇을 노인에게 돌려주었다.

칼이 내려올 때 주문모는 목을 길게 빼서 대주었다고 본 사람들이 전했다. 주문모의 머리는 한 번 칼질에 떨어져 나갔다. 주

문모가 효수된 소식은 한나절 만에 서울 장안에 퍼졌다. 김개동이 서울에 도착하기 이틀 전이었다. 김개동은 새남터 형장으로 가서 주문모의 사체를 확인했다.

군사들이 대나무로 어른 키만 한 삼각대를 세워놓고 그 꼭짓점에 주문모의 머리를 매달아 놓았다. 상투를 풀어서 머리카락을 짜맸다. 머리카락이 이마 위로 흘러내렸다. 머리가 떨어져 나간 몸뚱이는 모래밭에 엎어져 있었다. 매 맞은 두 다리가 비틀렸고 두 팔을 위로 뻗어서 모래를 움켜쥐면서 어디론지 기어가려는 자세였다. 군사들이 삼각대 앞에서 번을 섰다. 주문모의 머리는 닷새 동안 걸려 있었다. 강 건너 마을 사람들도 나룻배로 건너와 군문효수를 구경했고 목판을 멘 아이가 가위를 치면서 엿을 팔았다. 노들나루 위에 노을이 지고 삼각대 그림자가 길게 늘어질 때까지 구경꾼들은 흩어지지 않았다. 저녁밥 때가 되자 아낙들이 와서 구경하는 아이들 손목을 끌고 집으로 갔다. 번을 서는 군사들은 밤에도 돌아가지 않았다. 김개동이 말했다.

—눈을 감았는데, 얼굴이 맑아 보였습니다. 입술도 단정해서 침을 흘리지 않았습니다.

—그리 되었구나.

황사영은 어둠 속에서 허리를 세우고 곧추앉아 있었다. 토굴 안에서 혼자 있을 때도 황사영은 벽에 기대앉지 않았다. 황사영이 말했다.

―작년 가을에 북경 간 사행들은 돌아왔다더냐?

―선발대가 의주를 지났다 하옵니다.

마노리가 다가오고 있었다. 어둠 속에서 산맥과 강들을 건너오는 먼 길과 벌름거리는 말들의 콧구멍이 떠올랐다. 그 콧구멍속으로 대륙의 눈보라가 빨려 들어가고 있었다. 마노리가 오는구나…… 마노리야, 죽지 마라…….

마노리를 다시 북경으로 보내자면 준비를 서둘러야 할 것이었다.

―그럼 주무셔야 할 터이니.

김개동이 개구멍 쪽으로 무릎걸음을 했다. 황사영이 김개동을 불러 앉혔다.

―개동아, 대처에 나가서 비단을 한 폭 구해 오너라. 서둘러라.

―비단이라심은, 명주 말씀입니까.

―그렇다. 두어 자면 족하다. 촘촘히 짠 세명주가 필요하다.흰색이라야 한다. 서둘러라.

김개동이 기어서 개구멍 밖으로 나갔다. 황사영은 밝을 때까지 곤추앉아 있었다. 풀벌레 소리가 천지에 가득 찼다.

자산

　가을에 수군 별장 오칠구는 칠품으로 승진해서 무안 본진으로 전보되었다. 오칠구는 해남에서 무과 급제하고 벼슬 없이 오년을 빈둥거리다가 실직은 흑산 별장이 처음이었다. 오칠구는 흑산에서 삼 년을 지냈다. 오칠구가 섬을 떠나기 닷새 전부터 사령이 섬을 돌면서 전별금을 거두었고 돈이 없는 가호는 말린 미역이나 전복으로 대납했다. 마을마다 굴뚝 수에 따라서 할당량이 정해졌고 풍헌들이 물량을 맞추어 냈다.

　젊은 무관이 처자식과 떨어져서 극변의 절해고도에서 풍찬노숙하며 섬을 지키고 백성을 가꾸었으니, 그가 떠나는 자리를 아름답게 갖추어서 섬의 풍교風教와 인심이 살아 있음을 보이라고, 바다를 건너온 관원들이 마을 풍헌들을 모아놓고 본진의 교시를 전했다. 섬을 떠나기 전에 오칠구는 옥섬에 가둔 죄인들의 벌금을 반값으로 깎아서 풀어주었다. 육지에서, 군사와 관원들이 깊은 산골의 풀섶을 뒤져가며 천주교인들의 종자를 박멸하고 있다는 소식을 오칠구는 뒤늦게 본진의 관원들에게 들어서 알고 있었다. 정약전이 유배에서 풀려날 가망은 없어 보였다. 그러나 시운은 난데없이 돌변하기도 하는 것이어서, 어느 날 대비가 급사하거나 판세가 뒤집혀서 정약전이 다시 서울로 돌아가 벼슬길에 오를지 알 수 없는 일이었다. 오칠구는 정약전이 벼슬을 회복하고 승진을 거듭해서 묘당의 높은 내직에 앉아 있을 때, 아무리 올라가봐야 임금의 시선이 닿지 않는 궁벽한 바닷가의 수군만호 정도가 되어 있을 자신과의 그 엄청난 차이가 두려웠다.

섬을 떠나기 전날, 오칠구가 사령을 데리고 정약전의 거처로 찾아왔다. 오칠구가 마당으로 들어서자 빨래를 널던 순매가 부엌으로 몸을 숨겼다. 창대가 돌 지난 어린애만 한 민어 한 마리를 구해 와서 배를 가르고 아가미를 젖혀서 속을 들여다보고 있는 중이었다. 정약전은 오칠구를 집주인 조 풍헌의 안채 마루에서 맞았다. 순매가 민어회를 차려서 술상을 내왔고, 창대와 사령은 딴 상에 앉았다. 정약전이 말했다.

―영전하신다고 들었소. 축하하오.

―영전은 무슨……. 수군은 오나가나 바닷가요.

―물가라도, 육지로 가시니 좋으시겠소.

―정 선비도 대처로 돌아가실 날이 있을 것이오. 그동안 내가 목민하랴 방수防守하랴, 선비를 잘 모시지 못했소. 떠나게 되니, 그게 걸리는구려.

오칠구가 술상을 내려놓고 물러가는 순매를 힐긋 쳐다보았다.

―신접 차리셨다는데 인사도 못 드렸소이다.

정약전은 대꾸하지 않고 말을 돌렸다.

―수령이 또 바뀌니, 섬 백성들이 힘들어하겠소.

오칠구는, 말뜻을 알아듣기 어려워서 움찔했다. 묘한 말이로구나. …… 말이 꼬여 있구나…… 말에 날이 서 있어…….

오칠구가 대답했다.

―그야, 늘 그렇지요. 별장도 섬에서 늙어 죽을 수는 없지 않소. 별장은 귀양 온 사람이 아니오.

정약전은 무참했다. 오칠구가 정약전의 잔에 술을 따르면서 말했다.

―육지에서 천주교 때문에 온통 난리가 났다고 들었소. 그게 종자가 질겨서 대비마마의 근심이 깊은 모양이오.

오칠구는 말하면서 정약전의 안색을 살폈다. 정약전은 오칠구의 시선을 피해서 수평선 쪽을 바라보았다. 바다로 잠기는 노을이 마지막 고비를 넘기고 있었다. 정약전의 마음속에서, 두물머리 마재의 강이 흘렀다. 황사영은 잡혔을까. 황사영은 이 세

상을 다 건너가고 나서 죽었을까. 황사영은 살아서, 오지 않는
것들을 손짓해 부르고 있는 것일까. 고향 마재에서 흑산 사이에
억겁의 시간이 흐른 듯했으나 시간의 이 끝과 저 끝에서 마재
와 흑산은 마주 보고 있었다. 오칠구가 사령에게 들려서 가져온
자루를 내밀었다.

　—오십 냥이오. 이거라도 드리고 가야 내 마음이 편하겠소.

　정약전이 눈을 들어서 오칠구를 바라보았다. 안광이 차가워
서 오칠구는 섬뜩했다. 정약전이 말했다.

　—가져가시오. 섬에 무슨 돈 쓸 일이 있겠소?

　—백성들이 나에게 모아준 온정이오. 혹시 서울 가시게 되
면 길에서 몸이라도 푸시오. 높이 오르시더라도 이 흑산 별장
을 기억해주시오.

　창대가 놀라서 정약전을 바라보았다. 정약전의 얼굴에는 표
정이 없었다. 오칠구는 두어 잔 마시더니, 돈 자루를 툇마루 구
석에 밀어놓고 돌아갔고 정약전은 아무 말 없이 제 방으로 들어
가서 누웠다. 창대는 돈 자루를 어찌해야 할 것인지를 정약전에
게 물어볼 수 없었다. 날이 저물었다. 조 풍헌이 돈 자루를 안방
장롱 안으로 집어넣었다.

　문풍세의 배가 오지 않아서 오칠구는 어선 편으로 떠났다. 우
선 우이도까지 갔다가 거기서 관선으로 바꿔 타고 무안으로 갈
작정이었다. 오칠구가 떠날 때, 흑산 주민들이 진리 포구 선착

장에 도열해서 전송했다. 주민들은 오칠구가 탄 배가 보이지 않을 때까지 선착장에 머물렀다.

　흑산에는 상록수가 밀생했다. 동백 숲과 소나무 숲은 폭양 속에 힘이 뻗쳐서 검게 빛났다. 소금기에 단련된 잎들이 번들거렸고, 바람이 불면 숲은 뒤척이며 수런거렸다. 멀리서 보면, 햇빛이 좋은 날 섬은 먹빛으로 번쩍거렸고 흐린 날에는 시커먼 바윗덩이로 떠 있었다.

　원양을 가는 배는 흑산도와 가거도 사이로 물길을 잡았다. 흑산은 마지막 항로 지표였다. 해안 단애가 섬을 빙 둘러 막았고 파도가 사나운 날 멀리 가는 배들은 흑산에 접안하지 못했다. 원양으로 가는 배들에게 흑산은 마지막 섬이었고, 하얀 바다와 잇닿은 검은 바다의 섬이었다. 흑산의 검을 흑黑 자가 단 한 개의 무서운 글자로 이 세상을 격절시키고 있었다. 섬에 처음 들어왔을 때, 정약전은 그렇게 느꼈다. 백성의 피를 빨고 기름을 짜고 뼈를 바수고 살점을 바르고 껍질을 벗기는 풍습은 육지나 대처와 다르지 않았으나 태어나서 품 팔아서 먹고 또 죽는 방식은 달랐다. 박민剝民의 제도와 방식이 같다 하더라도 섬은 아득히 멀어서 간여할 자가 없었고 물과 바람에 얽힌 사슬을 풀어낼 수가 없었다. 정약전은 흑산의 검을 흑 자가 무서웠으나, 무서움은 섬에 한정된 것은 아니었다. 흑 자의 무서움은 당대 전체에 대한 무서움과 같았다. 정약전은 그 무서움의 안쪽을 스스로 들여다보 았는데, 돌아가고 싶은 그리움의 흔적이 거기에 희미하게 남아 있는 듯도 했다. 돌아갈 곳이 없이, 모두 무서운 세상인데, 그래 도 돌아가고 싶은 마음의 흔적이 남아 있는 것은 고향 마재 마 을 개울의 게와 흑산 개울의 민물 게가 모양새가 같기 때문일 것 이라고 정약전은 스스로에게 설명해주었다.

흑산에 대한 무서움 속에는 흑산 바다 물고기의 생김새와 사 는 꼴을 글로 써야 한다는 소망이 자리 잡고 있었다. 물고기의 사는 꼴을 글로 써서 흑산의 두려움을 떨쳐낼 수도 없고 위로할 수도 없을 테지만, 물고기를 글로 써서 두려움이나 기다림이나 그리움이 전혀 생겨나지 않은, 본래 스스로 그러한 세상을 티끌 만치나마 인간 쪽으로 끌어당겨볼 수 있지 않을까 싶었다. 물고 기의 사는 꼴을 적은 글은, 사장詞章이 아니라 다만 물고기이기 를, 그리고 물고기들의 언어에 조금씩 다가가는 인간의 언어이 기를 정약전은 바랐다.

정약전은 창대를 불러 앉히고 그 두려움을 말하려는데, 말은 잘 이어지지 않았다.

─나는 흑산을 자산玆山으로 바꾸어 살려 한다.

정약전은 종이에 검을 자玆를 써서 창대에게 보여주었다. 창 대가 고개를 들었다.

─같은 뜻일 터인데…….

─같지 않다. 자는 흐리고 어둡고 깊다는 뜻이다. 흑은 너무 캄캄하다. 자는 또, 지금, 이제, 여기라는 뜻도 있으니 좋지 않으냐. 너와 내가 지금 여기에서 사는 섬이 자산이다.

─바꾸시는 뜻을 잘 모르겠습니다.

─흑은 무섭다. 흑산은 여기가 유배지라는 걸 끊임없이 깨우친다. 자玆 속에는 희미하지만 빛이 있다. 여기를 향해서 다가오는 빛이다. 그렇게 느껴진다. 이 바다의 물고기는 모두 자산의 물고기다. 나는 그렇게 여긴다.

─그쪽이 편안하시겠습니까?

창대는 더 이상 묻지 않았다. 정약전은 자산 바다의 물고기들의 종류와 생김새와 사는 꼴을 글로 적어나갔다. 글이 물고기를 몰아가지 못했고, 물고기가 글을 끌고 나갔다. 끌려가던 글이 물고기와 나란히 갔다.

바다가 잔잔한 날 정약전은 검은 여 너머를 떼 지어 건너가는 물고기들의 파문을 살폈다. 물고기들은 잔물결을 일으키며 해 지는 수평선 너머로 몰려갔다. 새들이 물고기 떼를 내리 쪼면서 멀리 나갔다가 돌아왔다. 물고기들은 종족끼리 움직였고 새들도 그러했다. 먼바다를 다녀온 어부들이 물고기들의 심술이며 장난질을 정약전에게 말해주었다. 자산은 흑산과는 다른 이름이었다.

숭어 떼는 늘 사람의 마을에 가까이 다가온다. 숭어 떼는 얕고 따스한 물에 오래 머물다가 돌아간다. 숭어 떼가 물 위로 은빛 등을 드러내며 몰려가고 다가올 때 물 위에 잔주름이 잡히고 빛이 들끓는다. 빛의 대열은 마을 앞 바다를 휘돌다가 검은 여 뒤를 돌아 먼바다로 나아간다. 숭어는 눈꺼풀이 기름져서 파도가 때려도 눈을 뜨고 나아갈 수 있다. 숭어의 몸뚱이에는 숭어의 진행 방향과 물살의 무늬와 시간이 찍혀 있다. 숭어는 민첩하고 영리하다. 수만 마리가 떼를 지어서 헤엄치다가, 한 마리가 감지한 위험이 순식간에 전체로 전파된다. 숭어는 무리 속에서도 개별자의 촉각이 살아 있고, 개별자의 촉각이 집단의 촉각으로 번져 나간다. 숭어는 먹는 자리가 아니면 절대로 먹지 않고 맑은 물에서는 미끼를 물지 않는다. 숭어는 수면 위로 뛰어올랐다가 머리부터 처박고 다시 물속에 잠긴다.

　—창대야, 숭어가 왜 물 위로 뛰는 것이냐?
　—아마도, 물 밑에 뭐가 있을 것입니다.
　—그러나, 온 바다에서 저렇게 한꺼번에 뛸 수가 있을까?
　—알 수 없지요. 놀이가 옮겨가는 것인지도 모릅니다. 아이들의 웃음처럼 말입니다.
　—창대야, 숭어 피부의 무늬는 왜 저러하냐?
　—숭어가 헤엄쳐가면서 부딪친 물살의 무늬일 것입니다. 그

피부 밑의 살의 무늬와 결도 그와 같습니다.

　—그렇겠구나. 어찌 그걸 알았느냐.

　—칼로 숭어의 살을 헤쳐보고 알았습니다. 부딪친 무늬였습니다.

　장대는 아가리 옆에 푸른 수염이 두 개 돋아 있다. 가슴 밑의 지느러미는 부채와 같다. 푸르고 투명하다. 지느러미로 물 밑바닥을 더듬으면서 짐승처럼 걸어 다닌다. 장대는 큰 소리로 운다. 장대의 울음소리는 개구리 울음소리와 같다. 해질 무렵에 울어대는 것도 개구리와 같다. 장대가 우는 연유는 알 수 없다.

　조기는 떼로 몰려가면서 운다. 조기 떼의 울음은 우레처럼 온 바다에 울린다. 물 위에 뜬 어부들은 먼 조기 떼의 울음소리에 잠들지 않는다. 어부들은 물속에 대나무 통을 담가놓고 조기 울음소리를 듣는다. 어부들은 소리 나는 쪽으로 배를 저어가서 그물을 내린다. 길목을 아는 어부는 배가 가라앉을 정도로 조기를 건져 올린다. 조기는 배 위에서도 옆구리를 벌컥거리면서 운다. 조기가 우는 연유 또한 알 수 없다. 고흥 앞바다에서는 춘분 무렵에 칠산 바다에는 한식 무렵에 충청 바다에는 소만 무렵에 조기 떼가 나타난다. 흑산 바다에는 음력 유월 칠월 사이에 나타난다. 조기는 내장이 깨끗하다. 조기는 비린내가 나지 않는다. 소금에 절이거나 말려서 먹기도 하는데 그 맛은 달고 맑다. 비늘이 단정하고 얌전하다. 입술은 붉고 아가리 안쪽은 희고 배 아래쪽에 황금빛이 감돈다.

전복의 껍데기는 울퉁불퉁하다. 나선형으로 돌아가는 골이 파여 있다. 고둥과 흡사하다. 이 족속들의 껍질은 모두가 나선형이다. 거기에는 필시 연유가 있을 것이다. 전복 껍데기의 안쪽은 오색찬란한 광채로 빛난다. 광채는 보는 각도에 따라서 다르게 나타난다. 그 발원지가 있을 것이다. 껍데기의 왼쪽에는 머리 쪽에서부터 다섯 개나 여섯 개 또는 여덟 개나 아홉 개의 구멍이 줄지어서 뚫려 있다. 구멍은 아래쪽으로 갈수록 작아진다. 뚫린 구멍도 있고 구멍의 모양만 갖춘 채 막힌 것도 있다.

갈치는 큰 칼과 같다. 큰 놈의 길이는 아홉 자에 이른다. 아가리를 벌리면 날카로운 이빨이 줄지어 있다. 갈치는 서서 헤엄치고 서서 잔다. 갈치는 꼬리지느러미가 가늘어서 물을 휘젓지 못한다. 갈치의 등지느러미는 대가리에서부터 꼬리까지 이어져 있다. 갈치는 이 등지느러미와 몸통 전체를 물결처럼 움직여서 서서 이동한다. 갈치는 아래턱이 위턱보다 앞으로 튀어나와 있어서 이빨이 드러난다. 어부들이 물리기 쉽다. 물리면 독이 있다. 갈치는 온몸이 칼처럼 번쩍거리고 만지면 은빛 가루가 묻는다.

물고기는 아가미로 숨을 쉰다. 물고기 아가미는 뻣뻣한 참빗과 같다. 물고기는 입으로 들이마신 물을 아가미로 걸러내며 숨을 쉰다. 그래서 물고기는 물속에 잠겨서도 바다를 건너간다. 잡힌 물고기가 죽을 때는 아가미가 끝까지 벌름거리다가 맨 나중에 멎는다. 아가미는 물 밖에서도 힘겹게 벌름거린다.

물고기의 콧구멍은 안쪽이 막혀서 아가리로 통하지 못한다. 물고기는 콧구멍으로 숨을 쉬지 못한다. 물고기의 콧구멍은 두 개다. 콧구멍의 위치는 머리의 한가운데로, 사람과 같다. 물고기의 콧구멍은 정면으로 뚫려 있다. 사람의 콧구멍과는 방향이 다르다. 대체로 물고기의 콧구멍은 바늘구멍처럼 작다. 물고기는 왜 콧구멍이 있는가.

—창대야, 물고기의 콧구멍은 무엇을 하자는 것이냐?

—냄새를 맡겠지요. 아마 그럴 겁니다.

—안쪽이 막혔는데, 어찌 냄새를 감지할 수가 있겠느냐?

—그 막힌 안쪽에서부터 골로 통하는 길이 있을 것입니다.

—물속에서 냄새가 오겠느냐?

—냄새는 공기 속으로 오지만 물속으로도 올 것입니다. 그러니까 콧구멍이 앞으로 뚫렸겠지요.

—물고기의 콧구멍은 벌름거리느냐?

—숨을 쉬지 않기 때문에 벌름거리지 않을 것입니다. 다만 물이 드나듭니다.

—물고기는 어떤 냄새를 맡느냐?

—알 수 없지요. 물고기가 맡은 냄새를 사람이 맡은 적이 없습니다. 그러니 사람의 말로써 말할 수 없겠지요.

─그렇겠구나. 네가 물고기의 말을 배우려느냐?

창대는 대답하지 않고 웃었다. 바람이 불어서 바다가 뒤집히는 밤에, 물고기들은 물속에서 어찌하고 있는지, 정약전의 생각은 헤매었다. 파도가 섬으로 달려드는 밤에 순매는 사내의 몸을 깊이 받았다. 순매의 몸속은 어두운 바다 같았다. 다가가면 물러서서 끝에 닿을 수 없었다. 정약전은 깊이 잠겼다. 사내의 몸을 받을 때, 순매는 늘 먼바다를 건너가는 작은 물고기의 지느러미와 아가미를 생각하고 있었다. 순매의 머리카락에서 햇볕에 절여진 소금 냄새가 났다. 바람이 불어서 바다가 뒤집히던 밤에 순매는 잉태했다.

은화

    마노리는 춘분이 지나서 의주에 당도했다. 압록강 봄물이 비린내를 풍겼다. 산맥을 굽이쳐 나온 강물은 눈 속에서 돋아나는 나물들의 향기를 실어왔다. 마노리는 물 냄새로 조선의 강에 돌아왔음을 알았다. 마노리는 귀환하는 사행 대열의 선발대였다. 서장관이 선발대를 인솔했고 종사관, 역관과 그 종자들, 장사꾼 마부들이 대열을 이루었다. 북경을 떠날 때 마노리는 짐말 다섯 마리를 한 줄로 엮어서 끌었다. 짐은 길양식과 관원들의 사물이었다. 역노들이 말먹이를 지고 대열의 맨 끝에서 따라왔다. 요동의 눈은 며칠씩 퍼부어댔다. 눈보라가 말 콧구멍으로 빨려들었다. 말들이 갈기를 흔들며 재채기를 했다. 말들은 눈을 뜨지 못하고 헛디뎌서 발목을 삐었다. 마부 세 명이 요동 초입에서 얼어 죽었다. 졸면서 걷다가 쓰러졌는데, 몸이 이미 얼어 있었다. 마부들은 죽은 마부를 눈 속에 버렸다. 다음번 사행 길에 죽은 마부의 사체가 눈에 띄면 불길하다고, 종사관은 시체를 길에서 멀리 떨어진 웅덩이에 던지라고 지시했다. 마부들은 다리를 저는 말이나 주저앉아서 일어서지 않는 말들을 사람의 사체와 함께 웅덩이에 묻고 짐을 옮겨 실었다. 마노리는 죽은 마부가 끌던 말을 함께 엮어서 몰았다. 의주에 당도했을 때 마노리는 말 여덟 마리를 끌었고 말 등의 짐은 곱절로 늘었다.

첫닭이 울기 전에 책문栅門을 떠난 대열은 하룻밤을 한둔하고 다음 날 저녁 무렵에 압록강에 닿았다. 책문에서 압록강까지는 백 리가 넘는 길에 인기척이 없었다. 압록강에서 대열은 강가에 말을 세워놓고 나룻배를 기다리면서 저무는 봄 강의 비린내를 맡았다. 사람과 말들의 콧구멍이 벌름거렸다. 물을 본 말들이 대가리를 쳐들고 힝힝거렸다. 말들은 벌컥거리며 강물을 마셨고 누런 똥을 내질렀다. 강 건너편에서 마중 나온 의주의 관원들이 깃발을 흔들고 징을 때렸다. 나룻배가 건너올 동안 마노리는 물찌똥을 흘리는 말들의 아가리 속을 살폈고, 놋젓가락으로 목덜미를 쑤셔서 침을 놓았다. 마노리가 말 턱 밑을 쓰다듬으면 말들은 대가리를 숙여서 마노리 앞으로 내밀었다.

말들은 조선의 강물을 달게 마셨다. 다시 압록강을 건널 때 마노리는 요한이란 이름으로 세례 받고 돌아온 일이 실감나지 않았다. 강물이 잇닿아 흐르고 길들이 이어지면서 그 위를 걸어서 먼 길을 갈 수 있는 것이고 갑자기 건너뛸 수는 없을 것이었다. 마노리는 황사영 선비한테서 천주교라는 걸 처음 들었을 때도, 본래 그것을 알고 있었던 것처럼 쉽고 편안하게 들렸다. 너의 이웃을 사랑하라, 그처럼 분명한 것을 황 선비는 어째서 두려운 비밀처럼 싸안고 소리 죽여 귓속말을 하는 것인지, 마노리는 물어보고 싶었지만 선비에게 먼저 말을 걸 수는 없었다. 주린 사람이 꾸며서 배고파하지 않고 추운 사람이 억지로 떨지 않는 것과 같아서, 그 까닭을 물어봐도, 물어보나 마나 한 말이 될 것이었다. 선비들이란 그렇게 뻔한 것도 공력을 들여서 생각하는 일을 업으로 삼는 사람들이었다.

조선에 돌아오면 충청도 제천의 배론 골짜기로 오라는 황사영의 당부를 마노리는 기억하고 있었다. 구베아 주교가 맡긴 야소 모친상을 황사영에게 전해야 할 일도 있었다. 압록강이 그 당부를 일깨워주었다. 육손이가 황사영의 부름을 전하느라고 제천에서 서울까지 왔었다. 마노리는 제천에 가본 적이 없었다. 목계에서 강을 건너고 박달재를 넘어서 간다는 말을 들은 적은 있었다. 한 번도 가보지 않은 길이 마노리의 눈앞에 뻗어나갔다. 길이 뻗어나가면 마노리의 몸은 늘 그 길 위에 실렸다. 황 선비가 긴한 심부름을 시킬 일이 있는 모양인데, 아마도 사행 마부를 부르는 것으로 보아서 북경과 관련이 있는 일일 것으로 마노리는 짐작했다.

마노리의 사행 마부 일은 서울에서 끝나게 되어 있었다. 마노리는 정주 역참에 매여 있으므로, 서울에서 일이 끝난 뒤 제천을 다녀오려면 밤을 새워서 걸어야 할 것이었다. 서울에서부터는 짐이 없으므로 어려운 길은 아니었다.

지나고 나면 지나온 길은 눈비 속에 지워졌다. 이 세상에는 가보지 않은 길이 더 많을 터인데 가보지 않은 길이 가보지 않은 자리에 그렇게 뻗어 있을 것인지가 마노리는 늘 궁금했다. 그래서 길은 그 위를 지나갈 때만 확실히 길이었다. 마노리는 늘 길을 가는 마부였다. 북경에서 구베아 주교는 마노리에게 요한이라고 이름 지어주면서, 요한은 먼 길을 가는 자라고 말했었다. 요한이란 이름의 뜻은 마노리와 같고 마부야말로 마노리의 팔자인 것이 다시 압록강에 당도했을 때 확실해졌다.

마부의 팔자가 확실히 다가올수록 마부를 면해야 한다는 소망도 마노리의 마음속에서 뚜렷했다. 사십이 넘고 오십이 넘도록 상전의 짐을 상전의 말에 싣고 요동을 건너다닐 수는 없을 것이었다. 얼어 죽은 마부를 눈구덩이에 파묻으면서 마노리는 언젠가는 요동 벌판의 눈구덩이에 버려질 자신의 모습을 떠올렸다. 역참 찰방들은 나이 먹어서 부릴 수 없게 된 늙은 마부나 역노 들을 병사나 행려사로 장부에서 죽여놓고 사노로 헐값에 팔아넘기는 경우도 있었다.

마노리는 북경 주교 구베아에게서 받은 은전 사십 냥을 자루에 넣어 허리춤에 차고 있었다. 구베아 주교가 인장을 찍어준 야소 어미의 그림은 대나무 통에 말아 넣었다. 겨울의 요동을 건너오는 길에서 마노리는 허리춤에 달린 은화의 무게를 느꼈다. 마을 없는 노지에서 한둔할 때도 마노리는 돈 자루를 벗지 않았다. 은전은 지니기에 위태로웠다. 중국 은전 사십 냥을 조선 돈으로 바꾸면 서너 배가 넘을 것이었다. 사행에 끼어서 북경으로 가는 장사꾼들은 중국 돈을 얼마든지 바꾸어주었다. 면천하고, 정주 변두리 길목 좋은 자리에 텃밭 딸린 작은 주막을 차리기에 알맞은 돈이었다. 구베아 주교가 준 돈은 마노리의 노용으로는 너무 많았다. 주교는 길의 사정과 조선의 물가를 알지 못하는 것인가. 북경 천주교당은 천장이 높았다. 발소리가 울려서 이 세상의 땅이 아닌 곳을 밟는 듯했다. 색칠한 유리창에서 영롱한 무늬가 드러났고, 넓고 높은 옥내에 빛의 조각들이 떠다녔다. 그때, 풍금 소리가 들렸다. 그 악기 이름이 풍금이라는 것을 마노리는 나중에 알았다. 수많은 숨결들이 포개진 소리였다. 소리는 폭을 넓게 거느렸고 깊이 스몄고 멀리 닿았다. 마노리의 귀에는 하늘로 불어가는 바람 소리처럼 들렸다. 그래서 거기서는 돈도 은으로 빚어져서 힘이 세지는 것인가 보다, 마노리의 마음속에서 은화는 그렇게 자리 잡았다.

압록강을 건너는 나룻배에서 마노리는 팔을 뒤로 돌려서 등에 걸린 돈 자루를 만져보았다. 마부 노릇을 계속할 것인지 주막을 차릴 것인지를 황 선비에게 물어보면 마부 쪽일 것이라고 마노리는 생각했다. 요한은 먼 길을 가는 자라는 뜻임을 황 선비도 알고 있을 것이었다. 압록강 물 위에서 마노리는 아무래도 주막을 차리게 될 것 같은 예감이 들었다. 주막은 길에 닿아 있는 자리였다. 거기서 봉놋방에 불을 때서 먼 길을 가는 젊은 마부들을 재우고, 봉황성 너머 요동의 먼 길들과 호랑이 울음 우는 한둔의 밤들과 그 길의 눈보라와 비바람을 말해주는 자신의 모습에 마노리는 미소 지었다.

나룻배는 저녁밥 때 의주나루에 닿았다. 배 다섯 척이 여러 번 강을 건너 오가며 사람과 짐과 말을 실어왔다. 의주 부윤이 강가에 나와서 서장관을 맞았다. 의주 관원들이 강가 모래밭에 가마솥을 일렬로 걸어놓고 소머리국밥을 끓여서 강을 건너오는 사람들에게 한 그릇씩 퍼주었다. 사내들이 국밥 사발에 코를 박고, 울음을 울듯이 껄떡거리면서 먹었다. 의주 노비들이 말먹이 풀을 지고 와서 먼 길을 온 말들을 먹였다. 강가에서 저녁을 먹은 사행 선발대가 다시 대열을 나누어 의주 읍내로 들어왔을 때 날은 저물었다.

여러 고을의 중간 상인들과 거간꾼들, 돈놀이꾼들과 세도가들이 보낸 짐꾼들이 의주 읍내로 모여들어 사행 대열이 싣고 오는 물건을 기다리고 있었다. 평양 감영의 기찰포교들과 검색관들도 이틀 전에 의주에 들어와 있었다.

영변, 정주, 용천에서 장사 안 되는 기생들이 의주로 몰려와 대목을 맞았다. 기생들은 주막이나 숙관宿館뿐 아니라 민가에 방을 빌려서 자리를 잡았다. 겨울에서 봄까지, 요동의 추위를 건너온 사내들이 밤새도록 기생을 바꾸어서 불러댔다. 기생들은 하룻밤에 서너 번씩 사내를 받았다. 별장들이 기생을 부르는 전갈을 전하느라고 밤길을 달려갔다. 새벽에 지위 높은 관원들이 곯아떨어지자 마부와 짐꾼들이 기생방을 찾아갔다. 날이 밝을 때까지 사내들은 골목에서 골목으로 몰려다녔다. 고의춤을 움켜 쥔 사내들이 골목에서 마주쳤으나 바빠서 아는 척하지 않았다. 서장관과 종사관은 일찌감치 의주 관아의 객사로 들어갔다. 부윤이 객사로 기생을 들였다. 서장관은 객사 밖 민촌에서 벌어지는 일을 알은체하지 않았다. 돌아온 사행의 선착대는 의주에서 이틀을 묵고 서울로 향했다. 선착대가 출발한 다음 날 정사를 앞세운 본대가 당도했다. 사내와 기생들이 밤마다 기진맥진하였다.

선착대가 의주에서 서울로 떠나던 날 아침에 마노리는 체포되었다. 의주에 도착해서 마노리는 짐말 마부 다섯 명과 함께 민촌의 초가집 한 채를 통째로 빌려서 묵고 있었다. 새벽에 강계 관아에 딸린 마부가 거리에 나가서 기생 다섯 명을 몰아왔다. 기생들은 초저녁부터 군관과 별장들의 방으로 번갈아 불려 다니다가 풀려난 길이었다. 강계 마부는 기생 다섯 명을 마부 다섯의 방으로 한 명씩 들이밀었다. 강계 마부는 화대의 일 할씩을 소개료로 걷어갔다. 새벽에 마노리는 여자를 안았다. 압록강 하구 용천에서 뱃사람을 상대하던 여자였다. 기생이라기보다는 멀리 장사 나가는 기생들 틈에 끼어 다니는 들병이였다. 초저녁부터 군관 둘을 치르고 왔다면서도 여자는 마노리의 품을 파고들었다. 여자의 머리카락이 엉켜 있었고 겨드랑이에서 삭은 젓 냄새가 났다. 여자는 아래가 질꺽거렸는데, 그 안쪽으로 좁고 꼭 끼는 길이 끝도 없었다. 몸에서 몸으로 건너가는 길은 아득했고, 몸을 밀면 몸은 다가와 있었고 끌어안아도 더 먼 길이 남아서 몸을 불렀다. 여자들은 모두 겨드랑 밑에서 삭은 젓 냄새가 나고 몸으로 건너가는 끝없는 길이 그 아래쪽에 열려 있을 것이었다. 여자의 머리카락에 얼굴을 묻고 마노리는 여자는 다 그럴 것이라고 생각했다.

이 여자와 함께 주막을 차려서 살면 어떨 것인지, 여자는 다 같은 냄새가 나고 같은 길이 열려 있다면 안 될 일도 아닐 것이었다. 마노리는 여자에게 묻고 싶었다. 마노리는 물음을 참고 여자를 더 세게 파고들었다. 여자는 용천에서 술장사를 했다니까 손님을 다루어내는 솜씨가 있을 것이다. …… 그러나 안면이 깔려 있어서 용천에서는 안 될 것이다…… 아무래도 정주에서 함

경도 쪽으로 갈라지는 길목이 좋지 않겠나…… 괜찮겠지, 여자
는 다들 부드럽고 축축하니까…….

여자는 마노리에게서 말똥 냄새가 난다면서 목덜미에 코를
박고 킁킁거렸다. 북경까지 그 먼 길을 어떻게 다녀올 수가 있
는 것인지를 여자가 물었을 때 마노리는

　—걸어서 가는 것이지. 길 위로 걸어서…….

라고 대답했고 여자는 그 싱거운 소리에 피식 웃었다.

첫닭이 울고 나서 여자는 돌아갔다. 마노리는 은화 한 냥을
여자에게 주었다. 여자는 처음 보는 청나라 은화를 등잔불에 비
추어보았다. 돈에 뽀얀 은하수가 떠서 불빛에 어른거렸다. 여자
는 어두운 골목으로 나섰고 마노리는 깊이 잠들었다.

용천 여자는 그날 밤 포도부장의 방으로 불려갔다. 포도부
장은 사행 관원이 아니라 사행의 동태와 반입품을 살피러 나
온 평양 감영의 기찰포교였다. 포교는 첫날 별다른 적발 실적
이 없었다.

포교는 밤늦은 술자리에서 돌아와 뜨거운 방바닥에 허리를 지
졌다. 용천 여자가 팔다리를 주물렀다. 포교가 여자의 저고리를
벗기려는데, 저고리 소매에서 헝겊에 싼 은전이 떨어졌다. 여자
가 은전을 집어서 다시 옷소매 안으로 넣었다. 포교가 물었다.

　—무어냐?

　—중국 돈입니다.

포교가 몸을 일으켰다.

—보자.

포교가 헝겊을 풀고 은화를 살폈다.

—청나라 은화로구나. 웬 거냐?

—어제 받은 거예요.

—네가? 어제 당상을 모셨느냐?

—아뇨. 마부라던데요.

—마부라……. 귀한 돈이다. 잘 간수해라.

포교는 용천 여자를 벗겨서 서둘러 일을 끝냈다. 길게 놀 때가 아니었다. 여자가 옷 입고 나갈 차비를 하자 포교는 여자를 불러 앉혔다. 마부가 청나라 은화를 지니고 있었다면 돈을 몰래 끌고 들어오는 국내 조직과 닿아 있을 것이었다. 포교의 머릿속에 돈 많은 거간의 무리들이 떠올랐다. 마부는 그 운반책일 수 있었다.

—너에게 청나라 은화를 준 마부가 누구냐?

—이름은 모르옵고, 대장간 옆 우물 모퉁이 쥐똥나무 울타리친 집에 묵고 있었습니다. 거기 사내 다섯 명이 들어 있습니다.

—생김새가 어떠하더냐? 네가 끌어안고 비볐으니 잘 알 것이다.

—말처럼 얼굴이 길었고 말똥 냄새가 났습니다. 뼈마디가 굵고 억세었습니다.

—그래가지고야…… 안 되겠다. 너는 당분간 돌아다니지 마라.

포교가 포졸을 불러서 여자를 결박했다. 새벽에 포교는 쥐똥나무 울타리 집에 포졸을 보내 잠자던 사내 다섯을 묶었다. 마부와 짐꾼들이었다. 방마다 뒤질 때 여자들이 새우처럼 꼬부리고 홑이불로 아랫도리를 가렸다. 묶인 사내들은 마당에 꿇어앉았다.

포교가 용천 여자를 끌어왔다.

—너에게 은화를 준 놈을 찍어라.

용천 여자가 꿇어앉은 사내들을 훑어보았다. 용천 여자가 머뭇거리더니 입을 열었다.

—저기, 세 번째, 얼굴이 말처럼 긴…….

그것이 마노리였다.

포교는 마노리가 끌고 온 말들의 짐과 마노리의 사물을 수색했다. 포교는 마노리의 옷을 벗겨 솔기를 뜯고 누빈 자리를 살폈다.

포교는 마노리의 사물에서 청나라 은화 서른아홉 냥과 야소 어미의 그림을 찾아냈다. 포교는 마노리가 용천 여자에게 준 은화 한 냥을 빼앗아 사십 냥을 채웠다. 포교는 마노리를 의주 관아로 끌고 갔다. 포교는 역관들에게 야소 어미의 그림을 보여주고 거기에 찍힌 인장이 북경 주교의 관인임을 확인했다.

포교는 공 없이 늙은 눈칫밥의 세월을 탕감할 수 있었다. 포교는 사행 대열에 숨어든 사학의 밀선 조직을 적발한 사실을 의주 부윤을 통해 평양 감사에 보고했다. 평양 감사는 의주 부윤에게 일차 조사를 시행하고 결과를 보고하라고 지시했다. 북경 주교의 관인에 의주 부윤은 긴장했고 사건을 조심스럽게 다루었다. 마노리는 은화 사십 냥과 야소 어미의 그림을 북경 주교에게서 받았다고 진술했다. 의주 부윤은 사건에 잠겨 있는 엄청난 파장을 예견하고 있었다. 의주 부윤은 마노리의 진술과 증거물을 확보했을 뿐 더 이상 형문을 가하지 않았다. 매질을 하다가 솜씨가 서툴러서 마노리가 형문 중에 장살되거나 실성해서 진술 능력을 상실하게 되면 그 책임은 모두 자신에게 돌아올 것이었다. 의주 부윤은 마노리의 진술 기록과 증거물을 딸려서 마노리의 신병을 처음부터 서울 우포도청으로 이첩하는 것이 현명하리라고 판단했다. 평양 감사는 의주 부윤의 판단에 동의했다. 대비의 교시에 따라 사건의 뿌리를 캐고 종자를 박멸하려면 마노리의 배후를 캐고 야소 어미상의 용처를 밝혀야 할 것인데 그러자면 서울 감옥에 수감된 다른 사학죄인들과 대질이 불가피할 것이라고 의주 부윤은 마노리를 이첩하는 까닭을 적어서 서울 우포도청으로 보냈다.

마노리는 귀환 사행 대열의 맨 뒤에 짐말과 한 줄로 묶여서 서울로 끌려왔다.

잠적

　박차돌은 밤새 조바심쳤다. 아무래도 강사녀가 눈치 챘을 것 같았다. 강사녀가 무리를 데리고 달아나기 전에 군사를 풀어서 잡아들여야 했는데, 아리를 미리 빼돌릴 방도가 없었다. 함께 검거된 후에 옥에서 빼내는 것은 불가능했다. 아리를 빼돌려서 어쩌자는 것인지, 박차돌 자신도 분명히 알 수는 없었다. 박차돌은 아리를 살려서 아리에게 누이동생 박한녀를 때려죽이게 된 사연을 이야기해주고 싶었다. 그년은 어차피 죽어야 할 년이라고 아리에게 말해주고 싶었다. 죽을 수밖에 없는 년을 빨리 끝내준 것이라고, 그년은 죽어서 저 가고 싶은 곳으로 갔을 것이라고……. 그렇게 말하면 아리는 고개를 끄덕여줄 것 같았다. 왜 그런 엉뚱한 생각이 솟아나는 것인지 박차돌은 알 수 없었다. 고개를 끄덕이는 아리의 모습이 어둠 속에서 보이는 듯했다. 누이 동생 박한녀의 처녓적 모습이 저러할 것이었다. 박차돌은 누이 동생의 한창때를 본 적이 없었다. 박차돌은 밤새 뒤척였다. 아리를 미리 빼돌릴 방도는 없었다. 망이 흩어지면 포도대장은 박차돌을 죽일 것이었다.

아침에 박차돌은 우포도청 종사관을 만났다. 박차돌이 이제 망을 당길 때가 되었다는 말을 꺼내자 종사관은 박차돌을 우포도대장 이판수에게 데리고 갔다. 이판수는 박차돌을 내실로 불러들였다. 종사관이 배석했다. 이판수는 담뱃대로 재떨이를 때리고 가래를 뱉었다.

—서둘러 당기자는 까닭이 무엇이냐.

—망이 커져서 놓칠까 걱정입니다.

—네가 촐싹거린 것 아니냐?

박차돌이 방바닥에 이마를 비볐다.

—아이구, 나으리 어찌…….

이판수가 가래 묻은 입가를 수건으로 닦았다.

—망 안에 황사영은 들어 있느냐?

—황에게는 닿지 못했습니다.

—쭉정이들뿐이냐.

—선線이 드러났으니, 형문 중에 황사영의 은신처를 캘 수 있을지도…….

―당기면 모두 몇 명이나 되겠느냐?

―거점 세 개에 스물다섯이고 그중 연락책을 족치면 더 늘어날 것입니다.

―적지는 않구나. 수고했다.

이판수가 박차돌을 쳐다보며 빙그레 웃었다. 박차돌을 바라보면서 이판수는 포도청 내부의 간자를 생각했다. 저자가 포도청 안팎을 드나들며 양다리를 걸친 놈이 아닐까. 그렇지 않고서야 마포나루를 덮칠 때 사학의 무리들이 군사의 동태를 어찌 미리 알 수가 있었을까. 저자가 나한테는 당기라고 하고 저쪽에 가서는 달아나라고 하는 놈이 아닐까. 저자를 당분간 가까이 두고 들여다봐야겠구나⋯⋯.

이판수가 말했다.

―황사영이 빠졌지만, 너의 공은 작지 않다. 너를 다시 관원으로 복직시키겠다. 내일부터 포도청에 근무해라. 너에게 사령 자리를 다시 준다.

이판수는 박차돌이 보고한 거점 세 군데에 군사를 보냈다. 군사들은 평복 차림에 무기를 숨겼다. 검거는 세 군데에서 동시에 이루어졌다. 수유리를 덮칠 때 남대문을 덮쳤다. 한 명도 달아나지 못했다. 길갈녀, 강사녀, 아리, 오동희가 끌려왔고 남대문 밖 옹기 가게 최 노인이 끌려왔다. 붙잡힌 사람은 스무 명이 넘었다. 끌려온 자들의 정보 가치가 과히 나쁘지 않다고 종사관이 이판수에게 보고했다. 길갈녀를 형문해서 대궐 안으로 잠입한 사학의 종자를 밝혀낼 것이고, 마포나루의 강사녀는 한강 조운을 따라 상류에서 하류로, 하류에서 섬으로 번져나간 사학의 맥을 알고 있을 것이었다. 이판수는 우선 죄질이 가벼운 아리부터 문초하고, 아리를 매질할 때 길갈녀와 강사녀를 형문장에 끌어다 놓고 보여줄 작정이었다.

아리가 형틀에 묶였다. 이판수는 박차돌에게 집장을 명령했다. 이판수는 형문장에 나오지 않고 종사관을 대신 보냈다. 종사관이 물었다.

—너는 서캐같이 천한 종년이다. 상전에게서 도망친 죄만도 가볍지 않다. 네가 도망쳐 다닌 행적을 말해라.

아리가 고개를 들어서 겨우 대답했다.

—상전의 집을 나와서 강가로 떠돌아다니다가 배를 얻어 타고 마포나루에서 내렸습니다.

박차돌은 중곤을 쥐고 아리 옆에 서 있었다. 박차돌은 아리를 피해서 허공으로 시선을 보내고 있었다.

—너는 거기서부터 강사녀에게 이끌렸다. 네가 사학에 물든 심경을 자백해라. 너는 금수이적禽獸夷狄과 무부무군이 그리도 맘에 들더냐?

—무부무군은 알지 못하옵고, 쉽고 분명해서 본래 저의 마음에 있었던 것 같았습니다.

종사관이 말했다. 목소리가 조용했다.

—어허, 요망하다. 쳐라.

박차돌이 중곤을 추켜들었다. 박차돌은 허리를 돌려서 중곤을 휘둘러 아리의 엉덩이를 내리쳤다. 박차돌의 팔에 힘이 빠져서 중곤이 볼기에서 미끄러져 내렸다. 종사관이 고함쳤다.

—야, 사령놈아, 그게 지금 곤장이냐. 매우 쳐라.

박차돌이 다시 중곤을 휘둘러서 내리꽂았다. 중곤이 볼기를 위로 추켜올리면서 내리박혔다. 아리의 볼깃살이 흩어지고 피가 튀었다. 옆에 묶여 있던 강사녀와 길갈녀가 흐느끼면서 고개를 돌렸다. 박차돌은 집장사령 오호세의 중곤으로 죽어가던 여동생을 떠올렸다. 아리는 일곱 대에 실신했다.

—물을 끼얹어서 하옥해라. 내일 다시 형문하겠다. 아침에 끌어오너라. 내일 아침에도 박차돌, 네가 집장을 맡아라.

포졸들이 실신한 아리를 떠메서 감방에 넣었다.

그날 밤 박차돌은 잠적했다. 아침에 박차돌은 포도청에 나타나지 않았다. 종사관은 다른 사령을 불러서 아리를 매질했다. 점심때까지 박차돌이 나타나지 않자 포도대장 이판수는 박차돌의 집으로 사람을 보냈다. 어디서 구했는지 돈 삼십 냥을 처에게 주고, 밤중에 작은 보따리 하나를 챙겨서 나갔다는 보고가 돌아왔다. 이판수는, 이자가 내부의 간자일 수 있다는 의심이 굳어졌다. 이판수는 기찰을 풀어서 박차돌의 행적을 쫓았다.

박차돌은 마포나루에서 배를 타고 한강 하구 쪽으로 내려갔다는 첩보가 들어왔다. 박차돌이 이산포에서 배를 내렸고 나룻배로 강을 건너서 맞은편 나루에서 배를 갈아타고 상류 쪽으로 갔다는 목격자도 있었다. 박차돌이 상류로 갔는지 하류로 갔는지, 이판수는 판단하지 못했다. 이판수는 끝내 박차돌을 잡지 못했다.

비단 글

황사영은 서안 앞에 곧추앉았다. 호롱불 그을음이 토굴 안에
번졌다. 토굴 안에서는 시간을 짐작하기 어려웠다. 개구리들이
울어대기 시작하니 저녁 무렵일 것이었다.

황사영은 서안 위에 비단 한 폭을 펼쳤다. 김개동이 충주 오
일장에서 구해온 비단이었다. 촘촘히 짠 세명주였다. 올이 탄탄
해서 먹이 번지지 않았고 글자 획이 뭉개지지 않았다. 황사영은
서안 서랍에서 벼루를 꺼내 먹을 갈았다. 서울 성북동에서 한약
방을 하는 이한직이 사행 마부 마노리에게 심부름을 시켜서 북
경 유리창 상가에서 사온 청나라 벼루였다. 이한직은 두물머리
마재의 정씨 문중에 드나들며 천주교를 배웠다. 이한직은 세파
가 험난해지자 배교하고 송시열 사당을 지극 정성으로 모셨다.

이한직이 북경에까지 인편을 써서 청나라 벼루를 선물한 것은 아마도 그 배교의 의전을 갖추려는 뜻이었으리라고 황사영은 짐작하고 있었다. 마노리는 이한직이 보내는 벼루를 전하려고 황사영을 찾아왔었다. 그때 황사영은 마노리를 처음 만났고, 그가 말과 같은 체구에 먼 길을 오갈 수 있는 자임을 알았다.

황사영은 비단 한 폭에 글을 써서 북경 주교에게 보낼 작정이었다. 풀벌레 소리가 차단해버린 저쪽 세상에 선을 대지 못하면 살아나갈 길은 끝내 없을 것이었다. 제천의 배론 산골에서 북경까지, 북경에서 또 그 너머까지, 닿을 수 있고, 전할 수 있고 부를 수 있을지, 황사영은 두려웠지만 기어이 닿으려는 복받침은 두려울수록 더욱 분명했다.

황사영은 마노리가 다음번 사행 마부로 북경에 갈 때, 마노리 편에 북경 주교에게 글을 전할 작정이었다. 비단에 쓴 밀서를 품은 마노리가 풀벌레 소리를 뚫고 저쪽 세상으로 건너가는 모습이 토굴의 어둠 속에서 떠올랐다. 마노리야 너는 갈 수 있다. …… 마노리야 살아서 돌아오라……. 먹을 갈면서 황사영은 기도했다.

황사영은 극세필의 붓 끝을 조금씩 적셔서 글을 써나갔다. 황사영의 마음속에서 수억만 개의 글자들이 들끓으면서 다투어 밀려나왔다.

아, 죽은 자들은 이미 목숨을 던져 진리를 증명하였으니……
산 자들은 양 떼가 흩어져 달아난 것처럼 산골짜기로 도망쳐 숨
고 길에서 헤매며 숨죽이고 있습니다…… 금년의 박해는 끔찍했
습니다. 인간이 어찌 이처럼 극단에 이를 수가 있겠습니까……
저희들은 백번 생각해보아도 살길이 없습니다.

황사영은 주문모 신부가 두 귀에 화살을 꽂고 형장으로 끌려
가 군문효수된 일과 김개동한테서 들은 서울에서의 박해와 충
청도 신자들의 죽음을 상세히 써나갔다. 황사영의 붓 끝에서 깨
알 같은 글자들이 살아나서 반짝였다. 글자들은 저마다 절규하
면서 다투어 쏟아져 나왔다.

황사영은 대비가 전국에 내린 자교의 다급한 어조를 생각했
다. 황사영의 어조가 다급할수록 대비의 어조도 숨차서 헐떡이
는 것일까. 대비는 지금 대궐 깊은 곳에서 반찬 수를 줄여가면
서 또 다른 자교를 구상하고 있는 것일까. 아마 그럴 수도 있을
것이었다. 이 세상과의 무서운 작별만이 이 세상에서 살아갈 수
있는 길이었고, 밀서는 풀벌레 울음소리를 뚫고 저쪽으로 건너
가야 했는데, 마노리는 어디쯤 오고 있을까.

황사영은 다시 붓 끝을 적셔서 써나갔다. 황사영은 붓 끝에
마지막 힘을 모았다. 기다리고 있던 글자들이 흘러나와 줄을
이었다.

……이 나라의 병력은 너무나 약하고 백성들은 군대가 무엇인지도 모릅니다. 배 수백 척에 정예한 군대 오륙 만과 대포와 날카로운 무기를 싣고 이 나라 해안에 이르러 천주의 위엄을 세우시고 천주의 벌을 행할 뜻을 보여주십시오. 군사를 일으켜 이 나라의 죄를 묻는 것은 옳은 일이고, 다만 힘이 미치지 못할 것을 두려워할 뿐입니다…….

　황사영은 두 자짜리 명주 폭에 글자 일만 삼천삼백여 개를 써넣었다. 글자들은 울부짖고 애걸했고 머리카락을 쥐어뜯었다. 쓰기를 마치던 날 새벽에 육손이가 개구멍으로 더운 된장국과 쑥떡을 넣어주었다. 황사영은 요강을 내밀었다. 요강은 가벼웠다.
　─마노리는 소식이 있느냐?
　─귀환 사행이 이미 서울에 닿았다 하니 곧 소식이 있을 겁니다.
　황사영은 된장국을 마시고 자리에 누웠다. 토굴 봉창으로, 하늘이 보였다. 새벽이 오고 있었다. 빛이 어둠의 가장자리에 스몄고 바랜 별들이 멀리 불려가고 있었다. 박달재를 넘어서 제천 읍내를 지나서, 꼬불꼬불한 산길로 걸어서 다가오는 마노리의 환영이 떠올랐다.

뱉은 말

우포도대장 이판수는 마노리를 형문장 뒤쪽 밀실에 가두었다.
이판수는 종사관과 흡창, 기록관을 모두 물리치고 마노리를 직접
심문했다. 마노리는 형틀에 묶였고, 중곤을 쥔 집장사령 한 명만
이 옆에 서 있었다. 이판수가 보기에 마노리는 어수룩해 보였고
사학이 골수에 깊이 스며 있는 것 같지는 않았다. 마노리에게는
천예賤隸의 건강함과 단순성이 느껴졌을 뿐, 아비나 임금이 본래
없는 자가 무부무군을 애써 도모할 것 같지는 않았다. 마노리는
수배 선상에 오른 사학죄인은 아니었고 어쩌다가 걸려든 자였
지만, 청나라 은전 사십 냥과 북경 주교의 인장이 찍힌 야소 어
미 그림을 지니고 있었다. 배후에 거악이 도사리고 있을 것이었
다. 이판수는 마노리를 차후에 정법으로 죽인다 하더라도 형문

과정에서는 달래고 얼러서 진술을 받아낼 작정이었다.

　—너는 비록 서캐처럼 천한 자이나 말고삐를 잡고 여러 번 사행을 모신 공로가 있다. 네가 마부로서 청국 은화 사십 냥을 지니고 있는 것은 매우 괴이한 일이나 너의 공로를 보아 추궁하지 않겠다. 그 돈은 너의 것이다.

　마노리는 형틀에 묶인 채 이판수의 말을 들었다. 은전 사십 냥으로 면천하고, 주막을 차릴 동네의 모습이 마노리의 머릿속으로 흘러갔다. 이판수가 또 말했다.

　—허나 네가 북경 천주당에 들어가서 주교 인장이 찍힌 야소 어미 그림을 받아온 경위를 자세히 고하라.

　그림 속에서, 야소 어미는 신발도 버선도 신지 않은 맨발로 옷자락을 날리며 하늘로 올라가고 있었다. 그 그림이 왜 이런 파문을 일으켜야 하는 것인지를 마노리는 잘 알 수 없었다. 황사영이 목소리를 낮춰가며 가르쳐준 천주 교리도 말고삐를 쥐고 먼 길을 달려갈 때 몸과 길이 합쳐져서 앞으로 나가듯이 스스로 갈 수 있고 알 수 있는 것이었다. 형틀에 묶이고 나니, 그 쉬운 것들이 더욱 분명해지고 있었다. 그 쉬운 것들의 배후가 드러나면 황사영이 죽어야 하는 까닭을 마노리는 이판수에게 물어보고 싶었다. 벼루를 전해주던 날, 먼 길을 가는 자의 귀함을 알라, 며 맑게 웃던 황사영의 얼굴이 떠올랐다. 마노리는 형틀에 묶이자 비로소 천주교인이 되어가고 있음을 느꼈다.

이판수가 말했다.

—누구냐? 너를 북경 교당으로 가라고 한 자를 대라. 야소 어미 그림은 누구한테로 가는 것이냐? 조선으로 돌아와서 누구를 찾아가기로 되어 있느냐.

……그것은 황사영이오. 배론의 황사영이오. 그것이 어쨌단 말이오?

북받쳐 나오려는 말을 마노리는 삼켰다.

—말하라. 살길이 있는데, 죽을 길로 가지 마라. 대비전과 선유의 뜻도 그러하다.

모른다, 는 말조차도 죽음의 입구가 될 것이 분명했다. 안다와 모른다가 같은 말이 되어서 말길이 끊어져 있었다. 마노리는 말하지 않고 다만 묶여서 엎드려 있었다. 이판수가 수정과를 마시고 나서 부드러운 어조로 말했다.

—너는 천하지만 기골이 아름답고 용모가 상서롭다. 너의 몸에 매를 대지 않으려 한다. 너를 살려서 가까이 두고 부리고 싶구나. 말해라. 너를 위해서 하는 말이다. 내가 너에게 너의 목숨을 구걸하고 있지 않느냐.

마노리는 말하지 않았다. 이판수가 수정과 한 사발을 다 마셨다.

—너희는 사학이 정의롭고 아름다운 도리라고 하면서 왜 거흥을 감춰놓고 말하지 않느냐! 내가 너의 몸을 부수면 답을 하

려느냐.

……황사영이오. 배론의 황사영이오. 그것이 뭐 어쨌단 말이
오…… 라고 북받치는 말을 마노리는 다시 안으로 삼켰다.

—말이 눌려서 안 나오느냐? 그럼 우선 좀 맞아라. 맞으면 말
길이 열리는 수가 있다.

이판수가 사령에게 엄지손가락을 눌러보였다. 사령이 중곤
을 휘둘러 마노리를 내리쳤다. 마노리의 몸속에서 캄캄한 벽이
일어섰다가 무너졌고, 더 큰 벽이 일어섰다. 마노리는 중곤 스
무 대에 실신했다. 의식이 꺼져버린 마노리가 뭐라고 중얼거렸
다. 이판수가 버선발로 마루에서 뛰어내려와 마노리의 입에 귀
를 기울였다.

……황사영…… 배론 골짜기…….

이판수가 사령에게 명했다.

—한 번 더 때려라.

사령이 스물한 번째 매를 내리쳤다. 마노리가 또 황사영의 이
름을 중얼거렸고 이판수는 귀를 기울였다. 이판수는 형문을 끝
내고 실신한 마노리를 독방 감옥에 수감했다. 마노리는 하루 뒤
에 깨어났다. 마노리는 자신이 중얼거린 말을 알지 못했다.

형장

    우포도대장 이판수는 실신한 마노리가 주절거린 내용을 상부에 보고하지 않았다. 이판수는 함경도 장진 부사가 가짜 황사영을 진짜 황사영으로 만들려고 사십 번 주리 틀어서 죽인 죄가 들통 나서 처형당한 사실을 알고 있었다. 이판수는 우선 황사영을 체포해서 진위를 가린 다음에 보고할 작정이었다.

    이판수는 눈썰미 매서운 기찰군관 한 명을 소금 장수로 변장시켜서 배론으로 보냈다. 소금 장수가 배론 산골로 떠날 때 이판수의 종사관과 포교군관이 군사 열 명을 거느리고 제천 읍에 숨어 있었다. 모두들 평복 차림이었다.

    소금 장수는 허리가 아프다고 꾀병을 부리면서 배론 마을 민가에 이틀 동안 얹혀서 뒹굴었다. 그 대가로 집집마다 소금을 퍼주면서 말길을 뚫었다.

소금 장수는 사흘 만에 제천으로 돌아와서 보고했다.

배론 옹기마을에는 옹기 짓는 민호가 다섯인데 그중 가장 생산이 많은 옹기장이는 김개동으로, 배론에 자리 잡은 지 오래되었고 최근에 그 집에 육손이라는 자가 들어와서 허드렛일을 돕고 있는데 육손이는 두물머리 마재의 명문가 정씨네 집안의 세습 노비로 면천된 자라는 것이었다.

김개동의 옹기가마는 규모가 크지만 여느 옹기가마와 다를 것이 없었는데, 다만 가마 옆에 옹기 창고로 쓴다는 토굴이 있어서 살펴보니 토굴 입구를 깨진 옹기로 막아놓고 있어서 토굴의 용도는 알 수 없었고, 토굴은 초벌 바른 흙이 갈라지지 않아서 지은 지 일 년이 안 되는 것으로 보인다고 소금 장수는 보고했다.

종사관은 지체 없이 군사를 배론으로 보냈다. 군사들은 새벽에 옹기마을에 들이닥쳤다. 군사들은 그림자처럼 마을로 들어왔다. 개들이 짖지 않았다. 군사들은 잠든 김개동과 육손이의 입을 틀어막고 묶었다.

황사영은 토굴 안에서 잠들어 있었다. 머리맡 서안 위에, 비단에 쓴 밀서가 펼쳐져 있었고 그 옆에 극세필의 붓 한 자루와 벼루가 놓여 있었다. 토굴 천장에 뚫린 봉창에서 달빛이 들어와 황사영의 잠든 얼굴을 비추었다. 잠든 얼굴은 맑고 편안했다. 군사들이 토굴 입구를 막은 옹기를 걷어낼 때 황사영은 잠에서 깨어났다. 횃불을 든 포졸이 토굴 안으로 기어들어왔다. 포교군관이 따라 들어왔다. 여기가 어디지 싶어서, 황사영은 눈을 크게 떴다.

—야, 알렉시오, 너 황사영이지?

포졸이 황사영을 끌어내서 묶었다. 포교군관이 토굴 내부를 수색했다. 토굴 안이 어두워서 군관은 비단에 쓴 깨알 같은 글씨를 읽지 못했다. 군관은 밀서와 벼루, 붓, 서안, 요강과 필사본 천주 교리서 몇 권을 증거물로 압수했다.

제천에서 종사관은 황사영과 김개동, 육손이를 삼자 대질했다. 종사관은 황사영의 신원을 확인했고 김개동과 육손이의 노비 전매 과정을 밝혀냈다. 종사관은 포교군관이 밀봉해서 가져온 밀서를 읽었다. 종사관의 얼굴이 하얗게 질렸다. 종사관은 밀서를 다시 봉했다. 종사관은 늦잠 든 군사들을 깨워서 서울로 말을 달렸다.

우포도대장 이판수는 황사영의 밀서를 읽어보고 나서 즉각 대비전에 고했다. 밀서를 보고하는 시간이 지체되면 무슨 재앙이 닥쳐올지 알 수 없었다. 대비는 황사영의 밀서를 읽고 옆으로 쓰러졌다. 대비는 밀서를 묘당에 내렸다. 대비는 곡기를 끊고 몸져누웠다.

대비는, 아 이제 사람이 금수를 낳아 창궐하였으니 금수가 다시 사람을 낳겠느냐…… 로 시작되는 자교를 다시 쓰려다가 힘이 부쳐서 밀쳐놓았다.

판서들이 황사영 일당에 대한 문초 내용을 수시로 보고했다. 대비는 누워서 들으면서 신음 소리를 냈다. 대비의 신음 소리는 문초를 닦달하는 호령처럼 들렸다. 보고가 여러 차례 거듭되었을 때 대비가 말했다.

—이제 무엇이 더 궁금하겠느냐. 패륜이 극악하여 이미 교화할 수 없다. 나는 무섭다. 때를 가리지 말고 처단해서 국법을 보이라.

계속되는 추국의 비명에 지친 형조는 서둘러 대비의 명을 시행했다.

임금이 백성의 목숨을 거둠은 지엄한 정법이나 해 뜨는 동쪽에서 시행하기에는 거북한 일입니다. 『서경』書經에 이르기를 '사社에서 죽인다' 하였으니, 국법으로 죽임을 내릴 때는 토지의 귀신을 모신 사직의 오른쪽에서 시행하라는 뜻이옵니다. 살피건대, 서대문 밖 성벽에서 양천 쪽으로 십 리 떨어진 자리가 사형장으로 마땅할 것입니다. 이로써 주周의 법도가 날마다 오히려 새로움을 알 수 있습니다.

국초國初에 한 예조판서가 그렇게 진언해서 서소문 밖 개울가가 사형장으로 정해졌다는데, 유건 쓴 식자들도 그 유래를 기억하지 못했다.

서소문 밖 사형장은 도성에서 가까웠다. 인왕산과 안산에서 흘러내린 물줄기가 마포 쪽 한강에 닿는 언저리에 미나리꽝이 펼쳐졌다. 물고랑이 크지는 않았으나 서해의 밀물과 썰물이 거기까지 밀려와서 물가는 갯벌로 질척거리며 짠내를 풍겼고 그 양쪽에 생선 장수, 나물 장수, 계란 장수, 소반 장수 들이 모여 살며 난전을 이루었다. 사형수를 싣고 가는 소달구지는 서소문으로 도성을 빠져나와 난전을 이룬 민촌을 지나 형장으로 갔다. 사형장을 사직의 오른쪽에 정한 국초의 뜻을 아는 사람은 아무도 없었다.

망나니가 감방 바닥에 쓰러져 있던 황사영을 어깨에 메고 나와 소달구지에 실었다. 황사영은 달구지 위에 무릎을 꿇었다. 망나니가 황사영의 두 팔을 벌려 나무틀에 묶고 머리카락을 위로 잡아매서 기둥에 못 박았다. 황사영의 머리가 추켜올려졌다. 망나니가 황사영의 양쪽 귀에 화살을 박았다. 화살을 박을 때 황사영의 입이 크게 벌어졌다. 망나니가 턱을 눌러서 입을 막았다. 화살은 골속으로 깊이 박혔다.

황사영의 달구지 뒤로 김개동과 육손이와 남대문 밖 옹기장수 최가람을 실은 달구지가 따라왔다. 김개동은 활개를 벌린 채 묶여서 성난 눈초리로 사방을 쏘아보았고 육손이는 무릎으로 앉지 못하고 달구지 위에 늘어져 있었다. 육손이는 콧구멍과 눈구멍을 불로 지져서 아무것도 보이지 않았다.

여옥女獄에서는 길갈녀, 강사녀, 오동희, 아리가 달구지에 실려 나왔다. 여수들은 모두 늘어져서 머리를 들지 못하고 기둥에 묶여 있었다. 달구지마다 망나니가 한 명씩 올라타서 소를 몰아가며 히죽히죽 웃었다.

달구지의 대열은 아침 무렵에 서소문을 나왔다. 달구지들이 민촌을 지날 때 상인들이 골목에 나와서 숨을 죽이고 구경했다. 미나리꽝을 지나서 개울을 건너자 모래밭이 펼쳐졌다. 거기가 형장이었다.

마노리는 먼저 실려 와서 묶여 있었다. 망나니가 사형수들을 소달구지에서 끌어내려 사형틀에 묶었다. 사형틀은 황사영을 선두로 해서 일렬로 늘어섰다. 창을 쥔 포졸들이 형장을 둘러싸서 시위를 갖추었고 그 너머에 구경꾼들이 몰려와 있었다.

망나니가 입에 문 술을 뿜어가며 칼춤을 추었다. 망나니는 칼춤으로 형장을 한 바퀴 돌면서 황사영에게 다가왔다. 망나니는 묶여서 엎드린 황사영의 목에 칼을 내리더니, 베려는 순간 칼을 거두었다. 망나니는 다시 입으로 술을 뿜어대며 칼춤을 추었다.

한낮의 해가 내리쬐어서 땅이 흙냄새를 뿜어냈다. 사형틀에 엎드려서 황사영은 흙냄새를 들이마셨다. 흙냄새 속에서, 먼 들판으로 흘러가는 소 울음소리가 들렸다. 소 울음소리가 흘러서 산천을 쓰다듬었고, 이쪽 논의 소와 저쪽 밭의 소가 서로 부르고 응답했다. 소 울음의 밋밋한 소리가 흘러나가서, 소리가 낮고 부드러운 들판으로 바뀌고 거기서 또 소들이 울고 있었다.

흙냄새 속에서, 먼바다가 펼쳐지고 푸른 연기를 뿜는 배들이 연안으로 다가오고 있었다. 깃발이 펄럭이고 구릿빛 대포가 햇빛에 번쩍이고 있었다. 배들은 인천, 부평, 소사, 안산, 평택, 당진 쪽으로 다가오고 있었다.

황사영은 묶인 채 고개를 들었다. 저쪽에서 마노리가 형틀에 묶여서 엎드려 있었다. 엎드린 마노리의 등과 팔다리는 말과 똑같았다. 목이 길고 등이 길고 팔다리가 길었다. 마노리는 묶여서도 달려갈 수 있을 것처럼 보였다.

황사영은 형문을 받을 때 마노리가 매를 맞다가 실신하면서 제천 배론 산골의 은신처를 실토했다는 사실을 알았다. 실토라기보다는 바람이 새듯, 기억이 말로 변해서 새어나온 것이었다. 형문 중에 황사영은 밀서를 마노리에게 주어서 북경으로 보내려고 했다는 사실을 실토했었다. 마노리에게서 이미 야소 모친상이 나왔으므로, 마노리는 살길이 없을 것이었다. 황사영과 마노리는 갈 길이 분리되지 않았다.

마노리가 고개를 돌려서 황사영을 바라보았다. 멀어서, 시선을 마주치지 않았는데, 얼굴은 보였다.

마노리야, 너에게 부탁했던 그 먼 길을 이제 내가 가야겠구나. 마노리야, 이제는 내가 요한 마노리다…….

망나니가 다시 한 바퀴 돌아와서 황사영 옆에 멈추었다. 망나니는 허연 이빨을 드러내며 뛰어올랐다. 망나니는 내려오면서 칼을 휘둘렀다. 황사영의 머리가 떨어져서 모래밭에 뒹굴었다.

피를 본 망나니의 칼춤은 신명의 꼭대기로 치솟았다. 발이 땅을 찰 때 먼지가 일었다. 망나니는 마노리 쪽으로 다가갔다.

마노리는 식은땀을 흘리며 헐떡거렸다. 북경 교당에서 세례를 받을 때처럼 목덜미며 뒤통수가 근지러웠다. 마노리는 자신이 실신해서 황사영의 은신처를 실토했다는 것을 형문 중에 알게 되었다. 또 북경으로 가는 밀서를 전하게 되어 있다는 사실을 황사영이 실토했다는 것도 알게 되었다. 형문 중에 황사영과 마노리는 두 번 대질했다. 마노리는 황사영이 매를 많이 맞기 전에 실토해버리기를 바랐지만, 묶여 있어서 그 바람을 전할 수는 없었다.

망나니가 다시 멀어져갔다. 망나니가 형장을 한 바퀴 돌아왔다. 마노리는 엎드린 채 땅 위를 바라보았다. 칼춤을 추는 망나니의 그림자가 다가왔다.

요동을 건너가는 산길과 들길이 마노리의 마음속으로 뻗어갔다. 눈보라에 덮여 저쪽이 지워진 겨울의 들길과 길들이 만나는 자리에 들어선 마을들이 마노리의 마음속에 되살아났다. 길과 마을 들은 선명한 지도를 그렸다. 길들은 이어지면서 산맥을 넘어서 대륙을 건너갔고 또 돌아왔다. 의주로 돌아온 첫날 밤에 은전 한 개를 주고 품었던 여자의 몸 냄새도 생각났다. 달고 비린 냄새였는데, 그 냄새 속에서, 면천하고 주막을 차리고 싶었다. 그것은 황사영이 가르쳐준 천주 교리처럼 쉽고 분명했다. 마노리는 엎드려서 그 분명함을 생각했다. 망나니가 다가와서 마노리 주변을 돌면서 날뛰었다. 마노리의 목은 굵었다. 망나니는 칼을 높이 치켜들고 두 팔에 힘을 주어 수직으로 내리쳤다. 마노리의 목은 두 번 칼질에 떨어져 나갔다.

강사녀에게 열두 살 난 딸이 있었는데, 아무도 알지 못했다. 강사녀는 드러난 재산도 있고 숨겨놓은 재산도 있었는데, 딸아이는 거지 몰골이었다. 탯줄만 빌렸을 뿐 어미와 인연이 없이 버려진 아이가 분명했다. 강사녀의 딸이 형장에 나와서 형틀에 묶인 어미를 보면서 울었다. 딸은 구경꾼들 사이를 돌며 구걸을 해서, 엽전 다섯 개를 모았고 제 주머니 속에 있던 엽전 다섯 개를 합쳤다. 딸은 엽전 열 개를 망나니에게 주며 제 어미를 먼저 죽여주기를 빌었다. 망나니가 강사녀를 먼저 베었다. 강사녀는 딸이 온 줄 모르고 죽었다. 강사녀의 딸은 어미의 목이 잘리자 어디론지 사라졌다.

아리와 길갈녀는 사형틀에 묶이기 전에 이미 죽어 있었다. 소달구지에 실려 올 때 몸이 늘어져서 짐짝처럼 흔들렸다. 형리는 두 여자가 죽은 것을 알았으나 망나니에게 집행을 명했다. 망나니도 두 여자가 죽은 것을 알았으나 아직 살아 있는 사람처럼 형틀에 묶어놓고 춤을 추며 목을 베었다. 집행은 저녁 무렵에 끝났다. 형리는 사형수를 모두 정법으로 집행했다고 우포도청에 보고했다. 승지가 법을 바로 세운 결과를 대비에게 아뢰었다. 대비는 벽 쪽으로 돌아누워 있었다.

황사영의 머리는 대나무 삼각대에 매달려 효수되었다. 머리가 잘린 사체들은 모래밭에 흩어졌다. 아침에 거지 아이들이 형장으로 몰려왔다. 거지 아이들이 토막 난 사체에 줄을 매서 마을로 끌고 나갔다. 목이 잘린 사체는 살았을 때 누구였던지 알 수 없었다. 거지 아이들은 민가의 대문에 사체를 들이밀며 밥을 구걸했다. 집 주인들이 질겁해서 밥을 내다주었다.

닭 울음

정약전은 황사영의 죽음을 한참 후에 알았다. 삼 년 후인지 사 년 후인지, 정약전은 기억할 수 없었다. 육지에서 온 관원이 황사영과 그 무리들의 죽음을 섬에 전했는데, 정약전은 그로부터도 한참 뒤에 소식을 들었다. 황사영은 늘 살아 있었고, 살아서 숨어 있었고, 숨어서 맑게 웃고 있었다. 황사영이 죽었다는 소식을 들은 후에도 사영은 여기저기서, 도회지와 산골과 바닷가에서, 그리고 현세의 공간과 관련이 없는 곳에서, 시간의 흔적이 묻어나지 않는 허공에서 살아 있는 것 같았다.

황사영이 죽임을 당하고 나서 그의 처 명련은 대정 고을의 관비가 되어 제주도로 끌려갔고 두 살 난 아들 경한이는 어미 등에 업혀 제주도로 가다가 명련이 사공에게 돈을 주어 배를 추

자도에 들르게 해서 추자도 서낭당 언덕에 내려놓고 갔다는 이
야기도 정약전은 한참 후에 들었다. 황사영의 아들 경한이도 그
아비처럼 어디엔가 살아 있을 것이었다. 목숨의 이어짐과 끊어
짐에 관련 없이, 그 아이는 살아 있을 것이라고 정약전은 바닷
가 바위에서 생각했다.

순매는 봄에 해산해서 아들을 낳았다. 울음소리가 컸고 머리
숱이 많았다. 흑산 미역이 순매의 산문을 오므려주었다. 순매는
젖이 잘 돌았다. 아이는 여섯 달에 몸을 뒤집었고 열 달에 기었
다. 돌이 지나자 아이는 일어섰다.
　아이는
　섬마 섬마 섬마
　로 일어서서
　따로 따로 따로
　로 걸어왔다.
　정약전은 물고기의 생김새와 사는 꼴을 적은 글을 모아『자
산어보』玆山魚譜라고 이름 지었다. 자산은 흑산과는 다른 이름
이었다.『자산어보』속에서 물고기들은 솟구쳐서 날아오르고 물
밑으로 숨어들었다. 물고기들은 작은 내장을 작동시켜서 원양
을 건너갔고 섬으로 다가왔다. 물고기들은 몸으로 파도를 헤쳐
나간 무늬를 푸른 등 위에 새기고 있었다. 창대는『자산어보』라

는 제목에 미소 지었다.

아이가 첫돌이 되던 봄날, 정약전은 사리 포구가 내려다보이는 언덕에 서당을 지었다. 흑산 수군진 별장 오칠구가 전보되어서 섬을 떠날 때 정약전 거처의 마루에 놓고 간 오십 냥에다가 마을 풍헌들이 미역과 생선을 거두어 팔아서 오십 냥을 보탰다. 돈으로 나무와 기와를 장만했고 마을 젊은이들이 노역을 바쳤다. 서당은 마루 한 칸에 방 두 개였고 마당이 넓었다. 돌담 구멍마다 바다가 보였고 바람이 드나들었다.

풍헌들의 자식과 어부의 자식들이 대여섯 명 모여서 정약전에게 글을 배웠다. 아이들은 제 부모의 일을 거드느라고 서당에 자주 오지 못했고 글 깨치기도 들쭉날쭉이었다. 약전은 『천자문』과 『소학』을 함께 가르쳤다.

『소학』의 가르침은 물 뿌려서 마당 쓸고 부르면 응답하는 것이다.

원형이정元亨利貞은 하늘의 법칙이고 인의예지仁義禮智는 인간의 본성이다.

언덕 위에 지은 서당은 포구 쪽에서도 보였다. 초여름에 문풍세의 배가 흑산에 왔다. 배에는 새로 흑산에 부임하는 수군 별장

이 타고 있었다. 중년의 무관이었는데 흑산은 초임이었다. 신임
별장은 군관 두 명을 거느리고 있었다.

배가 포구에 다가가자 신임 별장은 이물 쪽에 서서 손차양을
올려서 섬을 살폈다. 포구에서는 마을의 풍헌들이 섬 주민들을
데리고 나와 깃발을 흔들고 징을 때려서 신임 별장을 맞고 있었
다. 흑산 수군진 군사들도 선착장에 도열했다. 문풍세는 언덕 위
에 새로 들어선 서당 건물을 눈여겨 살폈다.

배가 선착장에 닿자 징 소리가 높아졌다. 문풍세의 수탉이 마
을 쪽을 향해 길게 울었다.

피 흘리며 나아간 사람들을
두려워하고 괴로워하며

15년 전 일산으로 이사 온 뒤에 자유로를 타고 한강을 따라서 서울에 드나들었다. 귀가하는 저녁이면 하구 쪽으로 노을이 넓고 깊었다. 옛 양화진楊花津 자리에 강물을 향해 불쑥 튀어나온 봉우리가 있는데, 누에 대가리 같다고 해서 이름이 잠두봉蠶頭峰이었다.

140여 년 전에 무너져가는 나라의 정치권력은 이 봉우리에서 '사학邪學의 무리'를 목 자르고 그 시체를 강물에 던졌다. 죽임을 당한 자들이 1만 명이 넘었다. 서쪽에서 낯선 시간이 거슬러 올라오던 한강은 피로 씻기었고 봉우리의 이름은 절두산切頭山으로 바뀌었다. 땅 위의 길을 다 걸어서 저쪽으로 건너가는 일이 그토록 어려워 산천은 피에 젖었다. 140여 년 전이면, 아주

가까운 과거일 것이다.

절두산은 자유로에 바짝 닿아 있다. 잠두봉은 조선시대에 한 강의 절경으로 꼽혔고 겸재謙齋는 이 자리를 〈양화환도〉楊花喚 渡라는 화폭에 그렸는데, 지금 절두산은 매연에 찌든 흙더미이 다. 비오는 날에는 절두산 벼랑이 빗물에 번들거리고 그 아래 자 유로에는 늘 자동차들이 밀려 있었다. 자유로를 따라서 서울을 드나들 때마다, 이 한 줌의 흙더미는 나의 일상을 심하게 압박 하였다. 이 소설은 그 억압과 부자유의 소산이다.

절두산 아래를 통과해서 귀가하는 날들이 오래 계속되었다. 나는 흑산도나 남양 성모성지, 배론성지 같은 사학죄인들의 유 배지나 피 흘린 자리를 답사했고 기록들을 찾아서 읽었다. 나는 흑산에 유배되어서 물고기를 들여다보다가 죽은 유자儒者의 삶 과 꿈, 희망과 좌절을 생각했다. 그 바다의 넓이와 거리가 내 생 각을 가로막았고 나는 그 격절의 벽에 내 말들을 쏟아댔다. 새로 운 삶을 증언하면서 죽임을 당한 자들이나 돌아서서 현세의 자 리로 돌아온 자들이나, 누구도 삶을 단념할 수는 없다.

흑산의 여러 섬에 갔더니, 물고기를 들여다보던 유배객의 자 취는 풀섶에 덮였고 지나간 날들의 물고기는 오늘의 물고기로 이어져서 연안으로 몰려왔다. 섬에서 죽은 유자의 넋이 물고기가 되어 온 바다에 들끓는 것이려니 여겼다.

여러 연구자들의 학문적 업적에 힘입어서 사학죄인으로 죽은 많은 사람들의 생애와 심문 기록을 읽을 수 있었다. 그 기록의 한 줄 한 줄은 내가 소설이나 작문으로써 감당할 수 있는 것이 아니었다. 대부분의 기록과 사실들을 소설로 끌어들이지 못한 채, 그대로 놓아두고 다만 읽을 수밖에 없었다.

나는 말이나 글로써 정의를 다투려는 목표를 가지고 있지 않다. 나는 다만 인간의 고통과 슬픔과 소망에 대하여 말하려 한다. 나는, 겨우, 조금밖에는 말할 수 없을 것이다. 그래서 나는 말이나 글로써 설명할 수 없는 그 멀고도 확실한 세계를 향해 피 흘리며 나아간 사람들을 두려워하고 또 괴로워한다. 나는 여기에서 산다.

늘, 너무나 많은 말을 이미 해버린 것이 아닌지를 돌이켜 보면 수치감 때문에 등에서 식은땀이 난다. 이 책을 쓰면서도 그러하였다. 혼자서 견디는 날들과, 내 영세한 필경의 기진한 노동에 관하여 아무 말도 하고 싶지 않다.

2011년 가을에
김훈은 쓰다

참고 문헌

이 소설은, 그 내용의 일부를 이루는 정보와 정황, 어휘와 이미지에서
여러 서물(書物)에 빚지고 있다. 빚진 내용은 아래와 같다.

- 『비변사등록』, 북한 사회과학원 민족고전연구소, 2011.
  소설 본문 21~24쪽의 소장 내용, 25~26쪽의 윤음, 73~75쪽의 아전
  의 부정, 97~99쪽의 서양 배, 120~126쪽, 207~210쪽, 326~327쪽의
  자교는 『비변사등록』 중 정조, 순조 연간의 기록들을 자르고 합치고
  상상을 보태서 다시 쓴 것이다. 『비변사등록』은 국내 국역본이 없고
  출판사 열화당 이기웅 사장이 북한에서 국역한 150권을 가지고 있기
  에 열람했다. 감사드린다.
- 『본리지』(本利志) 1·2·3, 서유구 지음, 정명현·김정기 역주, 소와당,
  2008.
  소설 본문 24쪽에서, 『본리지』 서문 중 본(本)과 이(利)에 대한 설명
  을 내 뜻에 맞게 바꾸어서 표현하였다. 그 밖에 농사와 관련된 여러
  어휘와 감각을 『본리지』에서 끌어왔다.
- 『신유박해 자료집』 Ⅰ·Ⅱ·Ⅲ, 조광 편저, 변주승 역, 한국순교자현양
  위원회, 1999.
- 『역주 사학징의』 Ⅰ, 조광 역주, 한국순교자현양위원회, 2001.

- 『한국천주교회사』 1·2·3, 한국교회사연구소, 2009.

- 『한국천주교회사』 상·중·하, 샤를르 달레 지음, 안응렬·최석우 역주, 한국교회사연구소, 2000.

- 『기해·병오박해 순교자들의 행적』, 최양업 신부 역, 배티 사적지 편, 천주교 청주교구, 1997.

  기해·병오박해는 정약전이 연루된 신유박해로부터 40여 년 후에 벌어졌으나 감옥의 풍경과 고문의 기법 등을 끌어다 썼다.

- 『천주교요리문답』, 노기남 편집 겸 발행, 가톨릭출판사, 1959.

  이 문답에 나타난 교리는 19세기 초에도 정통(正統)일 것이므로 소설 본문 219쪽에 인용하였다.

- 『신유박해와 황사영 백서사건』, 한국순교자현양위원회, 2003.

- 『신유박해 연구의 방법과 사료』, 한국순교자현양위원회, 2003.

- 『순교지와 순교 유물』, 한국순교자현양위원회, 2003.

- 『조선왕조의 법과 그리스도교』, 원재연 지음, 한들출판사, 2003.

- 『다산 산문선』, 정약용 지음, 박석무 역주, 창작과 비평사, 1985.

  정약용이 지은 「녹암 권철신 묘지명」이 이 책에 수록되어 있는데, 권철신 집안의 분위기를 묘사한 대목(82~83쪽)에 내 상상을 보태 새로 써서 소설 본문 64쪽과 166쪽에 넣어 정약현의 집안으로 옮겨놓았다.

- 『정다산과 그 시대』, 강만길 외 4명 지음, 민음사, 1966.

- 『정약용과 그의 형제들』 1·2, 이덕일 지음, 김영사, 2004.

- 『다산기행』, 박석무 지음, 한길사, 1988.

- 『현산어보를 찾아서』 1·2·3·4·5, 이태원 지음, 청어람미디어, 2008.

  바다의 물고기와 새에 관한 많은 정보와 지식을 이 책 다섯 권에서 얻었다. 소설 본문 127~128쪽의 갈매기, 131쪽의 게 다리, 185쪽의 날치, 187쪽의 고등, 189~190쪽의 고등어와 청어의 상태를 묘사할 때 이 책은 큰 도움이 되었다. 이태원 님의 글의 의도를 손상하거나 벗어나지 않는 범위 안에서 문장을 새로 만들어 넣었다. 나는 물고기를 보려고 흑산도에 두어 번 갔고 노량진 수산시장에도 자주 갔는데, 내 눈에는 물고기가 보이지 않았다. 이태원 님께 감사한다.

- 『섬마을 소년들』, 황용희, 멘토프레스, 2010.
- 『자산어보』, 정약전 지음, 정문기 역, 지식산업사, 1977.
- 『상해자산어보』, 정석조 상해, 신안군, 1998.
- 『운곡잡저』 1·2, 이강회 지음, 신안문화원, 2004.
  이강회의 문집 『운곡잡저』 1권에는 정약전이 쓴 「송정사의」가 들어 있다. 소나무 징발의 문제와 섬에서 벌어지는 박민(剝民)의 풍경을 기술하는 데 참고했다.
- 『김이수 전기』, 최성환 편집, 신안문화원, 2008.
  섬 주민에게 부과되는 조세, 부역의 실상을 알게 해주었다.
- 『격암유록』, 남사고 전수, 강덕영 역해, 동반인, 2004.
  소 울음소리의 이미지를 이 책에서 얻어서 소설 본문 100쪽 등에 써 넣었다.
- 『정감록』, 이민수 역주, 홍신문화사, 2008.
  외국의 큰 배와 해도진인(海島眞人)을 기약하는 참언이 『정감록』에 나온다.
- 『연행의 사회사』, 김태준 외 6명, 경기문화재단, 2005.
  북경으로 가는 사행의 풍경을 묘사하는 데 많은 도움이 되었다.
- 『표해록』, 장한철 지음, 김지홍 옮김, 지식을 만드는 지식, 2009.
  멀어서 보이지 않는 바다를 붉은 바다, 흰 바다, 검은 바다로 표현했는데, 이 표현을 그대로 소설 본문에 끌어들였다.

연대기

『조선왕조실록』을 포함한 여러 문헌에서 관련 자료를 모아
학고재 편집부에서 정리한 것입니다.

1628년 <u>인조 6</u> '진인이 남해에서 계룡으로 오면 창업을 알 수 있다'는
『정감록』 유언을 내세워 유효립 등이 모반을 기도함.

1644년 <u>인조 22</u> 청에 볼모로 잡혀간 소현 세자가 예수회 샬 폰 벨 신부와
친교를 맺음.

1671년 <u>현종 12</u> 경기, 충청도에 민란이 일어남. 전국적인 대기근으로 서
울의 쌀 한 섬이 여덟 냥으로 폭등함.

1683년 <u>숙종 9</u> 대청 무역으로 부를 쌓은 정만익, 박기령 등 역관들이 왕
십리에 거주하는 무사들과 역모를 논의하는 한편 복자卜
者들에게 거사의 길흉을 점치게 한 사실이 발각됨. 남인
숙청을 둘러싸고 서인이 강경파인 노론과 온건파인 소
론으로 분당.

1697년 <u>숙종 23</u> 서울의 서얼 출신 이영창이 금강산에 있는 승려 운부 및
황해도와 평안도 일대에서 도적의 괴수로 이름을 떨친
장길산과 손을 잡고 세력을 떨침.

1703년 <u>숙종 29</u> 충청 천안, 경기 포천, 전라 서흥 지방에서 민란이 일어남.

1728년 영조 4	3월 이인좌의 난. 정권에서 배제된 서인과 남인 출신의 명문가 후손들이 충청도와 경상도, 전라도에서 각각 거병하고 청주성을 점령함. 도순무사 오명항이 이들을 토벌함.
1733년 영조 9	남원에서 김원팔 등이 괘서 사건을 일으킴. 예언서 『남사고비결』이 압수됨.
1738년 영조 14	우의정 송인명이 근래 흑산도로 정배하는 일이 많으니 타당하지 않다고 영조에게 아룀.
1739년 영조 15	서북 변방에 『정감록』 등의 참위서가 파다히 퍼진 일에 대해 조정의 신하들이 불살라 금하기를 청함.
1748년 영조 24	청주의 몰락 양반 이지서가 청주와 문의에서 변란을 예언한 괘서를 붙임. 11월 경기도 마전 지역 난민들이 수어청 둔전의 곡물을 탈취함.
1758년 영조 34	정약전이 경기도 광주(지금의 남양주군 조안면 능내리)에서 태어남.
1764년 영조 40	영남에서 이인좌 난의 잔당 이달손이 자근만 등과 함께 점술을 이용해 유언비어를 퍼뜨리고 역모를 꾸민 죄로 주살됨.
1768년 영조 44	호남 사람 조명성과 신필주가 '기문감여奇門堪輿의 잡설'로 백성을 현혹시키고 역모를 꾸민 혐의로 영조의 국문을 받음.
1775년 영조 51	황사영이 서울 아현방(지금의 아현동)에서 태어남.
1776년 정조 원년	정조 즉위.
1779년 정조 3	권철신, 정약전, 이벽 등이 경기도 광주 주어사에서 천주교 교리를 토론함.

1781년 정조 5　영남의 흉황에 대해 정조가 재해민을 위로하는 윤음을 내림.

1782년 정조 6　황해도 평민 문인방의 역모 사건이 일어남. 『정감록』의 '초포(계룡산 아래 마을)에 바닷물이 드나들면'草浦潮生이라는 구절이 공초에서 언급됨.

1784년 정조 8　2월 이승훈이 북경의 북당에서 예수회원 그라몽 신부로부터 세례를 받음. 3월 이승훈이 천주교 서적을 갖고 귀국한 후 이벽, 권일신 등과 명례동(지금의 명동) 김범우의 집에서 정기적으로 집회를 가짐.

1785년 정조 9　1월 이승훈, 정약전·약종·약용 삼형제, 권일신 부자 등 10여 명이 집회 중 이벽의 교설을 듣다가 추조(秋曹: 형조) 관리들에게 발각됨(추조적발사건). 이 일로 천주교의 존재가 조정에서 공식적으로 언급됨. 양반 자제들은 풀려나고 중인 김범우만 심문을 받고 유배당했으며 다음해 사망함. 3월 충청도 평민 문양해가 홍복영, 이율과 함께 술사의 말을 믿고 역모를 꾀하다 김이용의 고발로 발각되어 효시됨.

1787년 정조 11　서울 반촌(현재 혜화동 인근)에서 이승훈과 정약용이 젊은이들에게 천주교 교리를 가르친 데 대해 홍낙안이 상소를 올려 단죄를 주장함(정미반회사건). 양반의 족보에 이름을 올리고 군역을 피하는 현상이 늘어남. 5월 프랑스의 라 페루즈 일행이 제주도 연안을 측량하고 울릉도에 접근함. 이후 서양 기선과 함대의 출몰이 빈번해짐.

1790년 정조 14　5월 조선 교회를 대표해 이승훈 등이 북경 교회에 사제 파견과 서양 선박을 요청하는 서신을 보냄. 역관 윤유일이 조상 제사를 금지하는 구베아 주교의 서한을 갖고 귀국함. 7월 유구국 배가 전라도 흥양현 삼도와 제주도 귀일포에 표착하자 귀환시킴. 9월 황사영이 진사시에 합격함. 10월 정약전이 증광문과에 응시, 병과로 급제함. 이후 병조좌랑까지 오름. 10~12월경 황사영이 정약현의 맏딸 명련과 결혼.

1791년 <u>정조 15</u> 2월 민간 상인들의 건의를 받아들여 육의전을 제외한 나머지 시전의 특권을 폐지(신해통공). 5월 흑산도 백성들이 닥나무를 양향청에 바치는 폐단에 대해 징을 치며 원통함을 호소함. 11월 전라도 진산군의 선비 윤지충(정약전의 외사촌)이 모친상에 신주를 없애고 천주교식으로 장례를 치름. 이 사건이 조정에 알려져 윤지충과 외종형 권상연은 현재 전주 전동성당 자리에서 참수됨(진산사건). 홍문관에 소장된 한문 서학서를 소각하고, 청나라에서 서학서를 구입해오는 것을 금지함.

1792년 <u>정조 16</u> 10월 청나라 사절단의 비용은 규정액 8,000냥을 초과하지 못하게 함. 11월 소론 이동직이 정조의 문체반정론에 편승해 남인 이가환을 비판함.

1794년 <u>정조 18</u> 1월 수원성 축조 시작. 12월 중국인 주문모 신부가 중인 약사 지황, 역관 윤유일 등 조선 신자들의 안내를 받아 의주를 통해 입국함. 당시 천주교 신자는 4,000명이었으며 1800년에 이르러서는 1만 명으로 증가함.

1795년 <u>정조 19</u> 1월 서울 계동 최인길의 집에 여장을 푼 주문모 신부가 서울과 지방을 오가며 선교 활동에 나섬. 황사영이 최인길의 집에서 주문모 신부에게 '알렉시오'라는 이름으로 세례를 받음. 6월 신입 교인 한영익의 고발로 주문모 신부 체포령이 내려짐. 주문모 신부의 입국을 도운 지황, 윤유일, 최인길이 포도청에서 장살됨.

1796년 정조 20　주문모 신부가 황심을 북경 천주교회의 구베아 주교에게 밀파. 8월 전라도 신안 임자도의 말 목장을 없애고 경작지로 개간. 표훈사, 신륵사 개축을 위해 공명승첩 250장을 발급함. 의주 지방에서 홍수로 1,000여 호가 무너지거나 떠내려가고 200여 명이 죽음. 9월 환곡 및 군포의 가혹한 징수로 평안도 곽산의 호수가 5,000호에서 1,700호로 줄어듦. 11월 『화성성역의궤』 완성.

1797년 정조 21　6월 승지 정약용이 정조에게 서양의 사설에 빠져들었던 일을 뉘우치는 상소를 올림. 제주도 대정현에 표착한 유구인 7명을 돌려보냄. 7월 연암 박지원이 천주교도들이 많았던 당진 지역 내포 면천 군수로 부임함. 9월 동래부에 16문의 대포를 장착한 영국 군함 프로비던스 호가 출현, 천주교 신자 현계흠이 승선함. 현계흠은 황사영에게 '이 배 한 척은 우리나라 전함 백 척을 상대할 만하다'고 전함. 11월 강세황의 손자 강이천이 주문모와 접촉하여 그를 '진인'으로 부르고, '해도에 강장한 병마가 있다'는 등 『정감록』 예언에 바탕을 둔 말로 민심을 혼란케 한 데 대해 형조의 탄핵을 받음.

1799년 정조 23　1월 전국적으로 전염병이 만연하여 12만 8,000여 명이 죽음. 5월 정조가 가뭄과 돌림병의 창궐을 언급하고 서학 확대에 대한 대책을 중신들과 논의함. 정약종이 천주교 한글 교리서 『주교요지』 저술.

1800년 <u>정조 24</u>	6월 정조 승하.
1801년 <u>순조 1</u>	1월 천주교 신자 최필공이 체포됨. 2월 대왕대비 정순왕후 김씨가 천주교 신자들을 역적으로 다스리고 오가작통법을 시행하여 신자들을 색출, 처벌하라는 금교령을 내림(신유박해). 영이 내려진 지 9일 만에 교리서와 성물을 담은 정약종의 고리짝이 발각되면서 경기도와 충청도로 박해가 확산됨. 3월 이가환, 홍낙민, 정약용, 이승훈이 체포되어 심문이 시작되고 권철신, 정약종 등이 의금부에 갇힘.

4월 정약종, 홍낙민, 최창현, 홍교만, 이승훈, 최필공 등 6명이 서울 서소문 밖에서 참수되고 이가환과 권철신은 옥사함. 약전은 전라도 신지도(완도), 약용은 경상도 장기로 유배됨. 4월 말 주문모 신부가 의금부에 자수함. 5월 주문모 신부, 새남터에서 군문효수됨. 11월 황사영이 배론에서 체포되면서 신앙의 자유를 얻기 위해 서양 군함의 파견 등을 요청하는 내용의 '백서'도 압수됨. 정약전과 정약용이 불려 올라와 심문을 받음. 12월 황사영, 서소문 밖에서 능지처참됨. 황사영의 부인 정명련은 제주 대정현의 관비로 가는 뱃길 중 두 살 난 아들 경한을 살리기 위해 추자도에 내려놓음. 정약전은 흑산도로, 정약용은 강진으로 유배됨.

1802년 <u>순조 2</u>	1월 정순왕후의 척사윤음 발표로 신유박해 종결. 조정의 공식 기록에는 처형된 신자가 100여 명, 유배된 신자는 400여 명으로 기록됨. 7월 북경 주교 구베아, 조선 교회의 사정을 프랑스에 전달.

1804년 <u>순조 4</u> 1월 정순왕후, 수렴정치를 중단함. 이달우 등의 모반 사
건과 관련해 조정을 비방하는 비기가 서울 사대문에 나
붙고 노래에 담겨 퍼짐.

1805년 <u>순조 5</u> 1월 정순왕후 죽음. 김조순이 집권하며 안동 김씨의 세
도정치가 시작됨.

1807년 <u>순조 7</u> 2월 서해에 해일이 일어나 무너진 집이 5,110호, 죽은 사
람이 23명에 이름.

1810년 <u>순조 10</u> 9월 정약용이 강진에서 향리로 방면됨.

1811년 <u>순조 11</u> 5월 서울에 도적이 횡행함. 12월 홍경래 등이 지휘하는
난군이 봉기. '남도' '진인' 등 『정감록』의 구절이 있는 격
문을 포고함. 조선 교회의 밀사 이여진이 북경 교구장과
교황에게 선교사 파견을 요청하는 편지를 갖고 북경 교
회에 전함.

1812년 <u>순조 12</u> 3월 홍경래 난군이 의주, 함종 등지를 습격. 4월 난군이
저항하던 정주성이 관군에 함락되고 홍경래가 전사함.
난군 약 2,000명이 처형됨.

1814년 <u>순조 14</u> 2월 홍경래 난 이후 생활고로 평안도 인구가 66만 4,000여
명에서 40만 2,000여 명으로 감소됨. 5월 서울에서 식
량 고갈로 폭동이 일어나고 도적이 횡행함. 6월 함경도
에 대홍수. 7월 경상도에 대홍수로 민가 5,600여 호, 주민
94명 피해.

1815년 <u>순조 15</u> 흉년이 들어 기아자가 속출함. 경상도 청송의 신자 공동
체에서 구걸을 하던 자가 신자들의 재산을 탐내 관아에
밀고, 청송과 원주 등 천주교 신자 71명이 체포됨(을해박
해). 7월 경상도 함안 등지에 대홍수로 570여 명이 죽고,

민가 2,000여 호가 파괴 유실됨. 정약전『자산어보』완성.

1816년 <u>순조 16</u> 정약전, 흑산도에서 죽음. 정약종의 아들 정하상이 북경을 방문, 조선 교회의 소식을 북경 교구장 수자 사라이바 주교에게 전함.

1817년 <u>순조 17</u> 6월 삼남에 큰 홍수로 130여 명이 죽고 가옥 4,000여 호가 유실 또는 파괴됨.

1836년 <u>헌종 2</u> 1월 모방 신부, 서양 선교사로서 최초로 의주 변문을 거쳐 조선 입국.

1845년 <u>헌종 11</u> 8월 김대건, 조선인 최초로 사제 서품. 이듬해 서해를 통한 선교사 입국로를 탐색하던 김대건 신부가 순위도에서 체포되어 새남터에서 군문효수됨.

1855년 <u>철종 6</u> 1월 메스트르 신부, 제천 배론에 성 요셉 신학교 설립.

낱말 풀이

ㄱ

각수刻手 나무나 돌 따위에 조각하는 일을 직업으로 하는 사람.

강상綱常 유교의 기본 덕목인 삼강三綱과 오상五常.

개먹다 자꾸 맞닿아서 몹시 닳음.

경래관京來官 조정에서 임명되어 지방으로 파견된 관리.

견마 경마의 옛말로, 남이 탄 말의 고삐. 또는 그 고삐를 잡고 말을 모는 일.

고래 방의 구들장 밑으로 나 있는, 불길과 연기가 통하여 나가는 길.

공초供招 죄인이 범죄 사실을 진술하던 일.

관찰사觀察使 조선시대 각 도의 으뜸 벼슬.

구종驅從 벼슬아치를 모시고 따라다니던 하인.

국금國禁 나라의 법으로 금함. 또는 그렇게 금한 일.

국초國初 나라를 세운 처음 시기.

군문효수軍門梟首 죄인의 목을 베어 군문 앞에 매어 달던 일.

굴건屈巾 상주가 상복을 입을 때에 두건 위에 덧쓰는 건.

극률極律 사형과 같은 극한 형벌에 해당하는 죄를 정한 법률.

극변極邊 중심이 되는 곳에서 아주 멀리 떨어져 있는 변경.

금상 今上 현재 왕위에 있음. 또는 그런 임금.

금수이적 禽獸夷狄 짐승과 오랑캐.

기교 棄敎 믿음을 버림.

기발 騎撥 역참에 속해 중요한 공문서를 교대로 변방에 급히 전하던 군졸.

기세 棄世 세상을 버린다는 뜻으로, 웃어른이 돌아가심을 이르는 말. 또는 세상을 멀리하여 초탈함.

기시 棄市 사람들이 많이 모인 곳에서 죄인의 목을 베고 그 시체를 길거리에 버리던 형벌.

ㄴ

나장 羅將 조선시대 군아郡衙에 속한 사령.

나졸 羅卒 지방 관아에 속한 사령과 군뢰軍牢.

남정 男丁 열다섯 살이 넘은 사내.

노용 路用 먼 길을 오가는 데 드는 비용.

노유 老幼 늙은이와 어린아이를 아울러 이르는 말.

놋좆 배 뒷전에 자그맣게 나와 있는 나무못. 노의 허리에 있는 구멍에 이것을 끼우고 노질을 함.

ㄷ

단엄 端嚴 단정하고 엄숙함.

당상관 堂上官 당상의 품계에 있는 벼슬아치. 당상은 정삼품 상上 이상의 품계에 해당하는 벼슬을 통틀어 이르는 말.

당하관 堂下官 당하의 품계에 있는 벼슬아치.

대안對岸 강, 호수, 바다 따위의 건너편에 있는 언덕이나 기슭.

도진별장渡津別將 나루터를 관리하는 일을 맡아보던 종구품 벼슬.

둔전屯田 변경이나 군사 요지에 주둔한 군대의 군량을 마련하기 위하
여 설치한 토지.

드난 노비나 그와 유사한 처지의 사람이 남의 집 행랑에 붙어 지내며
그 집의 일을 도와줌. 또는 그런 사람.

ㅁ

망군望軍 높은 곳에서 적의 동정을 살피던 군사.

매득비賣得婢 돈을 주고 산 몸종.

맹춘孟春 초봄 또는 음력 1월을 달리 이르는 말.

목도 두 사람 이상이 짝이 되어, 무거운 물건이나 돌덩이를 얽어맨 밧줄
에 몽둥이를 꿰어 어깨에 메고 나르는 일.

무민誣民 백성을 미혹하게 하여 속임.

무부무군無父無君 어버이도 임금도 안중에 없을 만큼 행동이 막됨.

물고物故 죄를 지은 사람이 죽음. 또는 죄를 지은 사람을 죽임.

ㅂ

박민剝民 세금을 많이 거두거나 부역을 자주 시켜 백성을 괴롭힘.

별장別將 조선시대 지방의 산성山城·나루·포구·보루堡壘·소도小島 따위
의 수비를 맡아보던 종구품 무관의 벼슬.

별형방別刑房 중죄인을 심문할 때 참석한 수사관.

병마사兵馬使 고려와 조선시대의 지방 관직이자 군대 지휘관.

병조좌랑兵曹佐郎 조선시대 병조兵曹에 둔 정육품 관직.

부대시不待時 시기를 가리지 않고 사형을 집행하던 일.

부사副使 정사正使를 돕던 버금 사신.

비변사備邊司 조선시대에, 군국의 사무를 맡아보던 관아.

비장裨將 조선시대 감사監司·유수留守·병사兵使·수사水使·사신使臣을
　　　따라다니며 일을 돕던 무관 벼슬.

ㅅ

사개 상자 따위의 모퉁이를 끼워 맞추기 위하여 서로 맞물리는 끝을 들
　　　쭉날쭉하게 파낸 부분. 또는 그런 짜임새.

사령使令 관아에서 심부름하던 사람.

사선私船 개인이 사사로이 가진 배.

사옹원司饔院 궁중의 음식을 맡아본 관청.

사장詞章 시가와 문장.

사창社倉 각 고을의 환곡還穀을 저장하여 두던 곳집.

사학죄인邪學罪人 사학을 좇는 죄인이라는 뜻으로, '천주교인'을 이르
　　　던 말.

삼식이 삼세기三細魚. 몸에 수많은 사마귀 모양의 돌기가 덮여 있는 바닷
　　　물고기.

색리色吏 감영이나 군아에서 곡물을 출납하고 간수하는 일을 맡아보던
　　　구실아치.

서원書員 조선시대 서리書吏가 없는 관아에 두었던 벼슬아치.

서장관書狀官 외국에 보내는 사신 가운데 기록을 맡아보던 임시 벼슬.

소강溯江 강을 거슬러 올라감.

속량贖良 몸값을 받고 노비의 신분을 풀어주어서 양민이 되게 함.

수군만호水軍萬戶 조선 각 도의 수군에 속한 종사품 외직 무관 벼슬.

수사水使 각 도의 수군을 통솔하는 일을 맡아보던 정삼품 외직 무관 벼슬. 수군절도사.

시선柴船 본래 땔감 나무를 실어 나르던 배였으나 어업에 이용되면서 큰 고깃배의 어획물을 실어 나르는 운반용 배를 뜻하게 됨.

심열성복心悅誠服 마음속으로 기뻐하며 성심을 다하여 순종함.

ㅇ

압물관押物官 사신 일행을 따라가서 무역 물품을 관리하는 일을 맡아보던 벼슬.

어리 병아리 등을 가두어 기르기 위하여 덮어놓는 싸리나 대나무, 또는 가는 나무로 엮어 둥글게 만든 물건.

열성조列聖朝 여러 대의 임금의 시대.

오가작통五家作統 조선시대 범죄자의 색출과 세금 징수·부역의 동원 따위를 위하여 다섯 민호民戶를 한 통씩 묶던 호적 제도.

왕사王使 임금의 사신.

요망군瞭望軍 높은 곳에서 적의 동정을 살피던 군사. 망군.

요흉妖兇 요사스럽고 흉악함.

용모파기容貌疤記 어떠한 사람을 잡기 위하여 그 사람의 용모와 특징을 기록함. 또는 그런 기록.

원형이정元亨利貞 하늘이 갖추고 있는 네 가지 덕. 세상의 모든 것이 생겨나서 자라고 이루어지고 거두어짐을 뜻함.

유수留守 조선시대 수도 이외의 요긴한 곳을 맡아 다스리던 정이품의 외관外官 벼슬. 개성·강화·광주·수원·춘천 등지에 둠.

유의 儒醫 유학에 밝으면서 의사인 사람.

육주비전 六注比廛 조선시대 전매 특권과 국역 부담의 의무를 진 서울의
여섯 시전市廛.

윤음 綸音 임금이 신하나 백성에게 내리는 말.

의금부 義禁府 임금의 명령을 받들어 중죄인을 신문하는 일을 맡아 하던
관아.

이궁 離宮 임금이 나들이 때 머물던 별궁. 행궁行宮이라고도 함.

이속배 吏屬輩 과거와 음서 등 공식적인 방법을 통해 선발되지 않은 중
하위 관직의 관리. 서리 또는 아전으로도 불림.

ㅈ

자배기 아가리가 둥글고 넓적하게 벌어진 옹기그릇.

자심하다 滋甚- 더욱 심하다.

잔약 殘弱 가냘프고 약함.

장교 將校 각 군영과 지방 관아의 군무에 종사하던 낮은 벼슬아치.

장궤틀 長跪- 무릎을 꿇을 수 있게 되어 있는 틀.

장폐 杖斃 장형杖刑을 당하여 죽음.

전래비 傳來婢 집안에서 대대로 전해 내려온 몸종.

정법 正法 죄인을 사형에 처하던 형벌. 정형正刑이라고도 함.

정사 正使 사신 가운데 우두머리가 되는 사람. 또는 그런 지위.

정삭 正朔 역법曆法의 하나. 예전 중국에서 제왕이 새로 나라를 세우면
신력新曆을 반포했음.

정이천 程伊川 중국 북송 중기의 유학자 정이程頤. 이천은 호.

제조상궁 提調尙宮 어명을 받들고 내전의 모든 재산을 총괄하여 맡아보 던 상궁.

조전 祖傳 조상 대대로 전해지는 것.

좌수 座首 조선시대 지방의 자치 기구인 향청의 우두머리.

주회 朱熹 중국 송나라의 유학자(1130~1200)

중곤 中棍 죄인의 볼기를 치던 중간 크기의 곤장으로, 버드나무로 만들 며 길이는 다섯 자 네 치 정도임.

중부학당 中部學堂 조선 시대 도성에 설치된 초등교육 기관인 4부학당 의 하나.

지밀 至密 지극히 은밀하고 비밀스럽다는 뜻에서, 임금이 늘 거처하던 곳을 이르던 말. 대전大殿, 내전內殿 등이 있음.

지어지선 止於至善 『대학』大學에 나오는 말로 지극히 선한 경지에 이르 러 움직이지 않는다는 뜻.

진노 鎭奴 각 진영에 속한 노예.

진보 鎭堡 조선시대 함경도와 평안도의 북방 변경에 있던 각 진.

진졸 鎭卒 각 진영에 속한 병졸.

집장 執杖 곤장을 잡음. 또는 그런 사람.

집장사령 執杖使令 장형杖刑을 집행하는 일을 맡아 하던 사람.

ㅊ

찰방 察訪 각 도의 역참 일을 맡아보던 종육품 외직 문관의 벼슬.

참상관 參上官 육품 이상 종삼품 이하의 벼슬.

천견 天譴 하늘이 내리는 큰 벌.

천예 賤隷 천민과 노예.

철릭 무관이 입던 옷으로 허리에 주름이 잡히고 큰 소매가 달렸는데, 당
　　상관은 남색이고 당하관은 분홍색임.

초장草葬 시체를 짚으로 싸서 임시로 매장함. 또는 그런 장사.

추국推鞫 임금의 특명에 따라 중한 죄인을 신문하던 일.

추쇄推刷 도망한 노비나 부역, 병역 따위를 기피한 사람을 붙잡아 본래
　　의 주인이나 본래의 고장으로 돌려보내던 일.

충년沖年 열 살 안팎의 어린 나이.

ㅌ

탕정蕩精 정기를 다 써서 없앰.

토렴 밥이나 국수에 뜨거운 국물을 부었다 따랐다 하여 덥게 함.

ㅍ

패려悖戾 언행이나 성질이 도리에 어그러지고 사나움.

포도청捕盜廳 범죄자를 잡거나 다스리는 일을 맡아보던 관아. 한성과
　　경기를 좌우로 나누어 좌포도청과 우포도청을 둠.

포쇄曝曬 서적, 혹은 물에 젖은 물건 등을 꺼내어 바람을 쐬고 햇볕에
　　말리는 일.

풍교風敎 교육이나 정치의 힘으로 풍습을 교화하는 일.

풍매風媒 바람에 의하여 꽃가루가 운반되어 수분이 이루어지는 일.

풍헌風憲 조선시대 유향소에서 면面이나 이里의 일을 맡아보던 사람.

피색장皮色匠 짐승의 가죽으로 물건 만드는 일을 맡아 하던 사람.

허환虛幻 헛되고 어지러운 것.

형륙刑戮 죄지은 사람을 형법에 따라 죽임.

형리刑吏 지방 관아의 형방에 속한 구실아치.

형문刑問 죄인의 정강이를 때리며 캐묻던 일.

혹리酷吏 혹독하고 무자비한 관리.

환로宦路 벼슬 길.

회오문悔悟文 잘못을 뉘우치고 깨달음을 적은 글.

훈련도감訓鍊都監 조선시대 오군영의 하나로 수도 경비와 포수砲手, 살
　　　　수殺手, 사수射手의 삼수군三手軍 양성을 맡아보던 군영.

흡창吸唱 수령 밑에서 심부름하던 하인.

흑산

ⓒ김훈, 2011

2011년 10월 15일 초판 1쇄 인쇄
2011년 10월 20일 초판 1쇄 발행

지은이	김훈
펴낸이	우찬규
펴낸곳	도서출판 학고재
주간	손철주
편집국장	김태수
편집	박정철, 강상훈, 김하늬, 조주영, 유정민
관리/영업	김정곤, 박영민, 이영옥

북디자인	오진경
인쇄	한가람프린팅
주소	서울시 종로구 계동 101-12번지 신영빌딩 1층
전화	편집 (02)745-1722~3 영업 (02)745-1770, 1776
팩스	(02)764-8592
이메일	hakgojae@gmail.com
홈페이지	www.hakgojae.com
등록	1991년 3월 4일(제1-1179)

ISBN 978-89-5625-162-2 (03810)